文史哲學集成

閻崇年著

袁崇煥研究論集

文史哲出版社印行

國立中央圖書館出版品預行編目資料

袁崇煥研究論集 / 閻崇年著. -- 初版. -- 臺北市：文史哲，民８３
面；　公分. -- (文史哲學集成；316)
ISBN 957-547-869-X(平裝)

1. 明 - 袁崇煥(1584-1630) - 傳記　2. 袁崇煥 - 軍事家 - 論文 - 講詞

590.1

(316) 文史哲學集成

袁崇煥研究論集

著者：閻崇年
出版者：文史哲出版社
登記證字號：行政院新聞局局版臺業字五三三七號
發行人：彭正雄
發行所：文史哲出版社
台北市羅斯福路一段七十二巷四號
郵撥〇五一二八八一二彭正雄帳戶
電話：三五一一〇二八
印刷者：文史哲出版社

實價新台幣四六〇元

中華民國八十三年五月初版

ISBN 957-547-869-X

袁崇煥研究論集 目錄

袁崇煥研究十年（一九八三至一九九三年）

明薊遼督師袁崇煥之研究，自光緒二十九年（一九〇三年），梁啓超在《新民叢報》上，發表《明季第一重要人物袁崇煥傳》至今，整整九十年。其間，論著迭出，約無間斷；探討漸深，屢出新見。特別是近十餘年來，袁崇煥之研究，呈現活躍局面，學術成果豐碩，內外交流頻繁，且有新的突破。茲就袁崇煥研究之歷史與分期、繁榮與特徵、論爭與拓新、價值與條件，加以綜合分析，做出粗略評述。

一

袁崇煥之研究，本世紀九十年來，經過了興始期、發展期、沉寂期和活躍期四個階段。

興始期。此期的時間爲本世紀上半葉的前三十年。世紀之初，歷史巨變。入主中原二百餘年的滿洲貴族，內外交困，腐敗至極。至光緒末造，清祚岌危，反滿勢力，日興月盛。建立會黨，創辦報刊，聚集進步力量，宣傳革命輿論。同盟會「驅除韃虜，恢復中華」，矛頭所向，直指清帝。推翻清朝帝制，建立中華民國，是中國「數千年來歷史上一大異動」（註一）。鼓吹輿論，反清排滿，是當時社會的主流。明末清初的抗清將領、反滿英雄——袁崇煥，就成爲民主派的一面歷史旗幟。梁啓超領時代風氣之先，著文《明季第一重要人物袁崇煥傳》，而與本世紀袁崇煥研究之始。梁氏以洋洋萬餘言，從民主派反滿的視角，對袁崇煥一生言功做了全面研究，並加以褒揚。梁啓超値政權甲乙、民族隆替之際，而將袁崇煥推上學術研究對象之舞臺。繼之者則有章炳麟《記袁督師家系》等文。此期僅見載五篇（其中文章四篇、遺像一幅）（註二），且有一篇爲日本國泉廉治所撰。本世紀初之袁崇煥研究，雖僅四篇文章，卻爲興始之期，且爲後來研究，奠下學術基石。

發展期。此期的時間爲本世紀上半葉的後二十年。民國二十年（一九三一年），「九·一八」事變後，日軍佔領東北。民國二十六年（一九三七年），「七·七」事變後，抗日戰爭爆發。中華民族災難空前深重，抗日愛國成爲時代主流。袁督師遼東抗金業績與崇高愛國情操，成爲其時民衆景仰的精神楷模。陳同於蘆溝橋事變後不久，即在《教與學》雜誌上，著文《明末東北抗戰之熊廷弼與袁崇煥》，同時代悲憤樂章合拍。孟森《明本兵梁廷棟請斬袁崇煥原疏（附跋）》和《袁崇煥後裔考·序》兩文，前者據檔案，後者據史料，均予學界以很大影響。此期之研究袁崇煥者，以張伯楨（篁溪）精神最專，用力最勤，成果最豐。其《明薊遼督師袁崇煥傳》及《附錄》、《補遺》、《遺聞錄》，《正風》半月刊先後以十九期刊出，反映了張氏研究袁崇煥之成果。此時在日本，刊出稻葉岩吉《看袁崇煥的文書》（註三），文附照片揭載《明督師袁崇煥答金國汗書》（註四），實爲珍貴之史料。抗戰勝利後，時局緊張，內戰爆發，許多學人，無心著述。但是，李光濤探討後金求款、毛文龍死和己巳之變，即佔此時僅載五文之三。此期共刊出研究袁崇煥論著十五篇，時間爲興始期的三分之一，文章則爲興始期的三倍。這個簡單數據表明，袁崇煥之研究處於發展期。然而，袁崇煥研究很快轉入沉寂狀態。

沉寂期。此期的時間爲本世紀下半葉的前三十年。中國分爲大陸和臺灣兩個部份。大陸已經完全統一，建立新的社會制度。這裡說的沉寂期，一是指中國大陸的袁崇煥研究；二是非指中國大陸袁崇煥研究外之其他課題和領域。這一時期，中國大陸的史學研究，不同的領域，表現不均衡，其研究熱點爲通常說的「五朵金花」（註五），而袁崇煥之研究受到冷落。中國大陸袁崇煥研究之沉寂主要表現在：第一，一九五〇至一九八〇年，僅見有關袁崇煥的文章八篇（註六），其中有關袁督師祠墓等短文五篇，論文僅三篇，即《歷史研究》載劉伯涵《論袁崇煥與東林黨的關係》和《史學月刊》載商鴻逵《談明末袁崇煥堅守寧錦的敢戰敢勝精神》、羊弓《論袁崇煥的愛國思想》。大陸三十年間，研究袁崇煥的有份量的論文止三篇，數量之少，令人咋舌。第二，一九六五至一九七九年，其間十五年，沒有刊載袁崇煥研究之文。第三，尤在十年「文革」（一九六六至一九七六年）時期，袁督師被列在「帝王將相」的「將」之列，其受凌遲歿後之墳墓遭挖掘，其受諭旨昭雪後之墓碑遭撲倒，是非倒衡，何談研究！以上三點可見，中國大陸的袁崇煥研究處於暫時的沉寂局面。但是，同大陸的上述沉寂狀態相反，于袁崇煥之研究——中國臺灣則發表文章九篇，香港也刊出四篇，日本亦有神田信夫的《袁崇煥書簡》在《駿台史學》刊載。此期共刊出研究袁崇煥論著二十二篇，以大陸論文奇少，且有十年中斷，故稱之爲沉寂時期。但是，冰雪之後，必是陽春。袁崇煥研究經過沉寂局面之後，出現了活躍的景象。

活躍期。此期的時間爲本世紀下半葉的後二十年，主要指袁崇煥研究的最近十年。一九七六年，毛澤東逝世，四人幫倒臺。幾經風雲變幻，大陸更弦圖新，改變封閉與僵化狀態，實行改革與開放政策。經濟發展速度加快，對外交往日益擴大，科研著書立說爭鳴，學術生機逐漸勃發，袁崇煥研究而隨之活躍。僅從一九八〇至一九九三年的十三年間，中國大陸共發表袁崇煥研究文章一百六十二篇。它分別是中國大陸研究袁崇煥文章發端期的四十點五倍，發展期的十二點四倍，沉寂期的十八倍。下列統計數字充分地顯示，袁崇煥研究正處於本世紀最活躍的時期。

分期	文章分類統計			各期佔總數百分比
	中國大陸	海外	合計	
興始期	四	一	五	二、五%
發展期	一三	二	一五	七、三%
沉寂期	九	一三	二二	一〇、七%
活躍期	一四七	一五	一六二	七九、五%
總計	一七三	三一	二〇四	一〇〇%

註：上表據本書附錄《袁崇煥研究論著目錄》。

從上表可以看出：第一，本世紀以來，研究袁崇煥的文章，總的呈上昇趨勢；第二，中國大陸袁崇煥研究出現波動狀態，即在發展期與活躍期兩個波峰之間出現一個低谷；第三，中國大陸袁崇煥研究經沉寂期後，在活躍期文章上昇迅猛，即蓄之愈深而發之愈烈——此段十三年的文章約爲其前七十七年文章總合的三點八五倍；第四，海外袁崇煥研究文章呈遞增趨勢；第五，本世紀研究袁崇煥的文章，上半葉佔總數的百分之九點七，下半葉則佔總數的百分之九十點三。由是，本世紀下半葉活躍期之袁崇煥研究，其特徵值得探討。

二

袁崇煥之研究，近十餘年來，處於活躍時期，呈現繁榮局面。其主要特徵是：學術論著層面深廣，學術研討活動頻繁，國際學術交流密切，學術資料不斷發掘，研究隊伍逐漸擴大。

學術論著層面深廣。統計資料表明，袁崇煥之研究，其一是論著數量多。從一九八〇至一九八二年的三年間，發表研究袁崇煥文章二十五篇，約相當於此前七十年大陸發表袁崇煥研究文章的總和。從一九八三至一九九三年的十年間，發表研究袁崇煥文章一百三十七篇，佔本世紀袁崇煥研究文章總數的百分之六十七點一五。其二是論述範圍廣。近十年來，研究袁崇煥的課題拓寬範圍，其涵蓋面包括總論、傳記、政治、軍事、經濟、黨爭、斬毛、議和、死因、詩文、籍貫、家系、品格、個性、科技、對外關係、民族關係、人際關係、文物古蹟和學術綜述等二十餘個領域（見附表）。其三是探討層面深。袁崇煥是明朝著名軍事家，論者對其軍事思想、戰守方略、戰略戰術、軍事原則、軍隊建設、防禦部署、火炮運用、指揮藝術及其指揮的寧遠、寧錦、京師三大戰役，均做了深入的研究（詳見後文）。論者對袁督師的人際關係、個人性格、引用洋炮與議和書信等的研究，都做了新的開拓。

袁崇煥研究論著分類統計表

論著分類	篇　數	佔總數之百分比
總　論	30	18.5%
軍　事	29	17.9%
文物故蹟	21	12.9%
籍貫與後裔	16	9.9%
黨爭與人際關　係	14	8.7%
死　因	14	8.7%
斬毛文龍	9	5.5%
綜　述	8	4.9%
詩　文	7	4.4%
議　和	6	3.8%
蒙古與民族	4	2.4%
西洋大炮	3	1.8%
朝　鮮	1	0.6%
總　計	162	100%

註：上表據本書附錄《袁崇煥研究論著目錄》一九八〇至一九九三年資料。

學術研討活動頻繁。近十年來，研究袁崇煥學術活動之多，地域之廣，實屬空前。一九八〇年是袁督師逝世三百五十周年，以此爲契機拉開了袁崇煥研究活躍期學術活動的序幕。同年發表有關袁督師的文章九篇，爾後兩年又發表十六篇，從而催促袁崇煥研究高潮的出現。一九八四年爲袁崇煥誕生四百周年，香港、東莞和藤縣都舉行了學術性紀念活動。在香港，袁汝南堂宗親總會舉行盛大而隆重的紀念會，並出版《先督師崇煥公四百周年千秋寶誕特輯》，內載《袁崇煥公英雄事迹》長文（註七）。在東莞，舉行莊重的學術紀念會，並在此前後發表一批研究袁督師的文章。在藤縣，召開「紀念袁崇煥誕生四百周年學術討論會」，與會者有自黑龍江畔至珠江之濱的全國一百二十餘名專家、教授。這是第一次全國性研究袁崇煥學術討論的盛會。這次學術討論會，以研究袁崇煥爲中心，就明清之際的社會矛盾、明末黨爭、明清（後金）關係，特別就袁崇煥的歷史地位與評價，進行學術研討和交流。會議將五十餘篇論文選編爲《袁崇煥研究論文集》出版（註八）。一九八八年八月，在遼寧省興城市舉行了「國際袁崇煥學術討論會」。這是首次國際性的袁崇煥學術研討會。此會以縱橫開拓探討、各抒研究新見、實地考察史蹟、文獻故蹟參證爲特徵。會後出版了研討會的論文結集——《袁崇煥學術論文集》（註九）。一九九一年十二月，在香港舉行了以袁崇煥爲主題的「明末清初華南地區歷史人物功業研討會」。出席會議的有中國大陸和臺灣、香港、澳門、美國、日本等教授、專家五十餘人。研討會的第一節——「袁崇煥的生平與事功」討論會，就北京、香港、澳門學者的五篇論文做了研討（其他論文在別的節討論）。這是首次在海外舉行的有關袁崇煥的學術研討會。會後出版了《明末清初華南地區歷史人物功業研討會論文集》（註一〇），輯入有關袁督師的文章八篇。在短暫八年間，從嶺南到塞北，從大陸到海外，相繼舉行三次以袁崇煥爲主題的大型學術研討會，這在袁崇煥研究史上是前所未有的，在歷史人物研究學術史上也是極爲罕見的。以此爲關節點，袁崇煥研究之運作，出現三次波峰，形成活躍局面。

國際學術交流密切。袁崇煥之研究，本世紀以來的興始、發展和沉寂時期，極少學術交流，呈現封閉狀態。大陸各個地區、大陸與臺灣、國內與海外之間，缺乏橫向交流，各自孤立研究。中國大陸實行改革、開放之後，袁崇煥研究的學術交流活動隨之開展。第一，在大陸舉行學術研討會，全國各地研究袁崇煥的學者，聚集一堂，互相切磋，其學術信息傳播海外，促進了彼此間的交流。第二，在大陸舉行國際性研討會，使中外學者聚首交流。興城的研討會，日本國神田信夫教授、松村潤教授、細谷良夫教授、松浦章教授和中見立夫、加藤直人、石橋崇雄副教授等，同中國學者進行交流。第三，在海外舉行國際性研討會，更擴大了袁崇煥研究交流的範圍與影響。第四，請進來參觀考察，先後有日本、香港、澳門、臺灣、美國、韓國等學者，考察北京、遼東的袁督師故蹟。第五，走出去進行交流，如大陸學者到臺灣（註一一）和香港（註一二）訪問、座談、演講，傳遞了海峽兩岸、國內海外的袁崇煥研究信息，並蒐集研究之新資料。

學術資料不斷開掘。近十餘年來，袁崇煥研究之史料，有新的開發。於明朝史料，有《明清史料》、《明清檔案》和《明清檔案存眞選輯》的整理與出版，使秘藏之內閣大庫史料得以擇選利用；明人著述如佚名《今史》、周文郁《邊事小紀》、葉廷琯《鷗陂漁話》、顏俊彥《盟水齋存牘》、毛承斗輯

《東江疏揭塘報節抄》、畢自嚴輯《遼變會議始末》等。於清朝史料，有《舊滿洲檔》的影印出版，《滿文老檔》的日譯、中譯本出版，清人著述如孫承澤《畿輔人物略》與梁章鉅的《三管英靈集・袁崇煥詩》（六十六首）等。於朝鮮史料，有《李朝實錄》、《燃藜室記述》等有關資料的輯出等。於金石史料，《明萬曆己未科進士題名碑記》、黃宗羲《大學士機山錢公神道碑》、李霨《內秘書院大學士范文肅公墓誌銘》、《袁子鵬墓碑文》等。於方志資料，能見到的有關袁崇煥的各種版本資料，加以蒐集整理。還發現一批有關之譜牒家乘與歷史文物，東莞、藤縣和平南皆有新發現之報導。此外，還出版了《袁崇煥資料集錄》等。以上重要史料之或被發現、或被利用，使袁崇煥之研究更加深入。

研究隊伍逐漸擴大。縱觀本世紀上半葉研究袁督師者，梁啓超肇其端。梁氏稱：「重以鄉先正之紀念，蒙雖不文，烏可以已，作《袁督師傳》（註一三）。可見梁氏之研究袁崇煥，既淬勵民族氣節，亦推重鄉里先賢。陳伯陶爲東莞人，而繼其後，著《袁崇煥傳》，入民國《東莞縣志》。張伯楨亦東莞人，「幼年讀《明史》，慕其爲人。每過其祠，瞻其遺像，爲之嗚咽流涕不忍去」（註一四），嘗思「表彰先烈烏可辭」（註一五），遂著《明薊遼督師袁崇煥傳》等。再觀本世紀下半葉，沉寂期不足論，而活躍期之袁崇煥研究者，卓然超越鄉里地緣之範圍。袁崇煥是中國歷史上著名人物，是中華民族之偉烈英雄——其研究者，籍不分粵東與粵西，地不分江南與漠北，域不分大陸與臺灣，國不分中華與海外，職不分專門與兼及，業不分史學與文學。在袁崇煥研究者行列中，以歷史學家爲主幹，還有軍事學家、文物學家、文學家、戲劇家、影視家等，近年有關袁崇煥的京劇、粵劇、潮劇以及電視歷史連續劇《袁崇煥》即爲旁證。

上列五端，概略可見，袁崇煥之研究，近十餘年以來，出現活躍時期，呈現鮮明特徵。

三

袁崇煥之研究，近十餘來，其學術之論爭與拓新，掇拾大要，評述於後。

籍貫之鼎爭。本世紀初，陳長《前明督師袁崇煥里居考正》、章炳麟《記袁督師家系》兩文，肇始袁崇煥籍貫之爭辯。陳文曰：「前明督師袁崇煥里居，史傳所載，紛紜其說。《明史》本傳則謂袁爲廣東之東莞人，《廣西通志》則又謂袁爲廣西之平南人，其實袁乃廣西之藤縣人也」（註一六）。這個問題是近年來爭論的一個熱點，約佔此期論文總數的百分之十。主東莞籍說者，譚世寶《袁崇煥籍貫廣東東莞水南鄉考》（註一七）等三文，主要據《明史》本傳、遺詩文解析、時人文集筆記、《袁崇煥督遼餞別圖詩》等論斷：「袁崇煥之籍貫、里居、家鄉是在東莞」；並認爲「清代以來廣西有關袁崇煥的史料記載，多爲誤、訛、僞的產物」。主平南籍說者，黃素坤《袁崇煥籍貫新探》據縣志所載、《遊雁洲》詩註和新發現譜牒而持其說。主藤縣說者，閆崇年《袁崇煥籍貫考》據《明萬曆己未科進士題名碑記》、《明實錄》、明代方志和《天啓二年擢僉事監軍奏方略疏》等而持其見。

議和之異見。閻崇年在《袁崇煥「謀款」辨》中認爲，議和是雙方「自固」之需，又對袁因議和而蒙冤做了析辨；並認爲，「袁崇煥同後金議和的主張，在當時歷史條件下，既符合明朝和後金的利益，也反映了長城內外中華各族人民的願望」。何溥瀅、謝肇華《論袁崇煥的民族思想》認爲，明金和談雖流產，但「袁崇煥以『和談』解決民族紛爭的嘗試卻永載史冊」。李鴻彬《袁崇煥與寧遠》肯定袁崇煥高舉議和旗號，修復錦州等城。張玉興《從袁崇煥到陳新甲——明與清議和評議》分析了議和的利弊，認爲「議和對明朝說來有爭取備戰時間的好處，是利大於弊的明智之舉」。但是，林鐵鈞、郭成康在《論袁崇煥的主和與斬帥》中，對袁議和持否定見解：「袁崇煥與金國初次議和的失誤，在當時也是人所共鑑的」；「袁崇煥在天啓末與金議和之誤本無所諱言」；總之，「袁崇煥在寧遠一個局部與金單獨議和，在客觀上只能加深明王朝營壘內部的猜忌與矛盾，加速對金國弧形包圍圈的瓦解」。

斬毛之歧議。這同於「議和」一樣，有肯定、部份肯定與否定三種見解。閻崇年在《袁崇煥「斬帥」辨》中，對袁斬毛持肯定意見。關文發《袁崇煥誅毛文龍辨析》的結論是：「袁崇煥之誅毛文龍，既非款議所導致，亦非黨爭所驅使，而是毛文龍本身確是罪在當誅。袁氏斬帥有功，袁氏斬帥有理」。毛氏其罪，在謀降金。陳生璽《關於毛文龍之死》斷言：「毛文龍因陰謀投降後金被袁崇煥所殺這一事實是得到了充分證實的。袁毛的是非功罪當剖白於天下，以正視聽。」鄭克晟在《試談袁崇煥的幾個問題》中則認爲：近據《滿文老檔》等證明毛文龍「通虜」；但「不能以後世發現的資料，加之於當時的情況去理解此事。」賈乃謙在《論袁毛關係與啓禎決策集團》中對袁斬毛做出部份肯定，並委婉地冀望：「若袁崇煥對毛文龍一如孫承宗之既往，袁毛關係可能別是一番光景。」但是，孟昭信《試評袁崇煥的功與過》認爲，「袁崇煥殺毛文龍極其不得人心」。陳涴《袁崇煥誅毛文龍辨析》也認爲，「誅毛文龍間接地給整個遼東戰局帶來了極不利的影響，是袁崇煥在指揮全局上的一個失誤。」從專論袁毛關係九篇作者的地域分析，似乎關內與關外著者對待袁斬毛的意見，有著明顯的地緣差異。

死因之紛解。袁督師的死因，張德信《袁崇煥之死與明末黨爭》側重於黨爭：「在閹黨餘孽和浙黨彈冠相慶的喧囂聲中，袁崇煥被磔於西市」；邢蒂蒂《袁崇煥的冤死與後金貴族的反間計》側重於反間：「袁督師之死，又與後金貴族的反間計有著直接關係」；盧圍《明思宗朱由儉忌殺袁崇煥》歸責於崇禎：「事實證明，朱由檢不是誤殺袁崇煥，而是忌才故殺」；閻崇年《袁崇煥「死因」辨》則歸結爲：「袁崇煥之死，有著多層面的、極複雜的原因，可謂多因而一果。後金設間是其誘因，閹黨排搆是其外因，崇禎昏暴則是其主因。」此外，皇太極之反間計，李光濤《袁崇煥與明社》一文論斷，皇太極「納漢奸高鴻中所陳之方略，採用反間計，以除袁崇煥」；于德全、于德源《後金皇太極反間計考實》則認爲李說不妥，而考證「反間計確爲范文程獻於皇太極」。

詩文之考稽。諸論文對袁督師遺詩之言志、抒情、分期、編年、篇數、眞僞等，各申所見。姜緯堂《袁督師遺詩稽實》以其地理不合而對《燕然山》，時間不合而對《咏黃河》（註一八），人物不合而對《南還別陳翼所總戎》，情理不合而對《遊雁洲》，史事不合而對《東林黨人榜中無姓名，書此誌感》等詩眞僞質疑。羅炳綿在《天啓朝袁崇煥人際關係的變化》註中云：《姜緯堂「懷疑《東林黨……誌感》此詩非袁崇煥所作，列出多種證據。但筆者不以爲然」，其參證見文中《袁崇煥與魏閹黨的人際關係》之節。

洋炮之新探。本世紀八十餘年之袁崇煥研究，沒有一篇專論西洋大炮與袁崇煥關係的文章。近十年來，連續發表任道斌《「西學東漸」與袁崇煥》、王兆春《西洋大炮和寧遠保衛戰》、馬楚堅《西洋大炮對明金態勢的改變》、解立紅《紅衣大炮與滿洲興衰》（註一九）等四篇重要論文，就此問題進行論述。任文闡述了對「西學東漸」潮流開明與保守兩種態度的分野，指出「袁崇煥不僅是一位富有犧牲精神的民族英雄，而且在明季『西學東漸』的潮流中，他還是一位有膽有識、善於學習外來先進技術、思想開明的軍事家。」王氏伸其火器技術研究之所長（註二〇），論析了西洋大炮的技術性能及其在寧遠之戰中的特殊作用。馬氏教學與研究於海外而得地利與信息之便，闡析了西洋大炮的引進過程及其對明清態勢的重大影響。解氏研究軍事歷史有素，論述皇太極於寧遠、寧錦兩敗後，由製造西洋大炮而建立「烏眞超哈」，從而引起軍制變革，進而影響滿洲興衰與中國歷史進程。以上，不僅使袁崇煥研究有新開拓，而且使明清之際歷史研究有新進展。

近十年來袁崇煥研究之學術爭鳴或學術新見，以上六例，可窺一斑。而研究角度之多，論述方法之新，色彩競麗，實難概述。茲舉數項，略加介紹。於倫理史學，孫文良《論袁崇煥的英雄主義精神》闡述，袁崇煥爲大無畏英雄主義精神所驅動，創造了豐功偉績；這種高尚的精神，在昔往難能可貴，在當今値得發揚。於民族史學，《論袁崇煥的民族思想》和《袁崇煥與蒙古》，在分析明朝、後金、蒙古的錯綜網絡中，探討了袁崇煥的民族思想及其同蒙古的關係，塡補了袁崇煥研究中的一個空白。於軍事史學，袁崇煥以傑出軍事家著稱，綜論和軍事的論文幾佔總數的三分之一。頗具份量論文，不勝枚舉。孫文良、李治亭《論袁崇煥的軍事思想》論述袁崇煥主守而後戰、用遼人守遼土、憑堅城用大炮和創建寧錦防線等戰略戰術思想與業蹟。朱清澤《袁崇煥指揮寧遠大捷的高超藝術》以寧遠之役爲例，分析其守城的決心之堅定正確、部勢之周密細緻、戰法之奇妙制勝、指揮之藝術高超、理論之精闢獨到。於心理史學，李寶臣《論袁崇煥的個性》以分析袁崇煥由先天基礎與社會教化所形成的性格，及其發展、變化、特徵爲線索，研究其事功與浮沉，並認爲其「性格與智慧相比，他的性格更爲突出。」《袁崇煥「死因」辨》另闢蹊徑，探討袁崇煥之死：「就心理史學而言，崇禎帝剛愎暴戾的個性，袁崇煥孤耿剛廉的性格，二者衝突，君爲臣綱，演出了袁督師的歷史悲劇。」於社會史學，羅炳綿《天啓朝袁崇煥人際關係的變化》一文，第一次將社會史學方法引入袁崇煥研究，闡述了袁崇煥與東林黨孫承宗的人際關係、與魏閹黨的人際關係、與其他同僚的人際關係，獨樹論著一幟，使人耳目一新。

由上可見，近十餘年來，袁崇煥之研究，取得很大成績；但是，重大成績取得與活躍局面形成之條件，尙需做出分析。

四

袁崇煥之研究，近十餘年來，學術呈現活躍局面，觀點資料均有拓新，其條件主要是：袁崇煥研究具有學術價値、必要文化氛圍和得到各方支持。

袁崇煥研究的學術價値。

第一，自身價值。世界所有事物的發生、變化及與他事物的聯繫，雖各有其外因，但皆緣自內因；袁崇煥之成爲研究熱點，亦緣自其內因。明末清初，《明史・袁崇煥傳》曰：「我大清舉兵，所向無不摧破，諸將罔敢議戰守。議戰守，自崇煥始。……自崇煥死，邊事益無人，明亡徵決矣。」清末民初，《袁督師傳》又曰：「若夫以一身之言功、進退、生死，關係國家之安危、民族之隆替者，於古未始有之（註二一）；有之，則袁督師其人也。」有人認爲上面的兩段話，反映了撰者的英雄史觀。對此，筆者不盡以爲然。應當說以上兩則論斷從特殊的角度，道出了袁崇煥具有重要研究價值的內在眞諦。

第二，軍事價值。中國歷史上戰爭次數之多、規模之大，爲世界國別歷史所僅見。而明清之際的戰爭史，距今較近，影響亦大，袁崇煥在其中佔有卓異的位置。他親自指揮寧遠、寧錦、北京三次重大戰役，而予中國民族關係與歷史進程以影響。袁督師「既創造了顯赫遐邇之戰守功業，又發揮了篤實精到之軍事思想。於當時，挽救危局，護衛京師；於後世，兵壇經綸，警示來人」（註二二）。袁崇煥的軍事思想、爭戰業蹟、寧錦防線、城守部勢、指揮藝術和實用洋炮等，都成爲政治史、軍事史、火器史專家論題之目。

第三，史學價值。歷史是在共性個性相互聯繫中演進的，共性寓於個性之中。袁崇煥是明清之際歷史鏈條中的一環，明清之際歷史又是中國古代史鏈條中的一環；對袁崇煥這個歷史人物之環探討得愈細緻，則對明清史、中國古代史的研究愈深入。但在前述沉寂期，袁崇煥研究受到冷漠，留下研究中的大片空白——資料待新發掘，史實待新考證，觀點待新解釋。文化氛圍一旦改變，很快形成袁崇煥研究的熱點。許多學者在研究中，「求眞、求用、求新」（註二三），對袁崇煥進行全面深入的、微觀個案的研究，從而深化了中觀的明清史研究與宏觀的古代史研究。

袁崇煥研究的文化氛圍。

第一，文化價值。袁崇煥不僅具有學術研究價值，而且具有社會文化價值。袁崇煥其生：「杖策必因圖雪恥，橫戈原不爲封侯」（註二四）；其死：「死後不愁無勇將，忠魂依舊守遼東」（註二五）。他不怕死，不愛錢，剛正廉潔，忠心報國。袁崇煥表現出的愛國精神、廉正情操、高尚品格、英雄氣概，有重要的社會文化價值，是寶貴的中華精神財富。但是，袁督師橫遭明末專制黑暗與奸險邪惡勢力的摧殘，蒙受冤屈，凌遲而死，天地悲，鬼神泣，震撼魄魂，萬衆同情。中華五千年的文明史，貫穿著光明與黑暗、正義與邪惡的搏鬥。袁崇煥是中華文明史上一面光明與正義的旗幟。它超越了歷史與地域、政治與民族，而永遠流光異彩。這就是袁督師的社會文化價值。其社會文化價值與社會文化氛圍相聯繫，袁崇煥之研究便向前推進一大步。

第二，時代需要。從歷史上看，清末民初是中國歷史上一個大變動的時代。推翻清朝，建立民國，是時代的主旋律。袁督師是歷史上反滿抗清的英雄，又是黑暗與邪惡勢力刀下的冤魂。時代的先覺者梁啓超率先舉起了袁崇煥這面光明與正義的歷史旗幟。正如王鍾翰教授在《論袁崇煥與皇太極》中所指出的：「梁先生之所以作《袁傳》，無非是引喻歷史，古爲今用，激發人們的愛國主義熱忱，爲振興中華而奮發圖強」（註二六）。同樣，「九．一八」事變後，日軍侵佔東北，民族災難深重，許多學者又舉起了袁督師這面光明與正義的歷史旗幟，以激勵抗日愛國，救亡圖存。以上兩例，可以看出：袁崇煥研究之興始、之發展，皆因其文化價值符合時代需要。而後來袁崇煥研究之活躍，又有其社會文化氛圍。

第三，文化氛圍。歷史經驗表明，沒有必要的文化氛圍，袁崇煥研究便沉寂。自一九六六至一九七六年的十年「文革」期間，中國大陸光明與正義力量壓抑，黑暗與邪惡勢力橫行。袁崇煥這面光明與正義的歷史旗幟遭到摧折，十年間中國大陸竟然沒有一篇研究袁崇煥的文章發表。歷史經驗又表明，有了必要的文化氛圍，袁崇煥研究便活躍。中國大陸實行改革開放政策後，文化氛圍有了新的變化：其一，僵化狀態開始冰解，變「萬馬齊瘖」狀態，爲「百家爭鳴」局面；其二，經濟得到初步發展，爲學術研究與活動提供了一定的物質條件；其三，封閉大門打開，中國與海外、中國的大陸與臺灣進行經濟文化交往；其四，科學文化有了發展，研究資料、論著得到挖掘、整理與出版。政治、經濟、文化、對外條件的變化，使袁崇煥研究有了新的文化氛圍。而諸多方面的支持，也是袁崇煥研究的重要條件。

袁崇煥研究的各方支持。

第一，兩粵的支持。近十餘年的袁崇煥研究，各位學者分別得到諸多方面、單位的支持。然而，提供財力、物力與人力支持袁崇煥研究的首先是兩粵。一九八四年在廣西藤縣舉行的「紀念袁崇煥誕生四百周年學術討論會」，藤縣方面雖財力並不寬裕，卻贊助會議經費，並爲與會學者食宿、考察提供方便。會後，論文集的編輯、出版得到莫乃群教授主持的「廣西桂苑叢書編輯委員會」及廣西民族出版社的支持。在粵東，近期準備在東莞石碣舉行國際性的袁崇煥紀念與學術會。於此，東莞市、石碣鎮均在財力與人力上給予巨大的支持。

第二，興城的支持。一九八八年八月，在袁督師堅守的寧遠——興城，舉行了「國際袁崇煥學術討論會」。會議全部費用由興城方面贊助，並負擔所有考察費用。興城市政府還同遼寧電視臺合作出資，拍攝歷史電視劇《袁崇煥》。此會的論文集出版費用，由「廣西桂苑叢書編輯委員會」籌集，並由廣西人民出版社出版。

第三，海外的支持。袁崇煥這面中華文明史上光明與正義的旗幟，受到後世海內外華人的共仰。一九九一年十二月，香港以袁崇煥爲主題的國際學術研討會，由香港中文大學歷史系主辦。此次研討會和論文集出版的費用，該集《鳴謝》辭曰：「本次研討會的籌辦經費及本論文集的出版費用，蒙香港袁汝南堂宗親總會、泰國袁氏宗親會及臺灣袁氏宗親會慷慨捐助，特此鳴謝」（註二七）。論文集首頁梓印袁雄崑、袁雄民、袁希光、袁經倫（註二八）諸君題辭，以示敬謝。

其實，近代西方的早期，許多科學經費得不到解決，而不得不向支持者尋求經費，稱爲「恩主制」。英國大科學家牛頓的名著《自然哲學的數學原理》一書，即由其好友哈雷資助出版的（註二九）。所以，科學研究、學術活動、論著出版得到支持是毋庸置疑的。

綜上，在本世紀以來的歷史人物研究中，袁崇煥成爲一個熱點。在最近八年間，先後舉行三次以袁崇煥爲主題的學術研討會，其中一次是全國性的，一次是在國內舉辦國際性的，另一次是在香港舉辦國際性的，且均出版研討會論文集，這在中國古代歷史人物的研究中實屬罕見。此蓋緣於袁崇煥研究有著學術價值、文化氛圍和各方支持。袁崇煥崇高的精神和品格，超越時間與空間、民族與政治，而成爲人類的精神財富。因此，數以百計的教授、專家，伏案探索，聚首研討，孜孜求眞，洋洋撰著，共同將袁崇煥研究推向新水平、新高峰。

【附註】

註一　梁啓超：《袁督師傳》，《飲冰室全集》卷七。

註二　同作者、同題目、同期刊的文章，以一篇統計。

註三　稻葉岩吉：《看袁崇煥的文書》，載《滿洲史研究之現狀》一文，《青丘學叢》一九三七年第二十七號。

註四　神田信夫：《袁崇煥與皇太極的往來書信》，《袁崇煥學術論文集》，廣西人民出版社，一九八九年。

註五　「五朵金花」指漢民族形成問題、中國古代社會分期問題、中國資本主義萌芽問題、農民戰爭問題和中國封建土地所有制問題。

註六　另有一篇爲孟森著《明本兵梁廷棟請斬袁崇煥原疏附跋》原發表於一九三六年，一九五九年重輯入《明清史論著集刊》，故未計入。

註七　《先督師崇煥公四百周年千秋寶誕特輯》，香港，一九八四年。

註　八　莫乃群主編：《袁崇煥研究論文集》，廣西民族出版社，一九八四年。

註　九　閆崇年、呂孟禧主編：《袁崇煥學術論文集》，廣西人民出版社，一九八九年。

註一〇　羅炳綿、劉健明主編：《明末清初華南地區歷史人物功業研討會論文集》，香港中文大學歷史系，一九九三年。

註一一　一九九二年九月二十五日，筆者應臺灣淡江大學歷史系主任鄭樑生教授之邀請，爲該系師生做《抗禦後金名將袁崇煥》的學術報告。

註一二　一九九〇年五月二十一日，筆者應「香港袁汝南堂宗親總會」袁雄崑會長和袁雄民理事長之邀，爲香港袁氏宗親做《愛國英雄袁崇煥》的演講。

註一三　梁啓超：《袁督師傳》第一節《發端》，引自《袁崇煥資料集錄》下冊，第七四頁，廣西民族出版社，一九八四年。

註一四　張伯楨：《袁督師遺集·跋》，《滄海叢書》第一輯。

註一五　羅桑彭錯：《明薊遼督師袁崇煥遺聞錄㈠》，《正風》半月刊，一卷十二期，一九三五年。

註一六　陳長：《前明督師袁崇煥里居考正》，《社會日報》（副刊），一九二五年九月十三日，第三版。

註一七　以下所引文章篇名，俱見本書附錄《袁崇煥研究論著目錄》（一九〇三至一九九三年），不一一註出。

註一八　原詩題目六十七字（未計標點符號）過長——「九河故道在南皮縣內，今皆壅塞，漸不可考。下流既淤，放洩無所，勢必遏積。河身日高，決潰必大。不出百年，河患無窮矣！前年河決，徐州遷於雲龍山，河事無人論及。作詩見意。」故簡稱之爲《咏黃河》。

註一九　解立紅：《紅衣大炮與滿洲興衰》，《滿學研究》，第二輯，北京燕山出版社。

註二〇　王氏以研究中國火器史著稱，著有《中國火器史》，軍事科學出版社，一九九一年。

註二一　梁啓超在此，地域限於粵，而非指全國。

註二二　閆崇年：《袁崇煥固守寧遠之揚搉》，羅炳綿、劉健明主編《明末清初華南地區歷史人物研討會論文集》，香港中文大學歷史系，一九九三年。

註二三　陳生璽：《仰之彌高，鑽之彌堅——鄭天挺先生在南開教席述略》，《明清易代史獨見》，中州古籍出版社，一九九一年。

註二四　袁崇煥：《邊中送別》，《袁督師事蹟》，道光伍氏刻本。

註二五　袁崇煥：《臨刑口占詩》，引自《袁崇煥資料集錄》下冊，第一八四頁，廣西民族出版社，一九八四年。

註二六　王鍾翰：《論袁崇煥與皇太極》，《袁崇煥研究論文集》第十五頁，廣西民族出版社，一九八四年。

註二七　羅炳綿、劉健明主編：《明末清初華南地區歷史人物功業研討會論文集》《鳴謝》，香港中文大學歷史系，一九九三年。

註二八　袁雄崑爲香港袁汝南堂宗親總會會長，袁雄民爲香港袁汝南堂宗親總會理事長，袁希光爲臺灣袁氏宗親會理事長，袁經倫爲泰國袁氏宗親會理事長。

註二九　趙紅州：《大科學觀》第四頁，人民出版社，一九九三年第二版。

論袁崇煥

今年是明代傑出的軍事家、抗禦後金的民族英雄袁崇煥誕生四百周年（註一）。

袁崇煥（一五八四——一六三〇年），字元素，號自如，祖籍東莞，落籍藤縣，曾居平南。崇煥官至督師，抗戰八年，「杖策必因圖雪恥，橫戈原不爲封侯」（註二），只念社稷安危，不計個人榮辱。他身戎遼事，忠於職守，其「父母不得以爲子，妻孥不得以爲夫，手足不得以爲兄弟，交遊不得以爲朋友」（註三），表現了高尚的愛國精神。這是袁崇煥留給後人重要的精神財富。

本文就袁崇煥遼事活動的歷史條件、軍功業績及其含冤死因等問題，提出淺見，以冀教正。

一

列寧在《什麼是「人民之友」以及他們如何攻擊社會民主主義者？》一文中說：「歷史必然性的思想也絲毫不損害個人在歷史上的作用，因爲全部歷史正是由那些無疑是活動家的個人的行動構成的。在評價個人的社會活動時會發生的眞正問題是：在什麼條件下可以保證這種活動得到成功呢？有什麼東西能擔保這種活動不致成爲孤立的行動而沉沒於相反行動的汪洋大海中呢」（註四）？這就啓示人們，在評價歷史人物的活動時，既要分析保證其這種活動成功的歷史條件，又要分析造成其這種活動失敗的歷史因素。作爲明代傑出軍事家、民族英雄的袁崇煥，不僅有羽書奏捷的歡樂，而且有落獄磔死的悲苦。歸根結蒂，袁崇煥是一位悲劇式的英雄人物。這自然有其歷史條件。

中國自明萬曆十一年（一五八三年）努爾哈赤起兵，至清康熙二十二年（一六八三年）玄燁統一臺灣的整整一百年間，是處於外敵入侵、民族紛爭、階級搏鬥、九鼎頻移的歷史巨變時代。在這一歷史時期，西方在資本原始積累的基礎上，資本主義生產方式逐漸發展，先後發生了尼德蘭資產階級革命和英國資產階級革命。此後，西方各國逐步地建立起資本主義的社會秩序。資產階級爭得自己的階級統治地位還不到一百年，「它所造成的生產力卻比過去世世代代總共造成的生產力還要大，還要多」（註五）。然而，中國卻處於連綿不斷的國內戰爭時期。滿洲興起，農民起義，清軍入關，抗清鬥爭，三藩之亂，統一臺灣，經過百年的戰爭與融合，激進與洄漩，中華民族重新統一，形成一個強大的清朝帝國。清代這個統一的多民族的封建帝國的起點，是努爾哈赤的勃興。

袁崇煥生活時代的一個特點是滿洲崛興遼東。萬曆十一年（一五八三年），女眞首領努爾哈赤以父塔克世「遺甲十三副」（註六）起兵，是中國十六世紀最重大的政治事件之一。努爾哈赤起兵後，統一建州女眞，呑并扈倫四部，征撫東海女眞，降附黑龍江女眞，綏服漠南蒙古，結好東鄰朝鮮，創建八旗制度，主持製定滿文。萬曆四十四年（一六一六年），努爾哈赤爲「（安巴）庚寅汗」即「（大）英明汗」（註七）》，黃衣稱朕，建立後金，指明朝爲南朝（註八）。萬曆四十六年（一六一八年），後金汗努爾哈赤以「七大恨」（註九）告天，隨後計襲撫順，智取清河。敗報迭至，明廷震驚。翌年，明派楊鎬爲經略，率十一萬大軍，號稱四十七萬，兵分四路，分進合擊，進攻後金政治中心赫圖阿拉。但明軍初動，師期已洩。努爾哈赤採取「任他幾路來，我只一路去」（註一〇）的策略，集中兵力，以逸待勞，逐路擊破明軍的攻剿，取得薩爾滸大捷。後金軍接著占開原，據鐵嶺。天啓元年（一六二一年），後金兵犯遼瀋，破瀋陽、陷遼陽。遼陽是明朝遼東的首府，遼陽的失陷，標志著明在遼東統治的結束。隨即遼河以東七十餘城堡全爲後金占領。天啓二年（一六二二年），後金軍又進犯河西，占領廣寧。明遼東經略王在晉說：

東事一壞於清、撫，再壞於開、鐵，三壞於遼、瀋，四壞於廣寧。初壞爲危局，再壞爲敗局，三壞爲殘局，至於四壞則棄全遼而無局，退縮山海，再無可退（註一一）。

明軍失陷廣寧，丟掉全遼，退縮山海，無局可守。這就是袁崇煥荷任遼職時王在晉所分析的遼東形勢。

但是，上述遼東形勢的出現，是明代遼東地區歷史發展的必然結果。在東北地區，居住著女眞等少數民族。明廷除加強對女眞等族的管轄外，還採取「分其枝，離其勢，互令爭長仇殺」（註一二）的政策。明朝封建統治者對女眞等族所實行的民族分裂和民族壓迫政策，必然引起女眞人的反抗。列寧說：「一切民族壓迫都勢必引起廣大人民群衆的反抗，而被壓迫民族的一切反抗趨勢，都是民族起義」（註一三）。所以，明朝後期主昏政闇，國力衰弱，邊備廢弛，將驕卒惰，以努爾哈赤爲首的女眞人乘機起兵反明。然而，明朝與建州的糾紛儘管都是中華民族內部的矛盾，這裡也有個是非問題。

明朝與建州的戰爭，有進犯與防禦，侵擾與抵抗，非正義與正義的區別。大體說來，明朝與建州的戰爭，可以分作前後兩期：前期女眞軍事貴族反抗明廷民族分裂與民族壓迫的戰爭，是正義的戰爭；後期女眞軍事貴族掠奪明朝土地、人口、財畜的戰爭，則是非正義的戰爭。在袁崇煥從天啓二年（一六二二年）至崇禎二年（一六二九年）任遼職的八年間，加強防戍，守衛寧遠，議營救十三山難民，抗擊後金軍南犯，維護長城內外漢族等民族的利益，其所進行的戰爭，完全是正義的戰爭。這場正義的戰爭，爲袁崇煥鑄成軍事家和民族英雄提供了歷史的前提。

袁崇煥生活時代的又一個特點是社會矛盾尖銳。明末以皇帝、宗室、宦官、勛戚爲主體的皇家官僚地主集團，是當時社會上最反動腐朽的大地主集團。袁崇煥身歷萬曆、泰昌、天啓、崇禎四朝，至他任遼職時，明祚已傳十五代，紀綱敗壞，積弊深重，中空外竭，危機四伏。本文不擬全面論述明末社會矛盾，僅對其財政支絀略作側面分析。《明史·食貨志》載：「國家經費，莫大於祿餉。」在諸祿之中，舉宗祿爲例。明制宗藩世世皆食歲祿，然天潢日繁，奸弊百出。御史林潤言：

天下之事，極弊而大可慮者，莫甚於宗藩祿廩。天下歲供京師糧四百萬石，而諸府祿米凡八百五十三萬石。以山西言，存留百五十二萬石，而宗祿三百十二萬；以河南言，存留八十四萬三千石，而宗祿百九十二萬。是二省之糧，借令全輸，不足供祿米之半，況吏祿、軍餉皆出其中乎（註一四）？

雖郡王以上，猶得厚享；但將軍以下，多不能自存，饑寒困辱，號呼道路。

在諸餉之中，舉三餉爲例。御史郝晉言：

萬曆末年，合九邊餉止二百八十萬。今加派遼餉至九百萬；剿餉三百三十萬，業已停罷；旋加練餉七百三十餘萬。自古有一年而括二千萬以輸京師，又括京師二千萬以輸邊者乎（註一五）？

以上祿餉兩例說明，明廷竭天下之力，以供祿餉，致財盡民窮，帑藏匱絀，海內困敝，明社將傾。其時社會矛盾的表現，譬之一身，中原爲腹心，西北與東北爲肩臂；腹心先潰，肩臂立危。先以東北地區爲例。明統治者對遼民剜肉剝膚，啄骨吸髓，迫使大量漢人進入建州地區：

建州彝地有千家莊者，東西南北周回千餘里，其地寬且肥。往年遼、瀋以東，清河、寬奠等處，與彝壤相接，其間苦爲徭役所逼者，往往竄入其中，任力開墾，不差不役，視爲樂業。彝人利其薄獲，陽謂爲天朝民也，相與安之，而陰實有招徠之意。然礦稅未行，人重故土，去者有禁，就者有限，即官司有事勾攝，猶未敢公然爲敵也。乃今公私之差，日增月益，已自不支，而礦稅之徵，朝加夕添，其何能任！況在此爲苦海，在彼爲樂地。彼方爲淵爲叢，民方爲魚爲雀，而我爲獺爲鸇。以故年來相率逃趨者，無慮十萬有餘（註一六）。

遼民爲魚爲雀，建州爲淵爲叢，而明朝統治者卻是爲獺爲鸇。

遼民逃入建州，社會矛盾激化民族矛盾；遼左連年用兵，民族矛盾又激化社會矛盾。萬歷末年巡按張銓說：「竭天下以爲遼，遼未必安，而天下先危」（註一七）。其後御史顧慥又說：「竭全宇以供一隅，今年八百萬，明年八百萬，臣恐財盡民窮，盜賊蜂起，憂不在三韓，而在蕭牆之內也」（註一八）。

再以西北地區爲例。陝西北部，地瘠民窮，科斂過重，「戶口蕭條，人煙稀少」（註一九）。明加遼餉，前後三增，至天啓七年（一六二七年），加派於陝西省，爲銀二十六萬三千六百一十三兩（註二〇）。又値連年災荒，至人相食。天啓六年（一六二六年）八月，陝西發生紀守司等小股農民起義。翌年，陝西大旱，澄城知縣張斗耀，「催科甚酷，民不堪其毒。有王二者，陰糾數百人，聚集山上，皆以墨塗面」（註二一），衝入縣衙，將斗耀砍死（註二二），聚衆舉義。崇禎元年（一六二八年），全陝「連年凶荒，災以繼災」（註二三）。繼王二首義之後，王嘉胤起府谷，不沾泥起西川，王自用起延川，王左掛起宜川，高迎祥起安塞（註二四），舉義之火，勢如燎原。第二年，當袁崇煥入援京師時，陝西義軍風馳電掣，縱橫全省，致明廷驚嘆「全陝無寧宇矣」（註二五）！各路「勤王之師」，因糧餉無著，相繼中途嘩變。如山西巡撫耿如杞統五千援軍，哄然潰歸；甘肅巡撫梅之煥所統援兵，嘩變逃歸；延綏總兵吳自勉帶領之師，潰走陝西。許多潰兵相繼參加了農民義軍。

上述可見，明末社會矛盾與民族矛盾交互激化，是導致袁崇煥悲劇結局的重要社會因素。袁崇煥被起用爲薊遼督師後，面奏「五年復遼」方略，以解天下倒懸之苦。但遼東之局，建州蓄聚，四十餘年，原不易結；而中原地區，財竭民窮，義旗遍舉，勢成燎原。明廷腹心早潰，肩臂已危，遼東陝北，首尾難顧。袁崇煥已經失去遼東取勝的經濟前提與社會基礎，其「五年之略」，難以按期責功，報之寸磔非刑。

袁崇煥生活時代的另一個特點是明末黨爭激烈。隨著明末民族矛盾與社會矛盾日益激化，明統治者更加政治腐敗，朝政日弛，臣工水火，議論角立。萬曆十七年後，朱翊鈞怠於政事，二十餘年不臨朝議政。朱賡爲首輔三年，未曾見帝一面，疏奏屢上，十不一下。時「政權不由內閣，盡移於司禮」（註二六）。朱賡死後五年間，內閣惟葉向高一人（註二七），杜門已三月，六卿只趙煥，戶、禮、工三部亦各只一侍郎，都察院八年無正官，原額給事中五十人、御史百一十人，其時皆不過十人。「在野者既賜環無期，在朝者復晨星無幾」（註二八）。於是大小臣工日尋水火，黨人勢成，清流逐盡。

天啓初，東林黨人炳政。天啓二年（一六二二年），東林黨人御史侯恂以袁崇煥「英風偉略」（註二九），加以疏薦，被擢爲兵部職方司主事。袁崇煥雖非東林黨人，卻傾向於東林，他的座師韓爌等都是東林黨。同年二月，東林黨魁孫承宗爲兵部尚書兼東閣大學士，預機務。八月，命大學士孫承宗督師。後孫承宗巡邊，支持袁崇煥守寧遠之議。翌年九月，孫承宗決守寧遠，命袁崇煥等營築寧遠城，期年竣工，遂爲關外重鎮。但是，天啓四年（一六二四年）正月，閹黨顧秉謙、魏廣微入閣，後魏忠賢提督東廠。「自秉謙、廣微當國，政歸忠賢」（註三〇）。六月，楊漣等疏劾魏忠賢二十四大罪，東林黨與閹黨公開衝突。不久，楊漣、左光斗被削籍，東林黨人首輔葉向高、輔臣韓爌相繼去職，朝事大變。下年，楊、左等慘死獄中，東林黨人被逐一空，閹黨專政。閹黨決心懲治熊廷弼等，以張威固勢。顧大章說：「熊、王之案，誅心則廷弼難末減，論事則化貞乃罪魁」（註三一）。但閹黨不甘心，誣其賄東林黨求免，終將熊廷弼殺死。隨之，孫承宗以不阿附閹黨而被迫去職，換以閹黨高第爲經略。高第令盡撤錦州等城守具，驅屯兵、屯民入關。袁崇煥力爭兵不可撤，決心「獨臥孤城以當虜」（註三二）。後袁崇煥雖連獲寧遠和寧錦兩捷，終因被魏黨所惡而引疾去職。

崇禎初，東林黨人再次柄政。袁崇煥被起用爲薊遼督師。魏忠賢伏誅，「忠賢雖敗，其黨猶盛」（註三三）；頒欽定逆案，「案既定，其黨日謀更翻」（註三四）。閹黨謀翻案，先攻輔臣劉鴻訓，劉被遣戍，東林開始失勢。崇禎二年（一六二九年），後金軍攻打京師，袁崇煥下獄。忠賢遺黨溫體仁、王永光等「群小麗名逆案者，聚謀指崇煥爲逆首，龍錫等爲逆黨，更立一逆案相抵」（註三五）。翌年八月，袁崇煥被殺，尋錢龍錫也被逮下獄，後遣戍。韓爌、李標、成基命等先後「致仕」，東林黨內閣倒臺。

在袁崇煥任遼事的九年間，正是明末黨爭最激烈的時期。明末遼東三位傑出的統帥熊廷弼、孫承宗、袁崇煥，都在東林黨與閹黨鬥爭中，因閹黨的掣肘、干擾、排陷，或傳道九邊，或遭劾辭職，或寸磔於市。但是，東林黨與閹黨的鬥爭互有消長。袁崇煥的擢用、建功、告歸、磔死，無不與東林黨同閹黨的鬥爭相聯繫。所以，袁崇煥在遼事上的建功與蒙辱，除受到民族矛盾和社會矛盾這兩個因素的影響外，還受到東林黨與閹黨之爭的制約。

袁崇煥生活時代的再一個特點是西方科技傳入。西方殖民者借助大炮進行擴張，嘉靖初佛朗機炮傳入中國，「然將士不善用」（註三六）。萬曆十年（一五八二年）耶穌會士利瑪竇來華，其後艾儒略、鄧玉涵、湯若望、羅亞谷、陽瑪諾等也相繼來華。他們傳來西方天文、數學、地學、機械、火器等科技知識。明臣徐光啓、李之藻等力排徐如珂、沈漼等愚頑之見，推崇西學，從事翻譯和研究。明失陷遼陽，徐光啓「力請多鑄西洋大炮，以資城守」（註三七）。後明廷以數萬金調「澳夷」至京教習製作西洋大炮。茅元儀受李之藻囑，「親叩夷，得其法」（註三八）。後袁崇煥將運至關外紅夷大炮，安設於寧遠城四面，並派家人羅立、通判金啓倧等學習燃放。後金軍力攻寧遠，「城中用紅夷大炮及一應火器諸物，奮勇焚擊，前後傷虜數千」（註三九），致努爾哈赤大敗而回。袁崇煥施用西方科技傳入而購進的紅夷大炮，成爲其奪取寧遠和寧錦兩捷的重要因素。

前述民族矛盾激化，社會矛盾尖銳，朋黨之爭酷烈，西方科技傳入，及其錯綜複雜的關係，是袁崇煥宦海浮沉的客觀因素。但袁崇煥自身的經歷，則是其遼事功業的主觀因素。袁崇煥萬曆三十四年（一六〇六年）舉於鄉（註四〇）。萬曆四十七年（一六一九年）成進士（註四一），官邵武縣令。他作爲一名下級封建官員，能體恤民情：「明決有膽略，盡心民事，冤抑無不伸；素趫捷有力，嘗出救火，著靴上牆屋，如履平地」（註四二），是一位清官。他雖身居八閩，卻心繫遼事：「日呼一老兵習遼事者，與之談兵」（註四三）。天啓二年（一六二二年）大計至京，他單騎出閱邊塞，關心國家興亡。所以，尖銳的民族矛盾激發了他的愛國熱忱，棄文從戎，任職遼事。但是，袁崇煥對明末民族矛盾、階級關係、朋黨之爭和西學東漸的複雜性認識不足，憑頗熱肝腸與個人才智，杖策雪恥與圖復全遼。然而，上述諸種矛盾的變化，既爲他鑄成英雄塑像，又使他扮演悲劇角色。

二

明代傑出的軍事家袁崇煥，重建一支遼軍，組成一條寧錦防線，提出一套軍事原則，指揮三次重大戰役，在軍事理論與軍事實踐上，均做出了可貴的貢獻。

袁崇煥重建了一支遼軍。明朝遼東軍隊，在明代初期和中期，抵禦蒙古和女眞貴族騎兵的「騷掠」和「犯搶」，入援朝鮮抗擊倭軍侵略，俱起過重要作用。但萬曆後期以降，遼軍將貪、兵憊、餉缺、馬羸、器窳、甲敝，邊備廢弛，日益腐敗。萬曆四十七年（一六一九年）以後，明軍陷城失地，將奢卒掠，「將不習於鬥而習於奢，卒不善於攻而善於掠」（註四四）。明軍如亂絮紛絲，似烏合之衆，兵無紀，餉不清，「且有縛鎭殺撫之事」（註四五）。袁崇煥要抵禦後金軍南犯，畫程復遼，當務之急是改造和重建遼軍。第一，選將。他按兵之多寡設官，按官之德才擇將，遴選趙率教、祖大壽、何可綱等五十員將領，皆獲旨允。如趙率教分數明白、紀律精詳、猷略淵遠、著數平實，祖大壽英勇矯捷、腔子玲瓏且與士卒通肺腑、同甘苦，何可綱不破公錢、不受私饋、敝衣糲食、韜鈐善謀。袁崇煥與三將倚爲股肱，誓與始終（註四六）。第二，精兵。他汰冗卒，補新兵。「請以十萬五千官兵，汰爲八萬，以二萬留關內，六萬佈關外」（註四七）。袁爲帶兵之人，悉知兵多而自穩。但他汰冗兵不僅可減輕各省徵調轉輸之苦，而且能使部伍「煥然一新，數萬之兵而有一、二十萬之用」（註四八）。他並以廣西狼兵，關外遼兵，充實遼伍，組成遼軍。第三，措餉。明軍缺餉，數月不發，激起兵變，吊捶撫臣。他起復後，僅在崇禎元年（一六二八年）下半年，幾乎無月不請餉催餉。第四，治械。明軍失陷清、撫後，軍士「弓皆斷背斷弦，箭皆無翎無鏃，刀皆缺鈍，槍皆頑禿」（註四九）。袁崇煥疏請工部製造器械，將監督、主事、匠役等名勒上，「倘造不如法，容臣指名參核」（註五〇）。又請工部所製甲械，依祖大壽式，交關內外分造，並極力運用新造西洋大炮。第五，賞勇。「戰爭爲最危險的領域，所以勇氣是超越一切事物之上而成爲戰士的第一素質」（註五一）。袁崇煥在守寧遠時，置銀於城上，「有能中賊與不避艱險者，即時賞銀一定。諸軍見利在前，忘死在後，有面中流矢而不動者，卒以退虜」（註五二）。他既賞勇敢，又罰貪怯，平素馭軍最嚴格，以便法行而事實。總之，袁崇煥在選將、汰冗、徵召、餉糧、炮械、訓練、軍紀等方等面極爲嚴肅，從而重建一支在適當的時間和地點同後金兵進行殊死搏鬥的遼軍。

袁崇煥建成了一條寧錦防線。先是明軍在遼東，熊廷弼設三方佈置策，未能實施而兵敗身死；王化貞沿遼河設一字形防線，廣寧兵敗而身陷囹圄；孫承宗石畫關外防線，戎業未竟而憤然告歸。明諸將於後金軍的進攻，罔敢議戰守，「議戰守，自崇煥始」（註五三）。袁崇煥議遼東戰守有個過程。他在寧遠之戰前，主要營築並堅守寧遠。寧遠之捷表明，明軍「文武將吏，從此立腳」（註五四）。在寧錦之戰前，主要繕守錦州等城。寧錦之捷表明，寧錦防線初步確立。在保衛京師之戰前，袁督師爲結五年復遼之局，重新部署關外防線，建成錦州、寧遠、關門防禦體系，並著手整頓蒙古和東江兩翼。袁崇煥所建寧錦防線，包括「一體兩翼」，「一體」即縱向，由總兵趙率教駐關門，爲後勁；自率中軍何可綱駐寧遠，以居中；總兵祖大壽鎮錦州，爲先鋒（註五五）。其軍隊則分爲馬兵、步兵、車兵、水兵，計二十四營。各將領畫地信守，緩急相應，且築且屯，亦守亦戰，逐步而前，更迭進取，戰則一城接一城，守則一節頂一節。「兩翼」即横向，其左翼爲蒙古拱兔等部，採取「撫西虜以拒東夷」（註五六）的策略；其右翼爲東江，實行斬帥撫衆、整頓部伍，以撓敵後的措施。這就是袁崇煥所建遼東「一體兩翼」的十字形防線。袁崇煥遼東寧錦主體防線的建成，阻擋了後金軍的南進。然而其兩翼未成，東江一翼殺毛文龍後未及整頓而含冤身死；蒙古一翼，亦未能如願，致皇太極繞道蒙古，破塞入犯，兵指京師。總之，袁崇煥倚靠重建的遼軍，守禦寧錦防線，堵禦後金軍八年之久不得逾越南進，其功不可泯。在袁崇煥身後，祖大壽得以其餘威振於邊，遼軍守禦的寧錦防線仍堅不可摧。直至崇禎十五年（一六四二年）錦州才被攻陷；而寧遠、關門，則幾於明祚同終。

袁崇煥提出了一套軍事原則。這些重要的軍事思想和原則是：

第一，「守關外以禦關內」的積極防禦方針。袁崇煥在任寧前兵備僉事時，經略王在晉議築重城八里鋪，退守山海。崇煥以爲非策，人微言輕，力爭不得，奏記首輔葉向高。尋孫承宗行邊納其主守寧遠之議，營築寧遠。後高第又謂關外必不可守，盡撤錦州等城守具，驅屯兵入關，獨崇煥孤守寧遠不從命。所以關外寧錦防線的建立，是袁崇煥「守關外以禦關內」積極防禦方針實施的結果。

第二，「以遼人守遼土，以遼土養遼人」的戰略原則。大學士孫承宗曾言：「無遼土何以護遼城？舍遼人誰與守遼土」（註五七）？這個問題的提出，是因爲從關內調募之兵將出戍數千里以外，「兵非貪猾者不應，將非廢閑者不就」（註五八），即調募往遼東的兵將，非但不能爲遼援而且爲遼擾。袁崇煥深悉調募守遼之弊，他說：「寧遠南兵脆弱，西兵善逃，莫若用遼人守遼土」（註五九）。袁崇煥敢於陳其弊，破成議，疏請撤回調兵，招遼人塡補，以得兩利。由是他奏題主張「遼人復遼，此其首選」（註六〇）的祖大壽任總兵官，統率遼人以守遼土，即爲突出一例。他不但要遼人守遼土，而且要遼土養遼人。袁崇煥闡述「以遼土養遼人」，行則有「七便」，否則有「七不便」（註六一）。對於一個軍事統帥來說，其最高境界就是政策。選遼兵實遼伍，屯遼土養遼人的政策，足見袁崇煥卓識深謀，迥出流輩。而這一政策的指導思想則是「以遼東護神京，不以遼東病天下」（註六二）。

第三，「守爲正著，戰爲奇著，款爲旁著」的策略原則。守、戰、款三者，包涵著防禦與攻擊、戰爭與議和兩對既相區別又相聯繫的範疇。以攻擊與防禦來說，攻擊是重要的戰爭形式，防禦也是重要的戰爭形式。攻擊或防禦的選擇，依時間、地點和雙方力量對比而定。其時，「夷以累勝之勢，而我積弱之餘，十年以來站立不定者，今僅能辦一『守』字，責之赴戰，力所未能」（註六三）。這裡的守，是積極的防守。彼強己弱，以守爲主，以攻爲輔，即守爲正著，戰爲奇著。儘管閹黨指斥他的積極守禦爲「暮氣」，但在不具備以攻擊爲主的條件下，他仍堅守這一原則。另以戰爭與議和來說，爲著政治目的實現，戰爭與議和只是兩種不同的手段。袁崇煥爲了實施政策和奪取勝利，不但敢於並善於防守和攻戰，而且敢於並善於議和。袁崇煥能依具體條件，將守、戰、和加以巧妙地運用，可防則守，可攻則戰，可和則議，表現出軍事策略思想的主動性和靈活性。

第四，「憑堅城、用大炮」的戰術原則。後金軍是一支以騎兵爲主的軍隊。鐵騎馳突，野戰爭鋒，爲後金軍所長。但皮弦木箭，短刀鈎槍，射程近，威力弱，又爲後金軍所短。相反，平原作戰，擺列方陣，施放火銃，行動遲緩，爲明軍所短。而堅城深塹，火器洋炮，又爲明軍所長。袁崇煥總結明朝與後金戰爭的歷史經驗，第一個提出：「虜利野戰，惟有憑堅城以用大炮一著」（註六四）。後金的騎兵、弓箭，在明軍堅城、大炮之下，以短擊長，反主爲客，犯下兵家大忌。寧遠大捷是袁崇煥「憑堅城、用大炮」戰術原則的典型戰例。

上述由積極防禦方針和戰略、策略、戰術原則等組成的袁崇煥的軍事思想是極爲豐富的。他不僅在戰爭實踐中總結出軍事思想理論，而且親自指揮了重要戰役。

袁崇煥指揮了著名的寧遠、寧錦和保衛京師等重大戰役。

寧遠之戰。天啓六年（一六二六年）正月，後金汗努爾哈赤値明遼東經略孫承宗易爲高第之機，親率六萬大軍至寧遠，悉銳一攻。他自犯其「攻城必操勝算而後動」之典則，結果遭到致命打擊。袁崇煥獲寧遠之捷，有其政治與軍事、策略與武器、思想與指揮（註六五）等六個方面的因素。但論者或謂「此係紅夷大炮之威力」；或謂「在人心之齊，不在槍炮之多」（註六六）。至於紅夷大炮，有人認爲，「查紅夷炮，明軍使用已久，薩爾滸之戰各軍皆用之。薩爾滸戰役之後，後金軍將明軍之紅夷炮，用以攻打瀋陽、遼陽，故兩方皆常使用紅夷炮」（註六七）。據《明史》載，嘉靖二年（一五二三年）逐寇於廣東新會西草灣，敵遁，明軍得其炮，即名爲佛朗機炮，汪鋐進之朝。嘉靖九年（一五三〇年），汪鋐疏請依其式鑄製，旨允，「火炮之有佛朗機自此始」（註六八）。但將士不善用，至「天啓、崇禎間，東北用兵，數召澳中人入都，令將士學習」（註六九），購進洋炮，時稱紅夷大炮。袁崇煥將紅夷大炮用於寧遠保衛戰。其使用方法，據云：

在袁崇煥指揮之下，使用沉著，瞄準精確，加以炮位安置適當，炮手訓練精良，懂得敵人習慣戰法，選定適當的時機射擊，故一炮發出即開出一條血渠。是其炮位甚低，炮口正對來攻之敵也。亦即是城中穿穴於城牆根而推炮口至牆表皮位置，臨發射之時始穿城成孔向外射擊也，故有此等奇襲射擊之效。惟使用之炮同是舊日之炮，用炮之人亦是舊日之人，所對之敵仍是舊日之敵，所不同者即在於發射時機與使用方法而已。實則只是昔日不曾想，於今想出實用之而已（註七〇）。

實際上，袁崇煥所用之炮，炮身長、威力大，並非舊日之炮；所用之人，爲羅立、金啓倧，也非舊日之人；所用之法，將炮牽引至城上，而不是置於城牆穿穴之中，亦非舊日之法。明軍在薩爾滸之戰中使用的洋炮，爲身短體輕、火力較弱的佛朗機炮；而在寧遠之戰中使用的洋炮，爲身長體重、火力強大的紅夷大炮。所以，將紅夷大炮用於守城並取得射擊之效，實由袁崇煥啓其端。

對紅夷大炮在寧遠之戰中的作用應取分析的態度。否認或誇大紅夷大炮在寧遠之戰中的作用都是不符合歷史實際的。大量歷史事實表明，紅夷大炮是袁崇煥在寧遠之戰中克敵致勝的重要因素，但不是唯一因素。

那麼，寧遠之戰明軍獲勝的主要因素是什麼呢？在明軍獲勝的諸因素中，如民心、士氣、軍事、策略、堅城、大炮、天時、地利等，都只有同袁崇煥的指揮相聯繫，並通過其運籌帷幄才能產生作用。在明軍與後金軍寧遠決死生成敗之際，「克敵在兵，而制兵在將；兵無節制則將不任，將非人則兵必敗」（註七一）。薩爾滸之戰的楊鎬、瀋遼之戰的袁應泰、廣寧之戰的王化貞，都因將非其人而兵敗。可以說，袁崇煥的正確指揮是寧遠之戰明軍獲勝的主要因素。

寧錦之戰。天啓七年（一六二七年）五月初六日，皇太極親率諸貝勒將士起行往攻錦、寧。其時明祚以榆關爲安危，榆關以寧遠爲安危，寧遠又以錦州爲安危。袁崇煥決心堅守寧、錦，「戰則死戰，守則死守」（註七二）。他命趙率教鎮錦州，自坐守寧遠，並「已令舟師繞後，復令西虜聲援」（註七三）。十一日，後金軍圍錦州城。翌日，皇太極一面遣錦州太監紀用等復書，稱「或以城降，或以禮議和」（註七四）；一面派兵攻城。明軍炮火矢石俱下，後金軍後退五里紮營（註七五）。皇太極兵攻錦州半月不下，命兵士於錦州城外鑿三重濠，留兵困之；親率三大貝勒代善、阿敏、莽古爾泰等進攻寧遠。是役，《三朝遼事實錄》載袁崇煥疏言：

十年來盡天下之兵，未嘗敢與奴戰，合馬交鋒。今始一刀一槍拼命，不知有夷之凶狠驃悍。職復憑堞大呼，分路進追。諸軍忿恨此賊，一戰挫之（註七六）。

《兩朝從信錄》亦載：「參將彭簪古三次用紅夷大炮，擊碎奴營大帳房一座、四王子僞白龍旗，奴兵死者甚衆」（註七七）。清官書所記寧遠一役，其「貝勒濟爾哈朗、薩哈廉及瓦克達俱被創」（註七八）。

皇太極攻寧一日，軍受重創，回師錦州。再攻錦州南城：「奴賊提兵數萬蜂擁以戰。我兵用大炮與矢石打死奴賊數千，中傷數千，敗回營去，大放悲聲」（註七九）！後金軍圍攻錦州二十五日，雙方戰鬥異常激烈：「逆奴圍錦州，大戰三次，小戰二十五次，無日不戰」（註八〇）。皇太極攻寧錦不克，憤愧地說：「昔皇考太祖攻寧遠，不克；今我攻錦州，又未克。似此野戰之兵，尚不能勝，其何以張我國威耶」（註八一）！明軍打敗後金軍對寧遠、錦州的進犯，獲「寧錦大捷」（註八二）。

寧錦之役皇太極有三個錯誤：於時間，酷暑兵疲，驅師西進，觸犯兵家所諱；於空間，以騎攻城，以矢制炮，重蹈其父故轍；於方法，先錦後寧，棄寧攻錦，自呑分兵毒果。相反，遼東巡撫袁崇煥卻值後金軍有事江東之機，修繕城池，訓練士馬，治炮備餉，撫賞蒙古。結果，袁崇煥憑城用炮，以逸待勞，反客為主，以長制短，打敗皇太極軍，建成寧錦防線。

京師之戰。崇禎二年（一六二九年）十月，皇太極發兵攻明，其藉口之一是明朝不予議和、通市，他說：

從前遣白喇嘛向明議和，明之君臣，若聽朕言，克成和好，共享太平，則我國滿、漢、蒙古人等，當採參開礦，與之交易。若彼不願太平，而樂於用兵，不與我國議和，以通交易，則我國所少者，不過緞帛等物耳。我國果竭力耕織，以裕衣食之源，即不得緞帛等物，亦何傷哉。我屢欲和，而彼不從，我豈可坐待，定當整旅西征（註八三）。

二十六日，後金軍破龍井關和大安口，尋陷遵化、略通州。袁崇煥聞警，「心焚膽裂，憤不顧死，士不傳餐，馬不再秣」（註八四），日夜兼馳，回救京師。袁崇煥入薊部署戰守後，至河西務集諸將會議進取。諸將多云宜徑趨京師，以先根本。周文郁等謂：「大兵宜向賊，不宜先入都。」並建議横兵通州，與敵決戰。袁崇煥欲「背捍神京，面拒敵衆。」議者言：「外鎮之兵，未奉明旨，而徑至城下，可乎？」袁督師斬釘截鐵地說：「君父有急，何遑他恤？苟得濟事，雖死無憾」（註八五）！袁崇煥置自身生死於度外，其忠悃可嘉；但未奉明旨而入衛，其韜略有失。袁崇煥率九千騎兵馳京，露宿郊外，缺糧斷薪，忍餒茹疲，背城血戰，在廣渠門與左安門，挫敗敵軍，連獲兩捷。但袁崇煥於十二月初一日平臺召對時，被下詔獄。保衛京師之戰，儘管滿桂等先後有德勝門與永定門兩敗，但由於袁崇煥統率遼軍連獲廣渠門與左安門兩捷，燕京賴以轉危爲安。後皇太極見京城難以攻陷，且「勤王之師」四集，令在安定門外和德勝門外留下二封議和書後（註八六），率軍撤出京師。

綜上，袁崇煥依靠全國人民的力量和遼軍將士的奮戰，首攖努爾哈赤的雄鋒於寧遠，再挫皇太極的銳氣於寧錦，鼓舞了舉朝上下的精神，振奮了關外遼軍的士氣，創建了明季遼東寧錦防線，阻塞了後金軍由山海入關的通道。特別是他在都門的雙捷，不僅捍衛了北京的安全，而且終明之世後金軍未敢再犯京師。袁崇煥以其卓越的軍事思想和卓著的軍事功績表明，他是明代當之無愧的傑出軍事家。

三

督師袁崇煥於崇禎二年（一六二九年）十二月初一日，被下詔獄；翌年八月十六日，遭磔於市。

《明史・袁崇煥傳》載：「自崇煥死，邊事益無人，明亡徵決矣」（註八七）。但袁崇煥落獄與磔死的原因，是既相聯繫又相區別的；其論定罪狀與曲死原因，也是既相聯繫又相區別的。

袁崇煥落獄與磔死之因並不雷同。然官私史書常混而爲一，如《清太宗實錄》載，皇太極設間，尋「縱楊太監歸。後聞楊太監將高鴻中、鮑承先之言，詳奏明主。明主遂執袁崇煥入城（獄），磔之」（註八八）。又如《廿二史劄記》載，皇太極設間後，陰縱楊太監去，「楊太監奔還大內，告於帝。帝深信不疑，遂磔崇煥於市」（註八九）。上舉兩例，前者或由於撰者爲宣揚後金汗的聰睿，而將崇煥入獄、磔死蓋歸之於設間；後者或由於趙翼重在說明後金間計，而將崇煥入獄、磔死原因加以混淆。

崇禎帝在平臺命將袁崇煥下獄時，曾「問以殺毛文龍今反逗留」（註九〇）事，並未宣諭其「罪狀」。事後諭各營和諭孫承宗兩旨，其一旨稱：「朕以東事付袁崇煥，乃胡騎狂逞。崇煥身任督師，不先行偵防，致深入內地。雖兼程赴援，又鉗制將士，坐視淫掠，其罪難掩，暫解任聽勘」（註九一）。這道「諭旨」並未將其內在原因剖明。因在此前，崇禎帝曾對督師袁崇煥「三日五賜金幣宣勞」（註九二）。所以袁崇煥下獄的眞正原因，崇禎之世，始終不清。明之士夫，明之清議，竟無有恕袁崇煥之冤者。直至修《明史》時，參校《清太宗實錄》，方知此事始於皇太極設間。檢天聰朝《滿文老檔》，僅記縱楊太監歸，告以所聽高、鮑之言，闕載其言內容（註九三）。《清太宗實錄》卻詳載此事，云：

先是，獲明太監二人，令副將高鴻中，參將鮑承先、寧完我，巴克什達海監守之。至是還兵，高鴻中、鮑承先遵上所授密計，坐近二太監，故作耳語云：「今日撤兵，乃上計也。頃見上單騎向敵，敵有二人來見上，語良久乃去，意袁巡撫有密約，此事可立就矣。」時楊太監者，佯臥竊聽，悉記其言（註九四）。

皇太極於十一月二十七日設間，二十九日陰縱楊太監歸。下月初一日，崇禎帝藉召對議餉爲名，在平臺將袁崇煥下獄。

崇禎帝執捕袁崇煥，不僅限於上述一個原因。《綱目三編》析其原因爲四，云：「崇煥千里赴援，自謂無罪。然都人驟遭兵，怨謗紛起，謂崇煥縱敵。朝士因前通和議，誣其引敵脅和。會我大清設間，謂與崇煥有成約。語聞於帝，帝信之，遂執下詔獄」（註九五）。可見，都人的嘖怨，朝士的誣陷，崇禎的剛愎，後金的設間，綜爲一個結果，袁崇煥被縛下獄。但上述各因素有內有外，有主有從。後金汗的設間和崇禎帝的誤信，成爲袁崇煥被下詔獄諸因素中的決定因素。

袁崇煥的論定罪狀與曲死之因也並不雷同。崇煥從下詔獄到遭非刑，歷時八個半月。其間經過極爲錯綜複雜的政治鬥爭。崇禎帝對袁崇煥的論定罪狀，儘管《今史》、《崇禎朝記事》、《幸存錄》、《崇禎實錄》、《崇禎長編》、《國榷》、《石匱書後集》、《明季北略》和《明通鑑》等書所載文字略異，但其九派源一。諸如「既用東酋、陽導入犯」，「縱敵長驅、頓兵不戰」，「援兵四集、盡行遣散」，「暗藏夷使、堅請入城」等，早已爲史實和公論所否定，不需贅述。但「市米資盜」、「擅主和議」和「斬帥踐約」等至今尚惑人耳目，故略作辨析。

所謂「市米資盜」。「撫虜拒奴」和「用虜攻奴」爲明末統治者對漢南蒙古哈喇愼三十六家等部的「國策」。遼東督師王之臣請發銀，以「駕馭諸虜，庶得操縱如意」（註九六），並獲旨允。但崇禎二年（一六二九年）春，「夷地荒旱，粒食無資，人俱相食，且將爲變」（註九七）。蒙古哈喇慎等部室如懸罄，聚高臺堡，哀求備至，乞請市粟。袁崇煥先言：「人歸我而不收，委以資敵，臣不敢也」（註九八）。他疏云：

惟薊門陵京肩背，而兵力不加。萬一夷爲嚮導，通奴入犯，禍有不可知者。臣以是招之來，許其關外高臺堡通市度命。但只許布米易柴薪，如違禁之物，俱肅法嚴禁，業責其無與奴通（註九九）。

各部首領指天立誓，不忘朝恩，願以妻子爲質，斷不敢誘敵入犯薊、遼。此疏目的在於，「西款不壞，我得一意防奴」（註一〇〇）。但疏入，奉旨：「著該督、撫，嚴行禁止」（註一〇一）。崇禎帝既絕哈喇慎等部活命之方，其豈肯坐以待斃？果如袁崇煥在上疏中所預言：「我不能爲各夷之依，夷遂依奴以自固。」哈喇慎各台吉紛投後金：

六月：「蒙古喀喇沁部落布爾噶都戴青、台吉卓爾畢，土默特部落台吉阿玉石、俄木布、博羅等，遣使四十五人來朝，貢駝馬彩緞等物，並以歸附聖朝之意具奏」（註一〇二）。

八月：「遣喀喇沁部落蘇布地杜稜歸國，上御便殿，賜宴，厚賚之」（註一〇三）。

九月：「蒙古喀喇沁部落台吉布爾噶都來朝，貢幣物」（註一〇四）。

哈喇慎等部歸己而不收，委以資彼，其責在崇禎帝。因此，「市米資盜」實爲袁崇煥「莫須有」之一罪。

所謂「擅主和議」，即議和，已著文《袁崇煥「謀款」辨》（註一〇五），茲略作補充。在天啓朝，袁崇煥於天啓六年（一六二六年）九月二十八日，奏報努爾哈赤死於瀋陽。翌日，又奏：「臣正與經、督及內臣謀其能往者，萬一此道有濟，賢於十萬甲兵。且乘是以覘彼中虛實。臣敕內原許便宜行事，嗣有的音，方與在事諸臣會奏」（註一〇六）。疏入，旨稱「閫外機宜，悉聽便宜行事。」袁崇煥得旨後，始遣李喇嘛及都司傅有爵等三十四人至瀋陽（註一〇七）。其後袁崇煥多次疏報，並屢奉諭旨。《明史·袁崇煥傳》載：「崇煥初議和，中朝不知。」此係撰者未細檢《明熹宗實錄》和《清太宗實錄》，而爲「擅主和議」說所羈絆。在崇禎朝，袁崇煥於平臺受召對後兩天，即疏言：遼事恢復之計，「以守爲正著，戰爲奇著，款爲旁著」（註一〇八）。旨稱「悉聽便宜從事。」

袁督師出鎮行邊後，皇太極頻繁致書「議和」。以崇禎二年（一六二九年）爲例，皇太極先後遣白喇嘛、鄭伸、趙登科等致袁崇煥書六封，袁崇煥答書四封。這些往來信札爲《明實錄》和《清實錄》所闕載，但保存於《舊滿洲檔》和《滿文老檔》中，現摘引如下。「欽命出鎮行邊督師尚書袁」，「復汗帳下」書，第一書云：「來書所言議和者，蓋不忍兩家之赤子屢遭鋒鏑也。汗之美意，天地鑑之。但和亦有道，非一言可定也。我帝繼位以來，明哲果斷，嚴於邊務。若非十分詳實，則不便奏聞」（註一〇九）。第二書云：「遼東之人西來，墳墓皆在於彼，其心能不思先人之遺骨乎？因不合衆意，我受之未便言，是以未奏於帝。……至鑄印、封典之事，則非一言可盡也」（註一一〇）。這封信重申要恢復遼東土地、人口，並駁回其鑄印、封典之請。第三書與上書同日到達，解釋使臣久住之因。第四書云：「惟十年戰爭，今欲一旦罷之，雖出大力，亦非三四人所能勝任，更非二三言所能了結」（註一一一）。袁崇煥的上述書札，既不違背諭旨之意，更無擅主和議之嫌。因此，「擅主和議」實爲袁崇煥「莫須有」之又一罪。

所謂「斬帥踐約」。上已述及，袁崇煥同皇太極有「款議」，而無「款約」。既無「款約」，則無須「踐約」。所以，「踐約」與「斬帥」並不發生因果聯繫。袁崇煥「斬帥」的功過，迄今公論不定。本人拙見，將另文論述。「斬帥踐約」之說，《國榷》載：「至擅殺毛文龍，朝議謂踐敵宿約」（註一一二）。《石匱書後集》也載：努爾哈赤死後，「崇煥差番僧喇嘛鎦南木座往吊，謀以歲幣議和。女直許之，乃曰：『無以爲信，其函毛文龍首來』」（註一一三）。爾後，《明史紀事本末補遺》載：崇煥再出，「無以塞五年平遼之命，乃復爲講款計。建州曰：『果爾，其以文龍頭來。』崇煥信之」（註一一四）。上述說法，朝鮮《荷潭錄》亦載：後金汗「欲殺文龍，結於崇煥；費盡心機，今始幸得殺之」（註一一五）。上引明末清初時之記載，使人如墜雲霧中。

以上所載，第一，所謂「朝議」云云。明末門戶水火，黨爭激烈，恩怨是非，尤爲糾葛。「而崇煥之被謗，則於溫體仁與錢龍錫門戶相傾之舊套以外，又多一虛憍愛國者之張脈僨興，爲清太宗反間所中，久而不悟。雖有正人，只能保錢龍錫之無逆謀，不敢信袁崇煥之不通敵」（註一一六）。故而

「朝議」既有閹孽之誣謗，也有正人之僨語，均不能作爲袁崇煥「斬帥踐約」之史據。第二，袁崇煥遣李喇嘛等往吊努爾哈赤喪，事在天啓六年（一六二六年）十月，其時明朝與後金久不通使，雙方隔閡頗深，態度謹慎，並未言及「歲幣議和」之事，更未有「其函毛文龍首來」之記載（註一一七）。第三，袁崇煥再起赴遼至毛文龍被殺，爲時僅十個月，尚不存在「無以塞五年平遼之命」的憂慮。且從這段時間皇太極與袁崇煥往來書札中，得不出袁崇煥以毛文龍之頭，換取同皇太極「講款」的結論。第四，翻檢《滿文老檔》，未見載錄袁崇煥與皇太極殺毛文龍以求款之密約，也未見載述皇太極借袁崇煥尚方殺毛文龍之秘計，而《明實錄》、《清實錄》以及所見明季內閣大庫檔案於此均無記載。第五，袁崇煥「斬帥踐約」說，不僅崇煥同時人以爲可信，至明亡後尚曉呦欲傳爲信史。於此，孟森言：「《天啓朝實錄》中，多有毛文龍之罪狀；至歸惡崇煥以後，反以文龍爲賢，謂文龍爲建州所深忌，非殺文龍，必不能取信於建州。夫而後崇煥之殺文龍，乃與通敵脅和並爲一事。此不必僉邪爲是言，賢者亦爲是言，是可恫矣」（註一一八）！因此，「斬帥踐約」實爲袁崇煥「莫須有」之另一罪。

由上可見，袁崇煥爲崇禎帝所曲殺。然而，崇禎帝爲何必殺袁崇煥？這需要從當時的歷史環境中加以考察。

袁崇煥之死，既有其歷史的偶然性，也有其歷史的必然性。皇太極設間陷袁崇煥，爲其曲死的偶然因素；崇禎初各種社會矛盾焦點聚於袁崇煥，則爲其曲死的必然因素。袁崇煥曾預言：

蓋勇猛圖敵，敵必仇；振奮立功，眾必忌。況任勞之必任怨，蒙罪始可以有功。怨不深，勞不厚；罪不大，功不成。謗書盈篋，毀言沓至，從來如此（註一一九）。後金的仇恨，都人的怨憤，中貴的不滿，同僚的舊怨，閹孽的忌恚，崇禎的昏憒，一句話，袁崇煥被歷史偶然性與歷史必然性相紐結而造成了悲劇的結局。

後金的仇恨。袁崇煥先敗努爾哈赤於寧遠，又敗皇太極於寧、錦，再敗後金軍於都門。後金欲打開山海通道，奪占燕京，入居中原，其軍事上的最大障礙即爲袁崇煥。皇太極既在戰場上不能打敗袁崇煥，便在政治上設計陷害他。袁崇煥疏言：「況圖敵之急，敵又從外而間之」（註一二〇）。果然，崇禎帝庸而愎，爲敵所用。袁崇煥在民族矛盾中，鑄成爲民族英雄；又在民族矛盾中，被寸磔而曲死。

都人的怨憤。自嘉靖庚戌年（一五五〇年），至崇禎己巳年（一六二九年），都人八十年不見敵兵。皇太極兵薄城下，焚掠四郊，九門戒嚴，一日三驚。關廂居民，先受其害，牛羊糧柴，慘遭劫掠。城內市民，聞敵圍城，晝夜惶恐，寢食不寧。上學者，不敢出門；患病者，不敢求醫；嫁娶者，不能如期；殯葬者，不能出城。京師居民，談敵色變，積恐成忿，怨氣沸騰。京師傳聞袁崇煥「通敵」、「脅和」，一時「難民忿禍，衆喙漂山」（註一二一）。都人不明眞象，而將怨憤的怒火噴向袁崇煥。

中貴的不滿。後金軍入犯京畿後，恣意俘掠，曾二次將俘獲牲畜分賞兵丁。又焚通州河內船千餘艘（註一二二），京畿佈散的皇莊及公主、宗室、勛臣、戚畹、中官莊田（註一二三），遭受後金軍事貴族的蹂躪。文秉言：「城外戚畹中貴園亭莊舍，爲虜騎蹂躪殆盡，皆比而揭其狀入告」（註一二四）。李遜之亦言：「郊外徹侯中貴之園囿墳墓，爲□兵踐踏毀拆，各中貴因環訴督師賣好，不肯力戰，上已心疑動矣」（註一二五）。後金軍事貴族鐵騎踐踏京畿地區，嚴重地損害了皇室、勛戚、縉紳、中官的利益，其一切怨恨傾洩於袁崇煥。

同僚的舊怨。袁崇煥矢心報國，性頗疏直，但未能妥善地處理同滿桂等將領的關係。滿桂「謀濬九地，勇冠萬夫」（註一二六），築守寧遠，屢建殊勛。後滿桂意氣驕矜，與趙率教不和。尋崇煥與桂不諧，請調他鎮。後在入衛京師時，桂先敗於順義，又敗於德勝門，傷臥關帝廟，入休甕城。但桂軍違紀，嫁禍於「袁軍」。及平臺召對，「桂解衣示創」（註一二七），使崇禎帝對袁崇煥更加不信任。崇煥下獄，則命滿桂總理援兵、節制諸將。

閹孽的忌恚。天啓帝死，崇禎帝立，既正閹黨罪，即用袁崇煥。崇禎初，東林黨再次柄政，袁崇煥成為東林黨依恃的長城。魏忠賢遺黨王永光、高捷、袁弘勛、史𡎺等，乘後金兵薄都門社稷之危，利用勛戚、朝士、縉紳和市民的不滿，阿媚帝意，藉袁崇煥議和、誅毛作題目，指袁崇煥為逆首，並及曾主定逆案之輔臣錢龍錫，進而打擊東林黨。閹臣溫體仁、吏部王永光圖另立一案，以翻前局。致崇煥被磔死，龍錫遭遣戍，東林黨閣臣先後去職，東林內閣被擠垮。

崇禎的昏憒。崇禎帝即位後，欽定「逆案」，整頓吏治，憂勤惕勵，想望治平。但登極兩載，後金兵叩都門。自建州興起，經萬曆、泰昌、天啓三朝，明雖屢次兵敗、地失，但後金軍從未入塞。後金軍首次破塞犯闕，群情極鬱，陵廟為驚。這對欲勵精圖治、慨然有為的崇禎帝是最沉重的打擊。本來，後金軍入犯京師是明廷腐敗政治的一個必然結果，但崇禎帝把責任完全推給袁崇煥，稱袁崇煥付托不效、縱敵長驅，致「廟社震驚，生靈塗炭，神人共忿，重辟何辭」（註一二八）！因此，崇禎帝將後金的設間，都人的怨懟，朝士的憤懣，中貴的環訴，閹孽的誣謗，自身的愧赧，都集中到袁崇煥身上，命殺崇煥以「慰」廟社，磔崇煥以「謝」天下。袁崇煥成爲都門受辱的替罪羊，明末黨爭的犧牲品。

誠然，袁崇煥是一位歷史人物，有其歷史的、社會的與民族的局限性，也有其軍事失誤和舉措失當之處，但瑕不掩玉。袁崇煥作爲明代傑出的軍事家和著名的民族英雄而永垂史冊。

【附註】

註　一　本文爲一九八四年在廣西藤縣召開的「紀念袁崇煥誕生四百周年學術討論會」而作。

註　二　袁崇煥：《邊中送別》，《袁督師事蹟》道光伍氏刻本。

註　三　程本直：《漩聲記》，《袁督師事蹟》。

註　四　《列寧全集》卷一，頁一三九，人民出版社，一九五五年版。

註　五　《馬克思恩格斯全集》卷四，頁四七一，人民出版社，一九五三年版。

註　六　《清太祖武皇帝實錄》卷一，癸未年（萬曆十一年）五月。

註　七　《滿文老檔·太祖》卷五，天命元年正月壬申朔。

註　八　王在晉：《三朝遼事實錄》卷一。
註　九　《清太祖高皇帝實錄》卷五，天命三年四月壬寅。
註一〇　傅國：《遼廣實錄》卷上。
註一一　《明熹宗實錄》卷二〇，天啓二年三月乙卯。
註一二　《神廟留中奏疏匯要》兵部類，卷一。
註一三　《列寧全集》卷二三，頁五五，人民出版社，一九五八年版。
註一四　《明史．食貨志六》卷八二。
註一五　《明史．食貨志二》卷七八。
註一六　何爾健：《按遼御璫疏稿．直陳困憊》，何茲全、郭良玉校編本。
註一七　《明神宗實錄》卷五九四，萬曆四十八年五月己卯。
註一八　《明熹宗實錄》卷一，泰昌元年九月丁亥。
註一九　《續修陝西通志》卷八六。
註二〇　畢自嚴：《度支奏議．題復加派數目疏》。
註二一　文秉：《烈皇小識》卷二。
註二二　金日升：《頌天臚筆》卷二一。
註二三　孫承澤：《山書》卷一。

註二四　吳偉業：《鹿樵紀聞》卷下。
註二五　吳偉業：《綏寇紀略》卷一。
註二六　《明史・朱賡傳》卷二一九。
註二七　《明史・宰輔年表二》卷一一〇。
註二八　《明史・趙煥傳》卷二二五。
註二九　《明熹宗實錄》卷十八，天啓二年正月甲子。
註三〇　《明史・顧秉謙傳》卷三〇六。
註三一　《東林列傳》卷三。
註三二　周文郁：《邊事小紀》卷一。
註三三　《明史・劉鴻訓傳》卷二五一。
註三四　《明史・閹黨列傳》卷三〇六。
註三五　《明史・錢龍錫傳》卷二五一。
註三六　《明史・外國六》卷三二五。
註三七　《明史・徐光啓傳》卷二五一。
註三八　茅元儀：《督師紀略》卷十二。
註三九　《明熹宗實錄》卷六八，天啓六年二月甲戌朔。

註四〇　崇禎《梧州府志》卷十三。

註四一　《萬曆己未科進士題名碑記》，碑藏北京首都博物館。

註四二　乾隆《邵武府志》卷十五。

註四三　夏允彝：《幸存錄》卷上。

註四四　《明熹宗實錄》卷七五，天啓六年八月乙卯。

註四五　《崇禎長編》卷二五，崇禎二年八月乙亥。

註四六　《崇禎長編》卷十二，崇禎元年八月丙辰。

註四七　《明熹宗實錄》卷六八，天啓六年二月戊戌。

註四八　《明熹宗實錄》卷七一，天啓六年五月庚申。

註四九　《熊襄愍公集》卷三。

註五〇　佚名：《今史》卷四。

註五一　克勞塞維茨：《戰爭論》（精華）中譯本，第一章第二節。

註五二　《明熹宗實錄》卷七〇，天啓六年四月己亥。

註五三　《明史・袁崇煥傳》卷二五九。

註五四　《明熹宗實錄》卷七〇，天啓六年四月辛卯。

註五五　《崇禎長編》卷十二，崇禎元年八月丙辰。

註五六　《明熹宗實錄》卷七五，天啓六年八月丁巳。

註五七　《明熹宗實錄》卷四〇，天啓三年閏十月丁亥朔。

註五八　《明熹宗實錄》卷七九，天啓六年十二月丁未。

註五九　《明熹宗實錄》卷六八，天啓六年二月戊戌。

註六〇　《崇禎長編》卷十二，崇禎元年八月丙辰。

註六一　《明熹宗實錄》卷七八，天啓六年十一月乙未。

註六二　《明熹宗實錄》卷七一，天啓六年五月庚申。

註六三　《明熹宗實錄》卷八四，天啓七年五月甲申。

註六四　《明熹宗實錄》卷七九，天啓六年十二月庚申。

註六五　參見拙著《努爾哈赤傳》文史哲出版社，頁三三九至頁三四〇，一九九二年版。

註六六　《天聰朝臣工奏議》卷中。

註六七　《中國歷代戰爭史》冊十五，頁一六一。

註六八　《明史・外國六・佛朗機》卷三二六。

註六九　《明史・外國七・意大里亞》卷三二六。

註七〇　《中國歷代戰爭史》冊十五，頁一六一。

註七一　《明太祖實錄》卷三一，洪武元年四月乙酉。

註七二　《明熹宗實錄》卷八四，天啓七年五月戊辰。

註七三　《明熹宗實錄》卷八四，天啓七年五月丙戌。

註七四　《清太宗實錄》卷三，天聰元年五月丁丑。

註七五　《滿文老檔．太宗》卷五，天聰元年五月丁丑。

註七六　王在晉：《三朝遼事實錄》卷十七。

註七七　沈國元：《兩朝從信錄》卷三四。

註七八　《清太宗實錄》卷三，天聰元年五月癸巳。

註七九　沈國元：《兩朝從信錄》卷三四。

註八〇　沈國元：《兩朝從信錄》卷三四。

註八一　《清太宗實錄》卷三，天聰元年五月癸巳。

註八二　《明熹宗實錄》卷八七，天啓七年八月乙未。

註八三　《清太宗實錄》卷五，天聰三年六月乙丑。

註八四　程本直：《白冤疏》，《袁督師事蹟》。

註八五　周文郁：《邊事小紀》卷一。

註八六　《滿文老檔．太宗》卷二〇，天聰三年十二月壬申。

註八七　《明史．袁崇煥傳》卷二五九。

註八八　《清太宗實錄》卷五，天聰三年十一月庚戌。
註八九　趙翼：《廿二史劄記》卷三一。
註九〇　《明懷宗實錄》卷二，崇禎二年十二月辛亥朔。
註九一　談遷：《國榷》卷九〇。
註九二　《崇禎實錄》卷三，崇禎三年八月癸亥。
註九三　《滿文老檔．太宗》卷十九，天聰三年十一月庚戌。
註九四　《清太宗實錄》卷五，天聰三年十一月戊申。
註九五　《資治通鑑鋼目三編》卷十九。
註九六　《明熹宗實錄》卷七〇，天啓六年四月己亥。
註九七　《明清史料》甲編，第八本，頁七〇七。
註九八　《明熹宗實錄》卷七二，天啓六年六月戊子。
註九九　《明清史料》甲編，第八本，頁七〇七。
註一〇〇　《明熹宗實錄》卷七二，天啓六年六月戊子。
註一〇一　《明清史料》甲編，第八本，第七〇七頁。
註一〇二　《清太宗實錄》卷五，天聰三年六月丁卯。
註一〇三　《清太宗實錄》卷五，天聰三年八月庚申。

註一〇四 《清太宗實錄》卷五，天聰三年九月癸卯。

註一〇五 《光明日報·史學》一九八四年六月六日。

註一〇六 《明熹宗實錄》卷七六，天啓六年九月戊戌。

註一〇七 《清太宗實錄》卷一，天命十一年十月癸丑。

註一〇八 佚名：《今史》卷四。

註一〇九 《滿文老檔·太宗》卷十六，天聰三年閏四月丁巳。

註一一〇 《滿文老檔·太宗》卷十六，天聰三年七月丙戌。

註一一一 《滿文老檔·太宗》卷十七，天聰三年七月己亥。

註一一二 談遷：《國榷》卷九一。

註一一三 張岱：《石匱書後集》卷一〇。

註一一四 《明史紀事本末補遺》卷四。

註一一五 李肯翊：《燃藜室記述》朝文版，卷二五。

註一一六 孟森：《明清史論著集刊》上冊，頁二四。

註一一七 《清太宗實錄》卷一，天命十一年十月癸丑、十一月乙酉。

註一一八 孟森：《明清史論著集刊》上冊，頁二〇。

註一一九 沈國元：《兩朝從信錄》卷三二。

註一二〇　佚名：《今史》卷四。

註一二一　談遷：《國榷》卷九一。

註一二二　《清太宗實錄》卷五，天聰三年十二月丁丑。

註一二三　《明史·食貨志一》卷七七。

註一二四　文秉：《烈皇小識》卷二。

註一二五　李遜之：《崇禎朝記事》卷一。

註一二六　《明熹宗實錄》卷七〇，天啓六年四月己亥。

註一二七　《明史·滿桂傳》卷二七一。

註一二八　談遷：《國榷》卷九一。

論天命汗

在我國五十五個少數民族歷史人物的星漢中，有兩顆最明亮的民族英雄之星——一顆是蒙古族的元太祖成吉思汗，另一顆是滿洲族的清太祖努爾哈赤。過去人們對成吉思汗知道較多，對努爾哈赤卻所知較少。但是，成吉思汗奠基的元帝國，僅享祚八十九年，且距今久遠；而努爾哈赤奠基的清帝國，則綿祚二百六十八年，並離今較近。愛新覺羅・努爾哈赤是我國歷史上傑出的政治家、軍事家和民族英雄。他的姓名與業績，不僅垂諸於中國史籍，而且載記於世界史冊。因此，愛新覺羅・努爾哈赤是一位尤應被重視的傑出歷史人物。

努爾哈赤之所以成爲傑出的英雄人物，是因爲他依托於由地理與歷史、社會與民族、家庭與自身的諸多條件編織的網絡，這個網絡的集結點則使他得到了事業的成功。

一個傑出人物的成長，必有一定的地理條件。所謂「地靈人傑」，「地靈」就是指的地理條件。中國大陸史學界過去受斯大林在《辯證唯物主義與歷史唯物主義》中輕視地理因素的編隘理論影響，在研究歷史人物時很少闡述與其有關的地理條件。歷史上任何一位傑出人物的成長，都同其所處地理條件有著密切的關係，在古代尤其是這樣，努爾哈赤就是一個例證。努爾哈赤出生於明建州左衛蘇克素滸河部的赫圖阿拉（今遼寧省新賓滿族自治縣永陵鎮老城村）。赫圖阿拉處於四面環山的河谷平原之臺地上（註一），這裡土地肥沃，林木茂密，氣候溫和，雨水豐沛，農、林、牧、獵、採、漁多種經濟發展，距遼東首府遼陽不遠不近，既有通道達撫順而便外聯進取，又扼山隘鎖重關以資禦內固守——可以形成滿洲崛興的根據地（註二）。而女眞扈倫四部中的哈達部長王台、輝發部長王機砮、葉赫部長清佳努和楊佳努、烏拉部長布占泰等，他們之所以未能完成女眞一統大業，地理條件是其重要的因素之一。僅以自然條件中的地理位置而言，哈達、輝發和葉赫距開原太近，或依附於明朝，或被明軍攻破，不易獨立發展。葉赫與哈達稍爲強大，在五年之間，連遭明軍三次重創，首領被殺，柵破民亡，「城中老少皆號泣」（註三）。烏拉（今吉林省吉林市烏拉街滿族鄉）則距遼陽太遠，形不成打擊明軍的威懾力量。建州不同於扈倫四部，它毗連撫順，而爲山河阻隔；地近遼陽，又爲關山封閉。努爾哈赤在此暗自發展，黃衣稱朕，明廷對其昏昏然而不明眞相（註四）。後金汗努爾哈赤就是利用了建州的地理條件，以赫圖阿拉爲中心，辟建基地，創建政權，組建軍隊，壯大力量，從而奠下他一生事業的堅實基礎。

一個傑出人物的成長，除必有一定的地理即空間條件外，還必有一定的歷史即時間條件。一些歷史人物因生不逢時，使其作用未能得到充分展現。人們說的「時勢造英雄」，雖過分強調「時勢」，但亦有一定道理——因無時勢，便無英雄。努爾哈赤降生於明嘉靖三十八年（一五五九年），其後，經隆慶、萬曆、泰昌、天啓、崇禎五朝，明朝進入後期，時政治腐敗，財政竭絀，邊備廢弛，民不聊生。嘉隆間「南倭北虜」（註五），弄得疲憊不堪；萬曆帝二十幾年不上朝，紀綱紊亂；泰昌帝登極一月，梓宮兩哭，「三案」攪得烏煙瘴氣；天啓帝是位好木匠，但不是個好皇帝；崇禎帝雖想勵精圖治，卻剛愎自用，自毀長城。明朝後期的腐敗，爲努爾哈赤崛興提供了歷史的機緣。在歷史上，契丹阿保機、女眞阿骨打、蒙古鐵木眞的勃興，都以中央王朝衰微爲契機。在努爾哈赤興起之前，建州女眞首領董山、李滿住、王杲、王兀堂和阿台，皆因未遇上述契機，均相繼敗死。僅以成化三年（一四六七年）爲例，其時董山、李滿住等三衛合居，建州女眞頗有統一之勢；但明朝當時國勢強盛，先將董山誘斬（註六），又派兵與朝鮮軍會攻建州，「搗其巢穴，絕其種類」（註七），共擒斬一千五百三十六人，李滿住及其子李古納哈也遇難。建州女眞首領遭殺害，屯寨被血洗，部落殘破殆盡，無法實現統一。在明朝中期，建州女眞先後遭到朝軍三次侵襲，明軍三次征剿。建州女眞面對強盛的明帝國，無法崛興，也不能產生努爾哈赤式的民族英雄。努爾哈赤是在其先輩灑滿鮮血、備受凌辱的道路上，值明末衰微之機，聚女眞部民之力，憤然起兵反明，完成統一大業的。

一個傑出人物的成長，除必有一定的時空條件外，還必有一定的社會條件。努爾哈赤不是作爲個人，而是作爲群體利益的代表出現在歷史舞臺上，他必須順應歷史的趨勢，反映社會的需要，代表部民的利益。其時，女眞社區的社會生產與商品交換都有很大的發展。女眞所需的鐵器、耕牛、布匹、食鹽，所產的人參、皮張、馬匹、東珠等，都需要通過「貢市」與「馬市」進行交易。但是，一方面明朝的錯誤政策影響女眞的經濟發展，藉「貢市」誘殺建州左衛指揮使、右都督董山；又藉「馬市」

計殺葉赫貝勒清佳努和楊佳努；還動輒停止貿易，使建州女眞一次即腐爛十萬斤人參。另一方面女眞的自身分裂與殺伐，也影響社區的經濟發展，女眞「各部蜂起，皆稱王爭長，互相戰殺，甚且骨肉相殘，強凌弱，衆暴寡」（註八）。有的女眞首領，爲著爭奪直接同明廷「貢市」貿易的「敕書」，而大動干戈，攻戰不已。所以，社會的有序協合，社區的經濟發展，是歷史運動的趨向。努爾哈赤的興起，正是這種社會趨勢的反映。

一個傑出人物的成長，除必有一定的時空與社會條件外，還必有一定的群體條件。努爾哈赤作爲滿族共同體的締造者，自然要反映本民族的利益。在他起兵之前，女眞分爲四大部——建州女眞即分爲本部五部：蘇克素滸河部、哲陳部、渾河部、董鄂部、完顏部和長白山三部：訥殷部、朱舍里部、鴨綠江部；海西女眞即扈倫四部：哈達部、輝發部、葉赫部、烏拉部；東海女眞（分布在烏蘇里江及其以東濱海地區）與黑龍江女眞又各分爲若干部。海西女眞與建州女眞爲女眞的主體部份，其各部首領都想重建女眞的統一，但他們相繼謝世。建州首領王杲被「檻車致闕下，磔於市」（註九），其子阿臺也被殺；哈達首領王台死後，內訌不休；葉赫貝勒清佳努、楊佳努被誘殺於開原中固城關帝廟，其子布寨貝勒戰死，納林布祿貝勒病亡；烏拉貝勒滿泰夜淫村婦被殺；輝發貝勒王機砮死後，子孫自亂。那些各自稱雄的女眞首領先後死去，這就爲努爾哈赤的表演讓出了歷史舞臺。

一個傑出人物的成長，除以上論述的條件外，還必有一定的家族條件。這主要是指其家族歷史、家庭教養、文化環境和經濟地位等。在經濟文化落後、血緣紐帶牢固的少數民族社區尤其是這樣。家族先世顯赫官爵的靈光，能祐助其後裔樹立族中威望，砥礪其後世建功立業；並藉此向朝廷邀取爵賞，強固其在部族中之地位。努爾哈赤就是這樣：他的六世祖猛哥帖木兒受永樂帝封為建州左衛指揮使；五世祖董山受封為右都督，掌建州左衛印；四世伯祖妥羅官一品都督，執掌建州左衛，先後五次入朝；祖父覺昌安、父親塔克世，同明遼東總兵李成梁關係密切，死於兵火，努爾哈赤因受「敕書三十道，馬三十匹，復給都督敕書」（註一〇）。後明封他為都督僉事、建州衛指揮使和龍虎將軍等職爵。在建州女眞中，具有如此條件者，努爾哈赤是獨一無二的。但是，家族條件同以上其他四種條件一樣，都是努爾哈赤事業成功的外在因素；其事業成功的內在因素，則在於他的自身條件。

傑出人物的成長，客觀條件只提供了可能性，主觀與客觀條件相統一才能提供現實性。在努爾哈赤所處時代，具備上述五種客觀條件者，不僅其一人，但為什麼只有努爾哈赤成為滿族英雄、後金國汗？這就關係到努爾哈赤自身的特點。

獨立人格：努爾哈赤十歲喪母，繼母對他寡恩。後其父聽從繼母之言，分戶出居，予產獨薄。他少年便沒有依賴心理，獨立走上生活道路。努爾哈赤在挖人參、採蘑菇等勞動中，加強了獨立心態；在往來撫順「馬市」等貿易中，磨煉了獨立意志；在同蒙古人、漢人等交往中，增強了獨立性格。獨立人格與馴順奴性是兩種不同類型的心態，後者會使人庸碌無為，前者則能使人做出貢獻。獨立人格是努爾哈赤一生功業的起點，努爾哈赤因具備這種健康的獨立人格，才能夠以「十三副遺甲」奮然起兵，大戰於薩爾滸，遐邇聞名，自踐汗位，建元天命。

豐富閱歷：孔子說：「父母在，不遠遊，遊必有方」（註一一）。不遠交遊，囿於狹境，思想封閉，難做大事。朱元璋不為遊僧，恐其後未必成為明太祖。努爾哈赤囿於赫圖阿拉，必定成不了後金汗。他不僅到撫順貿易，還親自到北京朝貢，先後八次。長途跋涉二千餘里，熟悉了漢區情狀，目睹了京城繁華，這對於一個後來有作為的人來說，是有巨大影響的。他還在明遼東總兵李成梁帳下做過僕從，又會蒙古語文，並略通漢語。其弟門聯以漢字書寫：「迹處青山」，「身居綠林」（註一二）。在與努爾哈赤同時代的女真諸首領中，像他這樣的文化層次與見識閱歷者，是沒有二例的。

勇敢沉著：面臨重大之事與危難之時，努爾哈赤既勇敢，又沉靜，這是政治家、軍事家的基本素質。努爾哈赤在作重大決策時，能高瞻遠矚，力排非議，掃除障礙，奪得成功。萬曆二十一年（一五九三年），葉赫糾合哈達、烏拉、輝發等九部聯軍，兵三萬，分三路，向建州古勒山而來。其時努爾哈赤兵不滿萬，偵騎報警，建州官兵聞之色變。但努爾哈赤得到警報後就寢酣睡。其妻富察氏把他推醒後，問道：「爾方寸亂耶，懼耶？九國兵來攻，豈酣寢時耶？」努爾哈赤從容答道：「人有所懼，雖寢，不成寐；我果懼，安能酣寢？前聞葉赫兵三路來侵，因無期，時以為念。既至，吾心安矣」（註一三）！努爾哈赤說完之後，安寢如故。尋獲古勒山大捷。

長於計略：努爾哈赤有心計，多謀略。如他攻撫順：佯稱赴市，潛以精兵，外攻內應，計略取勝。又如他對女眞各部，遠交近攻，分化瓦解，聯大制小，各個征撫，逐步完成女眞諸部的統一。再如他對明朝的兩面政策：既朝貢稱臣，又暗自稱雄。此前的女眞首領，哈達王台，只稱臣不稱雄，病老而死，未能完成女眞的統一；建州王杲，只稱雄不稱臣，身首異處，也未能完成女眞的統一。努爾哈赤則吸取女眞歷史經驗，依據彼己力量變數，對稱臣與稱雄關係，分做四個時期，施行動態策略：初始，只稱臣、不稱雄；繼而，明稱臣、暗稱雄；爾後，既稱臣、又稱雄；最後，不稱臣、只稱雄。總之，努爾哈赤採取了既稱臣又稱雄的策略，暗自坐大，形成氣候，建元稱汗，奪占遼東。

知人善任：努爾哈赤襟懷大度，不計小怨。他率兵攻翁科洛城時，先被守城的鄂爾果尼以矢射中，血流至足；又被守城的洛科以矢射頸，血流如注。傷愈後兵破此城，擒獲鄂爾果尼與洛科，衆將請對其施以亂箭穿胸之酷刑，以雪前恨。努爾哈赤說：兩敵交鋒，志在取勝。彼爲其主乃射我，今爲我用，不又爲我射敵耶！如此勇敢之人，若臨陣死於鋒鏑，猶將惜之，奈何以射我故而殺之乎（註一四）！於是，命給二人釋縛，授爲牛彔額眞。這樣，逐漸形成以五大臣、八大貝勒爲核心的堅強領導集團，率官將，統軍民，完成女眞一統大業。

綜上，努爾哈赤成爲傑出的英雄人物，其前述五方面的外在條件與五方面的內在條件既相互聯繫，又錯綜聯結。而外在條件與內在條件編織網絡的集結點，就是清太祖努爾哈赤在通往傑出英雄人物道路上獲得成功的秘密。

努爾哈赤對歷史發展所做出的貢獻，舉其大端，有如下十項：

統一女眞各部：女眞自金亡之後，各部紛爭，不相統屬，元明三百年來，未能實現統一。努爾哈赤自萬曆十一年（一五八三年）起兵，至萬曆四十七年（一六一九年）呑併葉赫，經過三十六年的征撫，「順者以德服，逆者以兵臨」（註一五），基本統一了建州女眞、海西女眞、東海女眞和黑龍江女眞。後其子皇太極又繼續擴大和鞏固這種統一。女眞各部的統一，結束了元明三百年來女眞內部彼此殺伐、骨肉相殘的混亂局面，促進了女眞地區諸部的生產發展與經濟交往，也有利於女眞文化的發展。努爾哈赤在統一女眞各部的過程中，依其不同情況，採取不同策略。他對東海女眞的招撫，辦法很是高明。東海虎爾哈部長納喀達等率軍民歸附，他在衙門宴會後，讓要留住的站一行，願回家的另站一行，然後優賞留住者。許多原說回家的人，見如此厚賞便留下不回去了（註一六）。留下的人托回去的人捎口信給家鄉親友說：「上以招徠安集爲念，收我等爲羽翼，恩出望外，吾鄉兄弟諸人，其即相率而來，無晚也」（註一七）！後來出現「望風爭附」努爾哈赤的局面。

統一東北地區：明初在東北地區設有奴兒干都司和遼東都司，以實施對這一地區的管轄。但後來隨著明朝的衰落，已不能對之實行有效的統治。努爾哈赤興起後，不僅基本統一了女眞各部，而且基本統一了東北地區。後皇太極繼續統一東北地區。崇禎十五年（一六四二年），皇太極詔告天下：

> 予纘承皇考太祖皇帝之業，嗣位以來，蒙天眷佑，自東北海濱，迄西北海濱，其間使犬、使鹿之邦，及產黑狐、黑貂之地，不事耕種、漁獵爲生之俗，厄魯特部落，以至斡難河源，遠邇諸國，在在臣服（註一八）。

就是說，東自鄂霍茨克海，西迄貝加爾湖，南瀕日本海，北跨外興安嶺的廣闊地域，明奴兒干都司、遼東都司轄境內的各族人民，均已被置於清初東北疆域的管轄之下，這就爲後來康熙二十八年（一六八九年）中俄尼布楚條約的簽訂奠下了基礎。

創建八旗制度：先是女眞人狩獵時各出一支箭，十人中立一總領，總領稱牛彔（大箭的意思）額眞（首領的意思），後以其爲官名。努爾哈赤起兵後將部衆分爲若干牛彔。萬歷二十九年（一六〇一年），努爾哈赤對建州軍隊進行整編，每三百人爲一牛彔，設牛彔額眞一員，共設四旗，分別以黃、白、紅、藍爲標志。萬曆四十三年（一六一五年），努爾哈赤又對建州軍隊進行擴編，將原有四旗析爲八旗。規定每三百人設一牛彔額眞（佐領），五牛彔設一甲喇額眞（參領），五甲喇設一固山額眞（都統）。每旗約有七千五百人，八旗共約有五六萬人。增添的四旗，將原來旗幟的周圍鑲邊，黃、白、藍三色旗幟鑲紅邊，紅色旗幟鑲白邊。這樣，共有八種不同顏色的旗幟，稱爲八旗，即滿洲八旗。後來又逐漸增設蒙古八旗和漢軍八旗，共二十四旗，但統稱爲八旗。八旗制度「以旗統軍，以旗統民」（註一九），同時還是統管行政、經濟和宗族的組織。八旗的兵丁，「出則爲兵，入則爲民」（註二〇），平時耕獵，戰時出征。努爾哈赤以八旗制度爲紐帶，把女眞社會的軍事、政治、經濟、行政、司法和宗族統制起來。女眞的部民，按照軍事方式，分爲固山、甲喇、牛彔三級，加以編制，從而使分散的女眞各部聯結成一個組織嚴密、生氣蓬勃的社會機體。

製定滿洲文字：金亡後通曉女眞文者日少，至明中期已逐漸失傳，在鄰近蒙古地區的女眞人使用蒙古文。努爾哈赤興起後，建州與朝鮮、明朝的公文，由漢人龔正陸用漢字書寫。在向女眞人發佈軍令、政令時，則用蒙古文，一般女眞人既看不懂，又聽不懂。努爾哈赤爲適應其社會發展，遂倡議並主持創製滿文。萬曆二十七年（一五九九年），努爾哈赤命額爾德尼和噶蓋用蒙古字母來拼寫滿語，創製滿文，這就是無圈點滿文，又稱老滿文。但滿文初創，不甚完備。天聰六年（一六三二年），皇太極又命達海對老滿文加以改進，在字母旁加圈點，改進和固定了字母的發音與書寫形式，並設計了十個拼寫外來語（主要是漢語）借詞的特定字母。這種改進後的滿文叫有圈點滿文，又稱新滿文。滿語屬阿爾泰語系，滿文是拼音文字。它有六個元音字母，二十二個輔音字母，十個特定字母。字母不分大小寫，在構成音節出現於詞首、詞中和詞尾時，均有不同的形式。滿文書寫形式自上而下，行款自左至右。努爾哈赤主持製定滿文，是滿族發展史上一塊里程碑，也是中華文化史上一件大事。

推動滿族形成：女眞各部的統一，東北地區的統一，八旗的創建，滿文的創製，使得新的滿族共同體出現在中華民族大家庭之中。滿族是以建州女眞爲核心，以女眞爲主體，吸收部分漢人、蒙古人、達斡爾人、鄂倫春人、錫伯人等組成的一個新的民族共同體。爲了反映這個滿族共同體的歷史事實，需要將民族名稱規範化。後金汗皇太極於天聰九年（一六三五年）十月十三日（公歷十一月二十二日），詔諭滿洲的名稱：

> 我國原有滿洲、哈達、烏喇、葉赫、輝發等名，向者無知之人，往往稱爲諸申。夫諸申之號，乃席北超墨爾根之裔，實與我國無涉。我國建號滿洲，統緒綿遠，相傳奕世。自今以後，一切人等，止稱我國滿洲原名，不得仍前妄稱（註二一）。

從此，滿洲族的名稱正式出現在我國的史冊上。滿洲族出現於中華民族大家庭以後，湧現出一大批政治家、軍事家、文學家、藝術家、科學家等，而滿洲族肇興的領袖就是努爾哈赤。

建立後金政權：努爾哈赤懷有「射天之志」，要建立政權。他在起兵征戰之後，初步統一建州女眞。於萬曆十五年（一五八七年）在佛阿拉建城並在此接見朝鮮使者。萬曆四十四年（一六一六年），努爾哈赤在赫圖阿拉自踐汗位，建立後金。兩年之後，他發佈「七大恨」告天，向明進攻，此時他已起兵三十三年。後金汗努爾哈赤陷撫順、敗楊鎬，取開原、下鐵嶺，克瀋陽、占遼陽，奪廣寧、據遼東。皇太極於天聰十年（一六三六年）四月即皇帝位，改元崇德，國號大清。順治元年（一六四四年），多爾袞輔佐順治帝入關，後統一全國。清自天命元年（一六一六年）至宣統三年（一九一一年），共歷二百九十六年。在中國歷史上，少數民族建立全國政權的只有兩個，一個是蒙古族，另一個是滿洲族。努爾哈赤則是清朝的開創者和奠基人。

豐富軍事經驗：努爾哈赤自二十五歲起兵，至六十八歲去世，戎馬生涯長達四十四年，史稱他「用兵如神」（註二二），是一位優秀的軍事統帥。他締造和指揮的八旗軍，號令嚴肅，器械精利，紀律整肅，賞罰嚴明，兵馬精強，勇猛拼搏，在十七世紀前半葉，不僅是中國一支最富有戰鬥力的軍隊，而且是世界上一支最強大的騎兵。努爾哈赤統帥這支軍隊，先後取得古勒山之役、哈達之役、輝發之役、烏拉之役、撫清之役、薩爾滸之役、葉赫之役、開鐵之役、瀋遼之役和廣寧之役十次大捷。他在軍隊組織、軍隊訓練、軍事指揮、軍事藝術等方面，都爲軍事史的發展做出了貢獻。特別是他在作戰指揮藝術上，對許多軍事原則——重視偵察、臨機善斷、誘敵深入、據險設伏、巧用疑兵、驅騎馳突、縱向強攻、橫向卷擊、集中兵力、各個擊破、一鼓作氣、速戰速決、用計行間、裡應外合等，都能熟練運用並予發揮，極大地豐富了我國古代軍事思想的寶庫。

制定撫蒙政策：努爾哈赤制定綏服蒙古的政策是清廷對蒙古治策的基石。先是，自秦、漢以降，匈奴一直是中央王朝北部的邊患。爲此，秦始皇連接六國長城而爲萬里長城。至有明一代，己巳與庚戌，京師兩遭北騎困擾，蒙古問題始終未獲徹底解決，故而徐達與戚繼光又大修長城，包城磚，建敵臺。努爾哈赤興起後，對蒙古採取了完全不同於中原漢族皇帝的做法。他先綏服漠南東部蒙古，後皇太極又解決了漠南西部蒙古。康熙時綏定了漠北喀爾喀蒙古。經康、雍、乾三代，再定漠西厄魯特蒙古。而清廷對蒙古的基本政策是清太祖努爾哈赤制定的，這是中央政權（元朝除外）對蒙古治策的重大創革。努爾哈赤用編旗、聯姻、會盟、封賞、入圍、賑濟、朝覲、重教等政策，加強對蒙古上層人物及部民的聯繫與統治。漠南蒙古編入八旗，成爲其軍政的重要支柱；喀爾喀蒙古實行旗盟制；厄魯特蒙古實行外扎薩克制。聯姻不同於漢、唐的公主下嫁，而是互相婚娶，眞正成爲兒女親家。重教也是一樣，清尊奉喇嘛教，以加強同蒙、藏的聯盟。清朝對蒙古的綏服，「撫馭賓貢，夐越漢唐」（註二三）。似可以說，中國二千年古代社會史上的匈奴、蒙古問題，到清朝才算解決。後康熙帝說：「昔秦興土石之工，修築長城。我朝施恩於喀爾喀，使之防備朔方，較長城更爲堅固」（註二四）。而清朝對蒙古的撫民固邊政策，其經始者是努爾哈赤。

發展社會生產：努爾哈赤認爲建州女眞不同於食肉衣皮的蒙古，而是以種田吃糧爲生。他重視種糧植棉，規定出征不違農時，如牛馬毀壞莊稼，牧者要受懲罰，部民收成好或壞的額眞受到獎勵或懲處，按丁授田種植糧棉等。他注重採獵經濟，發明人參煮曬法，使部民獲得厚利，「滿洲民殷國富」（註二五）。他關注採煉業，萬曆二十七年（一五九九年），建州「始炒鐵，開金、銀礦」（註二六），開始較大規模地採礦、冶煉。他尤重手工業生產，包括軍器、造船、紡織、製瓷、煮鹽、冶鑄、火藥等。明朝也稱其「製造什物，極其精工」（註二七）。他對進入女眞地區的工匠「欣然接待，厚給雜物，牛馬亦給」（註二八）。他曾說：「有人以爲東珠、金銀爲寶，那是什麼寶呢！天寒時能穿嗎？饑餓時能吃嗎？……收養能製造出國人所製造不出物品的工匠，才是眞正之寶」（註二九）。他還關切商品交換，加強建州同明朝、蒙古和朝鮮的貿易，促進內外經濟交流，推動其經濟發展。

重視社會改革：努爾哈赤在四十四年的政治生涯中，不斷地進行著社會改革。在政權機制方面，他逐步建立起以汗爲首，以五大臣、八大貝勒爲核心的領導集團，並通過固山、甲喇、牛彔三級組織，將後金社會的軍民統制起來。爾後，創立八和碩貝勒共議國政制——並肩同坐，共議大政，斷理訴訟，舉廢國汗，即實行貴族共和制，但死後未能實施。在經濟體制方面，他先後下令實行牛彔屯田、計丁授田和按丁編莊制度，將牛彔屯田轉化爲八旗旗地，奴隸制田莊轉化爲封建制田莊，從而形成封建八旗軍事土地所有制。在社會文化方面，隨著八旗軍民遷居遼河流域，女眞由牧獵經濟轉化爲農耕經濟，初步實現了滿洲社會由牧獵文化向農耕文化的轉變。

清太祖努爾哈赤像一切走完其事業歷程的傑出人物一樣，他一生的事業有準備期、興始期、發展期、鼎盛期和衰暮期。努爾哈赤在二十五歲起兵之前，是其政治軍事生涯的準備時期。從萬曆十一年（一五八三年）含恨起兵，至萬曆二十一年（一五九三年）打敗聯軍，攻克圖倫，統一建州，遷佛阿拉，戰勝聯軍，是其政治軍事生涯的興始時期。從萬曆二十一年（一五九三年）大破聯軍，至萬曆四十四年（一六一六年）登極稱汗，統一海西，綏服蒙古，創建八旗，創製滿文，是其政治軍事生涯的發展時期。從天命元年（一六一六年）黃衣稱朕，至天命七年（一六二二年）進占廣寧，大敗楊鎬，奪取遼瀋，遷都遼陽，進兵遼西，是其政治軍事生涯的鼎盛時期。從天命七年（一六二二年）遼西移民，至天命十一年（一六二六年）兵敗身死，強令剃髮，遷民占田，遼民反抗，寧遠兵敗，是其政治軍事生涯的衰暮時期。後金汗努爾哈赤的晚年，即他生命的最後五六年間，犯下了嚴重錯誤。

濫施威權，治策失當，是努爾哈赤晚年的一個錯誤。八旗軍攻陷瀋、遼後，占據遼東，進兵遼西，所向披靡，十分順利。但是，他在順境之中，實行了兩項失當之策：一是命令漢人剃髮，另一是強令漢人遷移。先是金初女眞進占漢人居住區後，並未以漢人剃髮作爲降服的標志。後金汗努爾哈赤占領遼東後，強迫漢人剃髮（註三〇），引起鎭江等地漢民的反抗，遼東漢民成千上萬地遭到屠殺。後多爾衮在關內強行剃髮易服之策，造成了一場民族的大悲劇。先是建州兵每攻破一部，即毀其城而遷其民。對遷來的部民，編丁入旗，均作安置。後金汗努爾哈赤占領廣寧後，強迫遼西的漢民背井離鄉，扶老携幼，哭聲震野，遷往遼東。這就既損害了遼民利益，又破壞了正常秩序，從而引起遼東地區社會的動亂。

分田占房，清查糧食，是努爾哈赤晚年的又一個錯誤。八旗軍攻占瀋、遼後，下令在遼海地區實行「計丁授田」，即將漢民農田以所謂「無主之田」為名，加以沒收，分給八旗官兵。這種做法，雖給移居遼東地區的廣大八旗官兵以田地，但對遼東衆多漢民自耕農無疑是一種剝奪。後多爾衮率清軍入關，沿襲乃父遺策，在京師占房，在京畿圈地。前述遼西漢民東遷後，無親無友，無房無糧，命大戶同大家合，小戶同小家合，「房合住，糧合吃，田合耕」。實際上，大量遷居的漢民，耕無田，住無房，寒無衣，食無糧。他們「連年苦累不堪」（註三一），生活甚為悲慘。同時又命令清查糧食，申報存糧，按口定量，不許私賣。遼東漢民地區為自給自足的自然經濟，房、田、糧是他們最基本的生存手段。後金汗在這三項關係漢民生計的重大問題上舉措輕率失誤，造成社會動蕩。

輕薄文士，屠殺漢儒，是努爾哈赤晚年的另一個錯誤。後金汗努爾哈赤弓馬起家，崇尚騎射。他雖主持創製滿文，但厚武薄文，對巴克什珍視不夠。額爾德尼創滿文，兼通蒙古、漢文，賜號「巴克什」，為滿洲之「聖人」，後被殺（註三二）；滿文另一始創者噶蓋，也在創製滿文的同年被殺（註三三）。他們是否有該殺之罪，姑且不論，即或有之，高牆圈禁，讓其繼續研究滿洲文字與滿洲文化，教書授徒，翻譯漢籍，亦會對社會更有益處。努爾哈赤進入遼瀋地區後，雖對漢族工匠加以保護，給以優遇；但對漢族儒士未能給予特殊的保護與重用，屠殺過多，吃了大虧。史稱努爾哈赤「誅戮漢人，撫養滿洲」（註三四）。撫養滿洲，重用滿員，於理可通；而誅戮漢人，屠殺漢儒，實為錯舉。皇太極承襲汗位後，才調整了對漢官、漢儒的政策，他們逐漸受到重用。後來漢族知識分子受到清廷重用並參與決策，這是清奪取並鞏固全國政權的一個重要因素。

驕傲輕敵，兵敗寧遠，是努爾哈赤晚年的再一個錯誤。後金汗努爾哈赤一生戎馬馳騁四十四年，幾乎沒有打過敗仗，可謂歷史上的常勝統帥。但他占領廣寧後，年事已高，體力衰弱，深居簡出，怠於理政。他對寧遠守將袁崇煥沒有眞知灼見，對寧遠城守炮械也沒有偵知實情。他只看到明經略易人等因素，而未全面分析彼己，便冒然進兵，圖刻期攻取。但是，寧遠不同於廣寧，袁崇煥也不同於王化貞。努爾哈赤以矛制炮，以短擊長，以勞攻逸，以動圖靜，吞下了驕帥必敗的苦果。後金一位叫劉學成的人上書分析寧遠之敗的原因，他說：「因汗輕視寧遠，故天使汗勞苦」（註三五）。劉學成直言陳明：後金汗努爾哈赤驕傲輕敵，兵敗寧遠。《左傳》曰：「君以此始，必以此終」（註三六）。努爾哈赤以兵馬起家稱汗，又以兵敗寧遠身死，這是歷史的偶然，還是歷史的必然!?

清太祖努爾哈赤於十六世紀後期和十七世紀初期，活躍在中華統一多民族大家庭的歷史舞臺上，他一生十功四過，瑕不掩瑜。愛新覺羅·努爾哈赤是中華民族發展史上傑出的政治家、軍事家和民族英雄。

【附　註】

註　一　《興京廳鄉土志》卷三。

註　二　《興京二道河子舊老城·代序》日文版，卷首。

註　三　瞿九思：《萬曆武功錄》卷十一。

註　四　《明神宗實錄》卷五八三，萬曆四十七年六月庚午。
註　五　朱國禎：《湧幢小品》卷三〇，頁十二。
註　六　《明憲宗實錄》卷四四，成化三年七月甲子朔。
註　七　《李朝世祖實錄》卷四三，十三年九月丙子。
註　八　《滿洲實錄》卷一。
註　九　《清史稿・王杲傳》中華書局本，卷二二二，頁九一二六。
註一〇　《清太祖武皇帝實錄》卷一，頁四。
註一一　《論語・里仁》。
註一二　申忠一：《建州紀程圖記》圖版九。
註一三　《清太祖高皇帝實錄》卷二，頁十四。
註一四　《清太祖努爾哈赤實錄》卷一，頁七。
註一五　《清太祖武皇帝實錄》卷一，頁三。
註一六　《滿文老檔・太祖》中華書局本，冊七，頁六九。
註一七　《清太祖高皇帝實錄》卷五，頁二六。
註一八　《清太宗實錄》卷六一，頁三。
註一九　《清朝文獻通考》商務印書館本，卷一七九，頁六三九一。

註二〇 《清太宗實錄》卷七，頁五。

註二一 《清太宗實錄》卷二五，頁二九。

註二二 《光海君日記》卷一四四，十一年九月甲申。

註二三 《清史稿・藩部一》卷五一八，頁一四三一九。

註二四 《清聖祖實錄》卷一五一，頁十九。

註二五 《清太祖武皇帝實錄》卷二，頁二。

註二六 《滿洲實錄》卷三。

註二七 《明清史料》甲編，冊一，頁五〇。

註二八 《李朝宣祖實錄》卷一三四，三十四年二月己丑。

註二九 《滿文老檔・太祖》卷二三，天命六年六月初七日。

註三〇 《滿文老檔・太祖》冊七一，頁六九三。

註三一 《明清史料》甲編，冊八，頁七六五。

註三二 《滿文老檔・太祖》卷五〇，天命八年五月初五日。

註三三 《清史稿・噶蓋傳》卷二二八，頁九二五四。

註三四 《清太宗實錄》卷六四，頁八。

註三五 《滿文老檔・太祖》卷七一，天命十一年三月十九日。

註三六 《左傳》宣公十二年。

袁崇煥固守寧遠之揚搉

袁崇煥固守關外寧遠孤城，擊敗後金軍隊強攻，取得寧遠大捷，尋獲寧錦之捷，他自己總結爲「以守勝也」（註一）。寧遠之捷，要在固守。其守之情勢、守之過程、守之揚搉（註二）、守之得失，據史料、試分析，淺論述，冀研討。

一

袁崇煥廟堂受命，身戎遼事，固守寧遠的歷史活劇，演出於十七世紀二十年代之中國。其時，後金崛興，滿洲八旗攻勢淩厲；明廷衰朽，遼東明軍敗不能支；而東西兩翼——蒙古與朝鮮，懼金疏明，亦難策應。袁崇煥在明朝遼東無局可守的危難之際，嬰守孤城寧遠，獲取寧遠大捷。

滿洲八旗所向披靡。遼東明軍的勁敵是努爾哈赤統率的滿洲八旗鐵騎。努爾哈赤不僅是滿洲傑出的首領，而且是明末清初著名的軍事家。萬曆十一年（一五八三年），努爾哈赤以其父祖「遺甲十三副」起兵，很快整合環圍女眞各部。萬曆四十四年（一六一六年），努爾哈赤建立後金，黃衣稱朕（註三）。他締造一支「攻則爭先，戰則奮勇，威如雷霆，勢如風發，凡遇戰陣，一鼓而勝」（註四）的八旗軍。努爾哈赤依靠這支軍隊，於萬曆四十六年即天命三年（一六一八年），「七大恨」告天，向明朝宣戰，計襲撫順（註五），智破清河（註六），旗開得勝，明廷震驚。廟堂匆促策畫反攻，以楊鎬爲經略，調集十二萬兵馬，四路合擊後金都城赫圖阿拉，結果被努爾哈赤各個擊破。這就是著名的薩爾滸之戰（註七）。以此作爲標誌，戰局發生根本變化：明朝軍由戰略進攻轉入戰略防禦，後金軍則由戰略防禦轉入戰略進攻。爾後，滿洲八旗軍攻戰頻仍，勢如破竹——下開原，佔鐵嶺，取瀋陽，陷遼陽，結束了明朝在遼東的統治。繼而西進兵遼西，佔領廣寧，形成了同明軍爭奪寧遠的態勢。

明朝遼軍逐節敗退。在努爾哈赤八旗軍的猛烈攻勢面前，遼東明軍丟城失地，損兵折將。尤在薩爾滸之敗以後，明軍更加潰不能支。明朝遼東經略王在晉概括其時形勢道：「東事離披，一壞於清、撫，再壞於開、鐵，三壞於遼、瀋，四壞於廣寧。初壞爲危局，再壞爲敗局，三壞爲殘局，至于四壞——捐棄全遼，則無局之可佈矣」（註八）。明朝遼軍由駐鎮全遼、佈局分守，而變爲丟棄全遼、無局可佈的境地，直接原因在於武備廢弛，兵伍腐敗。這主要表現在：其一，主帥頻移，方略屢變。明自撫順失陷後的八年之間，先後七易主帥。戰守方略，因人而易。經略、總兵，或戰死、或貶謫，或去職、或落獄。與此相反，後金卻形成以努爾哈赤爲首之穩定帥將群體。其二，將驕兵惰，漫無紀律。軍官上下欺誑，左右盤結，驕奢淫逸，佔田侵餉。兵馬月無糧料，生活失計，竟至「遼卒不堪，脅衆爲亂」（註九），嘩變圍署，捶楚長官。與此相反，後金卻諸將驍勇，兵強馬壯，訓練嚴格，軍紀整肅。其三，軍械缺損，後勤混亂。薩爾滸戰前誓師演武場上，大將屠牛刀鋒不利，「三割而始斷」（註一

○）；官將校場馳馬試槊，木柄蠹朽，槊頭墜地。甚至出現操場閱兵，雇夫頂替，著布衫、持木棍的雜亂局面。與此相反，後金「兵所帶盔甲、面具、臂手，悉皆精鐵，馬亦如之」（註一一）；出征之軍「盔甲鮮明，如三冬冰雪」（註一二）。所以，明朝遼軍勢頹兵弱，退守關門，形成了面臨後金軍進攻而孤守寧遠的態勢。

漠南蒙古離明靠金。漠南蒙古諸部，駐牧於明朝與後金之間，又在寧遠左翼。其傾向於某一方，會使另一方腹背受敵。後金汗以「蒙古與滿洲，語言雖各異，而衣飾風習，無不相同，爲兄弟之國」（註一三），使諸科爾沁、內喀爾喀部臣服。明朝則著重爭取察哈爾部，以增加歲幣與其締結共禦後金盟約，實行「以西虜制東夷」之策。但是，王化貞駐守廣寧，圖借蒙古兵力，抵禦後金進犯，結果企盼落空，痛哭棄城，落荒而逃。爾後，漠南蒙古諸部背明降金。《明史・韃靼傳》載：「明末亡，而插先斃，諸部皆折入大清。國計愈困，邊事愈棘，朝議愈紛，明亦遂不可爲矣」（註一四）！明廷未能「撫西虜」而「制東夷」，形成了寧遠之戰更爲嚴峻之態勢。

朝鮮李朝懼金疏明。朝鮮不同於蒙古，它自洪武以降同明朝保持著友好關係。女眞——滿洲東鄰朝鮮，朝鮮不願意看到其勢力強大。朝鮮曾三次大規模出兵建州，襲攻女眞。第一次是宣德八年（一四三三年），朝鮮出兵建州，追襲建州首領李滿住及其部民，致李滿住「身被九創」（註一五）。第二次是成化三年（一四六七年），明朝與朝鮮合兵，攻襲建州首領董山屯寨，「焚其巢寨房屋一空」（註一六），董山亦被明朝殺害。第三次是萬曆四十七年即天命四年（一六一九年），朝鮮派元帥姜弘立統領萬餘兵馬參加薩爾滸之戰，但全軍覆沒，元帥被俘。此戰之後，朝鮮更加懼怕努爾哈赤，又不得不接濟明東江總兵毛文龍部（註一七）。明廷意在聯絡朝鮮，牽制後金，使遼軍同「麗兵聲勢相倚，與登、萊音息時通，斯於援助有濟」（註一八）。後金則意在切斷朝鮮與明朝的聯繫，以及朝鮮對毛文龍部的濟援，以除後顧之憂。後來皇太極兩次出兵朝鮮，結成所謂「兄弟之盟」。朝鮮雖可稱爲明朝患難之盟友和後金肘腋之隱患，但因其懼於後金而疏於明朝，這也增加了寧遠之戰更爲困難的態勢。

明廷中樞混亂腐敗。明朝遼東局勢不僅失去朝鮮之援、蒙古之助，而且八旗日盛、遼軍日衰，其根本原因在於朝廷腐敗。明自張居正死後，朝政益隳，邊事益壞。萬曆帝之怠玩，泰昌帝之暴亡，天啓帝之愚騃，崇禎帝之剛愎，使得宮內案起，朋黨紛爭，文武失協，經撫不和，朝廷中樞機制失衡。明廷中樞機制紊亂而殃及遼事的明顯事例，是熊廷弼的冤死和孫承宗的去職。熊廷弼在薩爾滸兵敗之後，受命經略遼東。他整頓軍隊，修城治械，疏陳方略，佈兵禦守，迫使努爾哈赤將兵鋒轉向葉赫與蒙古。然而僅一年零三個月後，熊廷弼即在黨爭中被罷免，其治遼方略亦隨之夭折。明失陷瀋、遼後，舉國震驚，熊廷弼被再次起用。他雖建三方佈置策，但終因朋黨之爭，經撫不和，銜冤而死，「傳首九邊」（註一九）。頗有建樹之大學士孫承宗，也因閹黨排陷，而遭劾去職。兵戎大事，愼之又愼，如此翻雲覆雨，豈能制敵禦遼。朝政的混亂腐敗，給寧遠守衛戰鑄成了極爲困難的態勢。

綜上，袁崇煥就是在朝廷腐敗，面對強敵，後無援兵，兩翼失助，嬰守孤城的情勢下，率兵進行了一場中國古代史上著名的寧遠之戰。

二

袁崇煥面臨極度危難的情勢，同後金汗努爾哈赤進行激烈的寧遠之戰。

先是，天啓五年即天命十年（一六二五年）八月，山海總兵馬世龍偷襲後金，兵敗柳河。閹黨乘隙起衅，以諂附閹黨之兵部尚書高第，代孫承宗爲遼東經略。高第上任伊始，便推行不謀進取、只圖守關的消極策略，令棄關外城堡，盡撤關外戍兵。

袁崇煥主張固守，據理力爭，具揭言：「兵法有進無退。錦、右一帶，既安設兵將，藏卸糧料，部署廳官，安有不守而撤之〔理〕？萬萬無是理。脫一動移，示敵以弱，非但東奴，即西虜亦輕中國。前柳河之失，皆緣若輩貪功，自爲送死。乃因此而撤城堡、動居民，錦、右動搖，寧、前震驚，關門失障，非本道之所敢任者矣」（註二〇）。遼東經略高第撤防命令傳至寧、前，寧前道袁崇煥斬釘截鐵地道：

> 寧前道當與寧、前爲存亡！如撤寧、前兵，寧前道必不入，獨臥孤城以當虜耳（註二一）！

於是，錦州、右屯、大凌河等城自行毀棄，屯兵與屯民，後退入關，廣寧至山海關四百里地域，僅餘袁崇煥統兵防守之寧遠孤城。

高第等撤防之報，傳至後金都城瀋陽。後金攻陷廣寧之後，已經蟄伏四年未動。後金汗努爾哈赤得知高第昏弱，遼軍撤防的探報，認爲時機已到，機不可失；諭定告天誓師，統率八旗，西渡遼河，進攻寧遠。

天啓六年即天命十一年（一六二六年）正月十四日，善抓戰機的後金汗努爾哈赤，親率六萬精兵，號稱二十萬，揮師西進，往攻寧遠。十六日，至東昌堡。十七日，渡遼河。隨後，連陷右屯、大凌河、小凌河、松山、杏山、塔山和連山等七座空城，直撲寧遠。

袁崇煥得報強敵臨逼，後無援兵，便佈署守城。

第一，以城爲依，堅壁清野。撤寧遠外圍之中左所、右屯等處兵馬及寧遠城外守軍，進入寧遠城內防守；令盡焚城外房舍，轉移城廂商民入城；糧倉龍宮寺等之貯糧，好米運至覺華島，餘皆焚毀。寧遠城外不留一卒一民，使可用之兵民全部集於城內；不剩一舍一糧，使後金八旗兵無法持久作戰。

第二，畫城分守，佈設大炮。寧遠城守兵萬餘人，由袁崇煥自任全局指揮，設令於鐘鼓樓之上；另派滿桂守東面並提督全城，祖大壽守南面，左輔守西面，朱梅守北面，各將畫地分守，相機應援。撤城外之西洋大炮入城，將十一門西洋大炮（註二二），製作炮車，挽設城上，備置彈藥，教習演放。

第三，兵民聯防，運送糧藥。袁崇煥令通判金啓倧按城四隅，編派民伕，供給守城將士飲食。派衛官裴國珍帶領城內商民，鳩辦物料，運矢石，送火藥。以同知程維楧率員稽查奸細，派諸生巡查城巷路口。所以，在遼東諸城中，「寧遠獨無奪門之叛民，內應之奸細」（註二三）。

第四，激勵士氣，嚴明軍紀。袁崇煥將寧遠軍民「結連一處，彼此同心，死中求生，必生無死」

（註二四）。他「刺血爲書，激以忠義，爲之下拜，將士咸請效死」（註二五）。又通令對陣前退縮者，徑於軍前誅之；潰而逃跑者，亦執而殺之。

二十二日。袁崇煥守城部署甫定。翌日，後金汗努爾哈赤統率八旗軍，穿越首山與窟窿山之間隘口，直薄寧遠城下。

二十三日。八旗軍進抵寧遠後，努爾哈赤命距城五里，橫截山海大路，安營佈陣，並在城北紮設汗帳。在發起攻城之前，努爾哈赤諭釋被擄漢人回寧遠，傳汗旨，勸投降，但遭到袁崇煥的嚴詞拒絕。袁崇煥答道：「寧、錦二城，乃汗所棄之地，吾恢復之，義當死守，豈有降理」（註二六）！並命羅立等向城北後金軍大營燃放西洋大炮，「遂一炮殲虜數百」（註二七）。努爾哈赤旋移大營而西，諭備戰具，明日攻城。

二十四日。後金兵推楯車，運鉤梯，步騎蜂擁進攻，萬矢齊射城上。雉堞箭鏃如雨注，城上懸牌似蝟皮。後金集中兵勇攻打城西南角，左輔領兵堅守，祖大壽率軍應援，兩軍用矢石、鐵銃和西洋大炮下擊。後金兵死傷慘重，又移攻南城牆。後金汗命在城門角兩臺間火力薄弱處鑿城。明軍擲礌石、發矢鏃，投藥罐、飛火球。後金兵前仆後繼，冒死鑿牆，前鋒鑿開高二丈餘大洞三、四處，寧遠城受到嚴重威脅。時「袁崇煥縛柴澆油並攙火藥，用鐵繩繫下燒之」（註二八）；又選五十名健丁縋下，用棉花火藥等物燒殺挖城的後金兵。是日，後金官兵攻城，自清晨至深夜，屍積城下，幾乎陷城。

二十五日。後金兵再傾力攻城。城上施放火炮，「炮過處，打死北騎無算」（註二九）。後金兵駭怕利炮，畏葸不前；其「酋長持刀驅兵，僅至城下而返」（註三〇）。後金兵一面搶走城下屍體，運至城西門外磚窰焚化；一面繼續鼓勇攻城。不能克，乃收兵。兩日攻城，後金史稱：「共折遊擊二員，備禦二員，兵五百」（註三一）。

二十六日。後金汗努爾哈赤一面派兵繼續攻城；一面命武納格率軍履冰渡海，攻覺華島，殺明兵將，盡焚營房、民舍、屯糧、船隻。據經略高第報稱：「二十六日辰時，奴衆數萬，分列十二，頭子酋首衝中道，轉攻東山。至巳時，並攻西山，一湧衝殺。彼時各兵，鑿冰寒苦，既無盔甲、兵械，又係水手、不能耐戰，且以寡不敵衆。故四營盡潰，都司王錫斧、季士登、吳國勳、姚與賢，艟總王朝臣、張士奇、吳惟進及前、左、後營艟百總俱已陣亡」（註三二）。

同日，袁崇煥軍之西洋大炮，擊傷後金軍大頭目。據經略高第奏報：「奴賊攻寧遠，炮斃一大頭目，用紅布包裹，衆賊抬去，放聲大哭」（註三三）。後金汗努爾哈赤在寧遠城下，遭受最嚴重的失敗。

二十七日。後金軍全部回師。

歷時五天的寧遠之戰，以袁崇煥的勝利和努爾哈赤的失敗而結束。袁崇煥的軍事勝利，寧遠「固守」是其法寶。袁崇煥憑著「固守」這個克敵制勝的法寶，翌年又取得寧錦大捷。

天啓七年即天聰元年（一六二七年）五月初六日，後金新汗皇太極爲洗雪其父之遺恨和鞏固初登之汗位，親率諸貝勒將士，起行往攻錦州和寧遠。其時明祚以榆關爲安危，榆關以寧遠爲安危，寧遠又以錦州爲安危。袁崇煥決心固守寧、錦，戰則死戰，守則死守。他命趙率教鎮錦州，自坐守寧遠。十一日，後金軍圍錦州城。翌日，皇太極一面遺錦州太監紀用等復書，稱「或以城降，或以禮議和」（註三四）；一面派兵攻城。明軍炮火、矢石俱下，後金軍撤退五里紮營。皇太極兵攻錦州半月不下，命兵於城外鑿三重濠，留兵圍之；親率三大貝勒代善、阿敏、莽古爾泰等統八旗軍進攻寧遠。明參將彭簪古等「用紅夷大炮擊碎奴營大帳房一座」（註三五），後金兵死傷甚衆。此戰，「貝勒濟爾哈朗、薩哈廉及瓦克達俱被創」（註三六）。皇太極兵攻寧遠，軍受重創，便回師錦州。後金兵數萬蜂擁攻城，被守軍以矢石、炮火擊死數千，敗回營去，大放悲聲。後金軍圍攻錦州二十五日，無日不戰，有傷無獲，而錦州、寧遠堅如磐石。皇太極憤愧言：「昔皇考太祖攻寧遠，不克；今我攻錦州，又未克。似此野戰之兵，尙不能勝，其何以張我國威耶」（註三七）！皇太極寧錦之役的失敗，恰是袁崇煥固守寧錦之策的勝利。

袁崇煥在危難之情勢下，固守寧遠，連獲兩捷。遼東局勢，爲之一變。武器與戰術，也隨之改觀。其連勝兩捷之要，在於「固守」二字，具體分析，述於下節。

三

袁崇煥任職遼事之歷史功業，或言其人生最輝煌之處，在於他固守寧遠。在他率兵固守的寧遠城下，戎馬生涯四十四載的後金汗努爾哈赤平生第一次戰敗，飲恨而亡；新汗皇太極又兵敗城下，被迫議和。袁崇煥固守寧遠之要略，在於「守」字。天啓二年即天命七年（一六二二年），他單騎出閱關塞，便提出「予我軍馬錢穀，我一人足守此」（註三八）之奇見。他受命監軍山海，又操「主守而後戰」之策前往。此後，袁崇煥坐守寧遠，修建守城，募練守軍，繕治守械，籌措守餉，嚴肅守紀，謀畫守略。一言以蔽之，主「守」一直是其貞守之戰略秘訣。其「守」之揚搉，即守之要略，列舉八端。

守略——「守爲正著，戰爲奇著，款爲旁著」（註三九），守、戰、款相互制約，而立足於守。這是正確分析彼己態勢後的積極防守戰略。其時，「夷以累勝之勢，而我積弱之餘，十年以來站立不定者，今僅能辨一『守』字，責之赴戰，力所未能」（註四〇）。明朝與後金，交戰十載，潰不成軍，元氣大傷，無喘息之時，喪還手之力，即使重整旗鼓，只能立足於守。而防守可揚己之長，制敵之短。後金亦有人在《奏本》中認爲，雖野地浪戰明朝不如後金，但堅守城池後金不如明朝；其所佔城池，必計襲智取，即裡應外合。這從負面證明袁崇煥嬰城固守戰略之正確。他取嬰城固守之策還有一個原因是，明朝與後金火器之差距。明自洪、永起，軍隊便裝備銃炮類火器，嘉靖、萬曆間兩次引進西方先進火器，如佛朗機、紅夷炮等，使軍隊裝備水平得到飛躍。後明軍火器佔到裝備總量的一半以上，且技術性能較好，運作方法簡便。明軍以堅固城池，合理佈局，完備設施，得當指揮，必具有強大防守能力。明朝中期于謙保衛北京之戰已提供史例。然而，後金八旗軍以鐵騎馳突爲優勢，其兵器全部爲冷兵器，如刀、矛、鏃等。這類冷兵器用於騎兵野戰可借其強大衝擊力而優勝於明朝步兵，但在堅城和大炮之下實難以施展威力。

論及袁崇煥之守略，必然涉及守、戰、款三者之關係。守、戰、款三者，包涵著防禦與進攻、戰爭與議和兩組既相區別又相關聯的範疇。以防禦與進攻而言，正如袁崇煥所說，遼兵「戰則不足，守則有餘；守既有餘，戰無不足。不必侈言恢復，而遼無不復；不必急言平敵，而敵無不平」（註四一）。二者都是重要作戰形式，其選擇，依時間、空間和交戰雙方力量對比而定。另以戰爭與議和而言，二者只是實現政治目的之不同手段。袁崇煥能依具體條件，不泥成法，將守、戰、和加以巧妙地運用，可防則守，可攻則戰，可和則議，表現出其軍事策略思想的主動性與靈活性。

守地——不設在近榆關之八里舖，也不設在近瀋陽之廣寧城；而設在距關門不遠，離瀋陽不近之寧遠。部署以寧遠、錦州二城為支撐點的寧錦防線，從而「守關外以禦關內」。其時，堅守之地選於何處，是關乎遼東全局乃至明朝生死存亡之要事。先是，經略熊廷弼建三方佈置策，主張重點設防廣寧，部署步騎隔遼河而同據瀋陽之後金對壘；巡撫王化貞則力主沿遼河設一字形防線，而重點防守廣寧。不久，後金兵不血刃地獲取廣寧，熊廷弼壯志未酬兵敗身死，王化貞亦身陷囹圄。此時，經略王在晉又議在山海關外八里處築重城，以守山海。時為寧前兵備僉事的袁崇煥，以其為非策，爭諫不得，便奏記首輔葉向高。明廷派大學士孫承宗行邊。孫承宗同王在晉「推心告語，凡七晝夜」（註四二），王不聽。承宗駁築重城議，集將吏謀應守之地。閻鳴泰主覺華，袁崇煥主寧遠；孫承宗支持崇煥之議。尋孫承宗鎮關門，決守寧遠。

寧遠地處遼西走廊中段，位居明朝重鎮山海關和後金都城瀋陽之間，恰好擋住後金軍入關之路。

史稱其內拱嚴關，南臨大海，居表裡中間，屹爲天然形勝。且寧遠背山面海，地域狹窄，形勢險要，易守難攻。袁崇煥主守寧遠之議得到督師孫承宗支持後，天啓三年即天命八年（一六二三年）春，他受命往撫蒙古喀喇沁諸部，收復原爲其佔據寧遠迤南二百里地域。繼而手訂規畫，親自督責，軍民合力，營築寧遠，使一度荒涼凋蔽的寧遠，變爲明朝抵禦後金南犯的關外重鎭。

守城——守城之要，先在修城。孫承宗初令祖大壽築寧遠城，大壽且疏薄，不中程。於是，「崇煥乃定規制：高三丈二尺，雉高六尺，址廣三丈，上二丈四尺」（註四三）。城牆加高增厚，堅固易守耐攻。城有四門：曰遠安、永清、迎恩、大定，有城樓、甕城，亦有護城河。城中心建鐘鼓樓，兩層，可居中指揮，憑高瞭望。袁崇煥修建寧遠城的創造性在於，城牆四角各築一座附城炮臺，其三面突出牆外，既便於放置大型火炮，又可以擴大射角，其射界能達到二百七十度。它消除了以往城堡凡敵至城下而銃射不及之缺陷，既可遠轟奔馳而來之騎敵，又可側擊近攻城牆之步敵，從而充分發揮火炮之威力。

《兵法》曰：「上兵伐謀，其次伐交，其次伐兵，其下攻城。攻城之法，爲不得已」（註四四）。袁崇煥憑藉堅城，嬰之固守，逼迫後金採用攻城下策，便不戰而先勝後金汗一局。同時，堅城深塹，火器洋炮，嬰城固守，恰是明朝軍之長；驅兵登城，刀矛劍戟，攻堅作戰，則是後金軍之短。因而，守堅城與用大炮是袁崇煥積極防禦方略的兩件法寶。

守器——固守寧遠不僅使用常規械具、火銃，而且運用紅夷大炮。新型紅夷大炮是袁崇煥賴以守城之最銳利的武器。袁崇煥固守寧遠，正值西方伴隨著產業革命而實行火炮重大改進之時。英國新製造的早期加農炮即紅夷炮，具有「身管長、管壁厚、彈道低伸、射程遠、命中精度高、威力大、安全可靠等優越性」（註四五）。隨著「西學東漸」，以徐光啓爲代表的有識之士，最先認識到西洋火炮的價值。他於泰昌元年即天命五年（一六二〇年），派張燾赴澳門向葡萄牙當局購買紅夷大炮，爾後購進三十門西洋製造的紅夷大炮。其中有十一門運送至關外寧遠城。徐光啓提出「以臺護銃，以銃護城，以城護民」（註四六）的原則。袁崇煥在寧遠實行城設附臺、臺置大炮、以炮衛城、以城護民，與徐光啓的上述原則相契合。同時，經葡萄牙炮師訓練的火器把總彭簪古，也被調到寧遠培訓炮手。

在寧遠之戰中，袁崇煥不僅是中國第一個將紅夷大炮用於守城作戰的明遼軍官將，而且是獨創了卓有成效的守城新戰術。在後金軍推著楯車蜂擁攻城時，彭簪古等率領火炮手在「城上銃炮迭發，每用西洋炮則牌車如拉朽」（註四七）。而在寧錦防禦戰中，紅夷大炮亦取得同樣的效應。袁崇煥防守寧遠、錦州的成功，使紅夷大炮聲名大噪。明廷封一門紅夷炮爲「安國全軍平遼靖虜大將軍」（註四八），並封「管炮官彭簪古加都督職銜」（註四九）。這種紅夷大炮，被譽爲「不餉之兵，不秣之馬，無敵於天下之神物」（註五〇）。它後來得到大規模地仿造和更廣泛地使用。後金方面也於天聰五年即崇禎四年（一六三一年），仿造成第一門紅夷大炮，「自此凡遇行軍，必攜紅衣大將軍炮」（註五一）。可見，袁崇煥固守寧遠率先使用西洋大炮，不但創造了別具一格守城的新術，而且推進了古代火炮的發展，對以後戰爭產生重要的影響。

守軍——不用從關內招募之油猾兵痞，而「以遼人守遼土」，徵遼兵，保家鄉。即重新組建並訓練一支以遼民爲主體、兵精將強、含多兵種之守城軍隊。先是，大學士孫承宗提示「出關用遼人」，袁崇煥便著力實施之。因爲歷史經驗表明，自遼事以來，外省調募之兵將，出戍數千里以外，「兵非貪猾者不應，將非廢閒者不就」（註五二），或延期誤時、裹足不前，或一觸即潰、擾亂邊事。正如袁崇煥所言，「寧遠南兵脆弱，西兵善逃」（註五三）。而遼人正處於水深火熱，熟諳地形，同仇敵愾，誓保鄉土。袁崇煥敢於陳其弊，破成議，疏請撤回調兵，而招遼人塡補，以得兩利，奉旨允行。據袁崇煥統計，至崇禎元年即天聰二年（一六二八年），「實用之於遼者，含四鎭官兵共計一十五萬三千一百八十二員名，馬八萬一千六百零三匹」（註五四）。這支經過整編而新建的遼軍，以遼人爲主體，含步兵、騎兵、車兵、炮兵和水軍等多兵種。袁崇煥於寧錦之捷後指出：「十年來，盡天下之兵，未嘗敢與奴戰，合馬交鋒；今始一刀一槍拼命，不知有夷之凶狠驃悍」（註五五）。連朝廷也肯許遼兵摧鋒陷陣之鼓勇氣概。所以，寧遠、寧錦和保衛京師三捷，證明遼軍確是明末的一支鐵軍。直至明亡，遼軍都被公認是明軍中唯一兵精將強的勁旅。

袁崇煥還重用遼將，以統率遼兵。趙率教、祖大壽、何可綱此三將，皆在遼東帶兵多年，或世居遼東。他們被袁崇煥任用爲三員大將，畫城分守，戰功膚奏。袁崇煥嘗言：「臣自期五年，專藉此三人，當與臣相終始」（註五六）。袁崇煥選任遼將統率遼軍，招募遼兵守衛遼土，在當時不啻爲一舉兩得、牽動關寧全局之正確決策。

守餉——不僅依靠朝廷調運之糧料；而且提出「以遼土養遼人」之明策，安民樂土，墾荒屯田，興農通商，裕糧助餉。明廷爲解決關外糧餉，決定加派遼餉，後數額高達白銀六百餘萬兩，成爲社會的沉重負擔和朝廷的一大弊政。天啓六年即天命十一年（一六二六年），袁崇煥陳奏，守城同時，實行屯田，就地取餉，以省轉輸。爾後，袁崇煥又上疏屯田，陳明「以遼土養遼人」，行則有「七便」（註五七），否則有「七不便」（註五八），奏請在遼軍中實行且戰且屯、且屯且守、以戰促屯、以屯助守之方針。袁崇煥的上述主張實施後，遼西經濟形勢爲之一變。至崇禎元年即天聰二年（一六二八年），朝廷解撥遼東餉銀，由通支本折色共六百餘萬兩，減爲四百八十餘萬兩，實省餉銀一百二十餘萬兩。而遼軍餉銀充裕，糧料盈餘，就在錦州久圍得解之後，城中尚剩米三萬數千石。

袁崇煥在遼東實施的屯田，分爲軍屯與民屯兩種。軍屯，且守且屯，所得糧料，以助軍用；民屯，則取其租，以充軍餉。屯田之策，軍民兩利。總之，袁崇煥「以遼土養遼人」之策，足衣食，穩軍心，安民情，堅守念，爲其固守寧遠、獲取大捷奠定了物質基礎。

守紀——嚴肅軍紀，獎勇懲怯，率先示範，勵衆固守。袁崇煥所訓練的遼軍，尙勇敢，羞怯懦，紀律嚴明，部伍整肅。在平日操練時，即嚴格要求；在激烈戰事中，更申明軍紀。袁崇煥還破除「割級報功」之陳規。明九邊遇戰兵士爭割首級，上報官長請賞，甚且殺民冒功。他深鑑割級陋規，於未戰之先，與諸將士約，惟盡殲爲期，不許割首級，故將士得一意衝殺。廢除「割級報功」的舊規，提高了群體戰鬥力。

袁崇煥素重守紀之成效，在寧遠大戰中得以充分展現。在臨戰前，他滴血誓盟，激以忠義，死生與共，同城存亡。在激戰中，他身赴陣前，左臂負傷，不下火線，以之鼓勵將士。爲獎勵勇者，置銀於城上，「有能中賊與不避艱險者，即時賞銀一定。諸軍見利在前，忘死在後，有面中流矢而不動者，卒以退虜」（註五九）。在戰爭後，他按軍功大小，奏請敘賚；並依怠怯輕重，實行懲處。後在京師保衛戰中，袁督師統率的五千遼軍與後金軍騎兵鏖戰，後金軍「十一月二十七日，攻外羅城南面，城上下炮矢擊退之。遼將于永俊、鄭一麟營，炮營失火，兵立火中不敢退。公當即給賞，每人二十金」（註六〇）。此役，他還令將一偷食民家面餅者斬首示衆，以肅軍紀。

守民——收集流民，衛土保家，兵民聯防，盤查奸細。袁崇煥在固守寧遠之實踐中，善於收集流離失所的遼民，加以組織，助軍禦守，保衛家鄉，衆志成城。在他經營下，遼西寧錦地區商民輻輳，恢復到數十萬人，寧遠城兵民達到五萬家。這就鞏固和充實了遼軍禦守寧遠的民衆基礎。

袁崇煥在寧遠之戰中，實施兵民聯防。戰前，他將城外百姓全部遷入城內，既使其得到守軍的保護，又使其處於與守軍同生死共患難的境地。戰中，寧遠百姓參戰，或登城拼殺，或運彈送飯，或巡邏街巷，或盤查奸細。當後金軍攻城時，百姓拿出柴草、棉花，送兵士點燃投下城去焚燒敵人；獻出被褥，給兵士裝裹火藥去燒殺敵軍。由於兵民聯防，巡城查奸，所以獨寧遠「無奪門之叛民，內應之姦細」（註六一）。袁崇煥作爲中國十七世紀二十年代的軍事家，能夠看到並組織民衆力量，兵民聯防，共同禦守，實屬難能可貴。

以上僅就守略、守地、守城、守器、守軍、守餉、守紀、守民八項，論述了袁督師崇煥固守寧遠其「守」之要略。袁崇煥固守寧遠，在八年之間，方寸之地，精心任事，勵節高亢，將「守」字做活，從而展現出一代軍事家之雄才偉略，使其生命價值放射出斑斕光輝。

四

袁崇煥固守關外孤城寧遠，獲取寧遠大捷，是袁督師輝煌之歷史功業，亦爲明遼軍屢敗之「封疆吐氣」（註六二）。明軍雖在寧遠城取勝，卻在覺華島慘敗。寧遠之得，覺華之失，尊重史實，兼而論及。

固守寧遠之奇功，是打敗後金鐵騎進攻。此役，明朝由得報，寧遠被圍，舉國洶洶；及捷報馳至，京師全城，空巷相慶。寧遠之捷是明朝從撫順失陷以來的第一個勝仗，也是自「遼左發難，各城望風奔潰，八年來賊始一挫」（註六三）的一場勝仗。與其相反，寧遠之役是後金汗努爾哈赤用兵四十四年最爲慘痛之失敗。《清太祖武皇帝實錄》記載：「帝自二十五歲征伐以來，戰無不勝，攻無不尅，惟寧遠一城不下，遂大懷忿恨而回」。隨之晝夜躊躇，輾轉反思：「吾思慮之事甚多：意者朕身倦惰而不留心於治道歟？國勢安危、民情甘苦而不省察歟？功勳正直之人有所顚倒歟？再慮吾子嗣中果有效吾盡心爲國者否？大臣等果俱勤謹於政事否？又每常意慮敵國之情形」（註六四）。一代天驕後金汗努爾哈赤，同年便在敗辱悲忿中死去。

固守寧遠之價値，是影響歷史演變進程。袁崇煥取得寧遠、寧錦兩捷，並部署與經營了寧錦防線。寧錦防線可概括爲「一體兩翼」。「一體」即縱向的錦州、寧遠、山海關串珠式防守，由總兵趙率教守關門，爲後勁；袁崇煥自率中軍何可綱守寧遠，以居中；總兵祖大壽鎭錦州，爲先鋒。各將畫地信守，緩急相應，戰則一城接一城，守則一節頂一節。「兩翼」指橫向而言，其左翼爲蒙古拱兔等部，採取「撫西虜以拒東夷」的策略；其右翼爲東江毛文龍部，實行斬師撫衆、整頓部伍、以擾敵後的措施。袁崇煥部署的寧錦防線，其「兩翼」雖未完全實現，但明軍依其「主體」，遏止住後金鐵騎之攻勢，迫使後金軍只得繞道入關，且不敢久留關內，從而拱衛關門，保衛京師。在袁崇煥身後，祖大壽振其餘威於邊，寧錦防線巋然不動。直至崇禎十五年即崇德七年（一六四二年），錦州才被攻陷；而寧遠、關門幾乎與明祚同終。在後金方面，皇太極被迫調整戰略，先是暫斂兵鋒，轉爲「講和」與「自固」；並且開始製造和使用火器、尤其是西洋大炮。這一改革直接影響到後來清軍編制、訓練、指揮等，使八旗軍戰鬥力迅速提高，從而在十幾年後，値李自成進京、明社傾覆之機，清兵進關，入主中原。

固守寧遠之要略，豐富了古代軍事思想。袁崇煥固守之要略，有別於馬林之守而不防，袁應泰之守而不固，熊廷弼之守而不成，王在晉之守而當，孫承宗之守而不穩；更不同於李永芳之通敵失守，李如楨之玩忽於守，賀世賢之出城疏守，王化貞之攻而拒守，高第之棄而不守。袁崇煥之固守戰略，保證了寧遠城以至山海關屹然不動，直至明祚滅亡。袁督師既創造了重點城池防守的新型戰術，又部署了關外完整的防禦體系。尤其是他提出「憑堅城、用大炮」，即以炮守城，以城護炮的新型戰術，是中國古代守城戰術的新突破。他順應歷史發展之趨勢，及時將兵器進化的新成果應用於實戰，從而爲火器與冷兵器並用時代的城池攻防戰，提供了行之有效的獨特戰法，發展了中國古代戰術學理論，是中國古代軍事思想寶庫中的新財富。上述戰術由於已經受到固守寧遠實戰之檢驗，因而很快地被普遍接受和採用。爾後在清朝前期戰爭中，利用火器強攻硬守之戰屢見不鮮，使戰爭呈現出新的局面。

固守寧遠之膽識，充實了中華智慧寶庫。雄膽卓識，獨立品格，是中華文明史上傑出政治家、軍事家和民族英雄的寶貴品質。在固守寧遠之役中，袁崇煥表現爲雄膽卓識的典範。袁崇煥之膽識，一見於其單騎閱塞、國難請纓；二見於其揭駁經略、主守寧遠；三見於其嚴拒非議、堅守孤城。此役，後金汗率傾國之師進攻，禦守之策，大端有二：經略高第主守榆關，兵部閻鳴泰則主守首山。高第雖主守城，城卻不在寧遠，而在榆關。此策得遂，則關外遼西之地，盡爲後金據有。榆關失去屏障，京師愈加危急。此將演爲有明二百五十年來空前之危機。而己巳、庚戌兩役，僅蒙古騎兵懸軍塞內，明廷尚有遼東完甌。署兵部右侍郎閻鳴泰同高第相左，雖主在關外禦守，卻議將寧遠城中主力部署於首山。首山在寧遠城東北，爲護衛寧遠孤城之蔽障，亦爲控扼自瀋陽來敵通道之咽喉。鳴泰畫策堅守首山之疏言：

首山左近如筆架、皀隸等山險隘之處，俱宜暗伏精兵、火砲，以待賊來，愼勿遽攖其鋒，惟從旁以火器衝其脅，以精兵截其尾；而覺華島又出船兵遙爲之勢，乘其亂而擊之，此必勝之著也（註六五）。

得旨：「俱依擬著實舉行。」此策得遂，則關外孤城寧遠，必爲後金據有。在薩爾滸之役中，杜松吉林崖兵敗，劉綎阿布達里岡之歿，都是史證；在瀋遼之役中，瀋陽的賀世賢，遼陽的袁應泰，出城迎敵，墮計喪銳，亦是史證。這種明軍易己之長爲己之短，變彼之短爲彼之長；而以己之短，制彼之長，似可斷言，必敗無疑。袁崇煥既拒從遼東經略高第退守山海關之策，又拒依旨准兵部閻鳴泰出守首山之策。他不守山，而守城；守城不守榆關，而守寧遠。憑堅城，用大砲，以己長，制敵短，孤城孤軍（註六六），終獲大勝。這是袁崇煥雄膽卓識、獨立品格的節操之勝。袁督師雄膽卓識之智慧，豐富了中華思想之寶庫。

但是，寧遠之戰，首之在得，寧遠城獲捷；次之在失，覺華島兵敗。明軍兵敗覺華島，其責重在經略高第。因覺華兵敗爲寧遠之役的枝蘖，故略作附論。

覺華島（今遼寧省興城市菊花島鄉），懸於遼西海灣，西距寧遠十五公里。島面積十三點五平方公里，有淡水，能耕田，可駐軍。覺華島「呈兩頭寬，中間狹，不規整的葫蘆形狀，孤懸海中」（註六七）。即島爲龍形，「龍身」爲山嶺，穿過狹窄的「龍脖」迤北，便是「龍頭」。「龍頭」地勢平坦，三面臨海，北端有天然碼頭，宜停泊船隻。先是，明廣寧兵敗後，議應守之所，監軍閻鳴泰主守覺華島，僉事袁崇煥主守寧遠衛。孫承宗巡勘見「覺華孤峙海中，與寧遠如左右腋，可厄敵之用」（註六八）等。由是決策袁崇煥守寧遠，祖大壽負覺華防務之任。孫承宗派祖大壽、姚撫民、金冠等官弁，將覺華島建成關外遼軍後勤基地。在島之「龍頭」開闊地上，建起一座屯積糧料之城。城呈矩形，牆高約十米，底寬約六米。北牆設一門，通城外港口，是爲糧料運輸之通道；南牆設二門，與「龍脖子」相通，便於島上往來；東、西兩面無門，利於防守。城內有糧囤、料堆，以及守城官兵營房，還有一條排水溝縱貫南北。覺華島上的儲糧，既有來自天津漕運之米，又有當地屯田之糧。島上駐軍擔負保護糧料和應援寧遠之雙重任務。孫承宗早就指出：當敵「窺城（寧遠），令島上卒旁出三岔，斷浮橋，繞其後而横擊之」（註六九）。因而，覺華島於固守寧遠之價値不可低估。

然而，袁崇煥在固守寧遠之時，高第未能兼及覺華島，致後金兵攻覺華，糧料被焚，全軍覆亡。所以，經略高第未能兼顧覺華之失，主要表現在如下四點。其一，只著重於覺華島後勤基地之作用，而忽視其側翼機動之地位，因而在諸次作戰中均未調發島上駐軍繞敵後而横擊策應。其二，島上囤糧城選址欠當，只考慮糧料運島方便，而未顧及防敵禦守。其三，囤糧城設防疏陋，守軍力量薄弱，後金軍馳至，守軍營於冰上，鑿冰爲濠，列車楯衛。但時逢嚴冬，冰濠封凍，致八旗軍横行無阻，直搗糧城。其四，島上兵力部署失當，將重兵集於島中心之山巔，需重點防守之囤糧城卻兵力單薄，且兩營步卒缺乏策應。所以，雖寧遠之戰堪稱大捷，但後金僅以八百騎兵便登島獲勝，致明七千將士全軍覆沒（註七〇），大量糧料和二千餘船隻被焚燒，經營多年之覺華島基地被摧毀。就官兵死亡與糧船遭焚而言，明朝軍在覺華島之受損，遠超過後金軍寧遠兵敗之所失。更有甚者，從此覺華島基地便被摧毀，寧錦防線失一重要側翼。這同遼東經略高第在寧遠之戰過程中，畏縮懼敵，禦守關門，未能積極指揮，缺乏全面協調，致城勝而島敗、軀健而臂失。覺華島上數以萬計兵民被殺，數以十萬計糧料被焚，誠可痛哉，誠可惜哉！

總之，寧遠之役結束後，山西道御史高弘圖疏言：

奴酋鷙伏，四年不動，一朝突至，寧遠被圍，舉國汹汹。一重門限，豈是金湯？自袁崇煥有死地求生、必死無生之氣，則莫不翕然壯之。然自有遼事，用兵八年不效，未敢逆料其果能與賊相持、與城俱存否也。是以深軫聖懷，時切東顧。甫採盈庭之方略，輒得馬上之捷書。然後知從前無不可守之城池，而但無肯守之人與夫必守之心。今崇煥稱必守矣！況且出奇挫銳，建前此所未有，則又莫不翕然賢之（註七一）。

袁崇煥固守寧遠之歷史地位，其時直臣賢士，能予公允評價。綜觀袁督師固守寧遠之歷史業績，既創造了顯赫遐邇之戰守功業，又發展了篤實精到之軍事思想。於當時，挽救危局，護衛京師；於後世，兵壇經綸，警示來人。他不愧爲中國古代傑出的軍事家、抗禦後金的民族英雄。袁督師之奇功偉勳和愛國精神，動天地，泣鬼神，光千古，耀萬世！

【附註】

註一　《明熹宗實錄》卷七〇，天啓六年四月己亥。

註二　「揚摧」，又作「揚榷」、「揚攉」，見於《莊子·徐無鬼》、《淮南子·俶眞訓》和《漢書·敘傳下》

等。《漢書・敘傳下》曰：「揚搉古今」，師古曰：「揚，舉也；搉，引也。揚搉者，舉而引之，陳其趣也。」

註　三　《滿文老檔・太祖》卷五，天命元年正月。

註　四　《滿洲實錄》卷四，頁一八四，中華書局。

註　五　《光海君日記》卷一二七，十年閏四月甲戌。

註　六　黃道周：《博物典彙》卷二〇，頁十八。

註　七　參見拙著《努爾哈赤傳》第八章《薩爾滸大戰》，文史哲出版社，一九九二年。

註　八　王在晉：《三朝遼事實錄》卷八，天啓二年三月，江蘇省立國學圖書館藏本。

註　九　《明史・食貨志一》卷七七，頁一八八五，中華書局。

註一〇　王在晉：《三朝遼事實錄》卷一，萬曆四十六年七月。

註一一　徐光啓：《遼左阽危已甚疏》，《明經世文編》冊六，頁五三八一，中華書局。

註一二　《滿洲實錄》卷四，頁一六五，中華書局。

註一三　《滿文老檔・太祖》卷十三，天命四年九月。

註一四　《明史・韃靼傳》卷三二七，頁八四八九，中華書局。

註一五　《燕山君日記》卷十九，二年十一月甲辰。

註一六　《明憲宗實錄》卷四七，成化三年十月壬戌。

註一七　《東江疏揭塘報節抄》卷二，頁十二，浙江古籍出版社，一九八六年。
註一八　《明熹宗實錄》卷十三，天啓元年八月庚午。
註一九　葉向高：《蘧編》卷十二，頁二。
註二〇　王在晉：《三朝遼事實錄》卷十五，天啓五年九月。
註二一　周文郁：《邊事小紀》卷一，頁十九。
註二二　《明熹宗實錄》卷六八，天啓六年二月戊戌。
註二三　《明熹宗實錄》卷六八，天啓六年二月乙亥。
註二四　王在晉：《三朝遼事實錄》卷十五，天啓六年正月。
註二五　《明史·袁崇煥傳》卷二五九，頁六七〇九，中華書局。
註二六　《清太祖武皇帝實錄》卷四，頁八。
註二七　茅元儀：《督師紀略》卷十二，頁十四。
註二八　《明熹宗實錄》卷六七，天啓六年正月辛未。
註二九　張岱：《石匱書後集》卷十一，頁九一，中華書局。
註三〇　《明熹宗實錄》卷七〇，天啓六年四月辛卯。
註三一　《清太祖武皇帝實錄》卷四，頁九。
註三二　王在晉：《三朝遼事實錄》卷十五，天啓六年六月。

註三三　《明熹宗實錄》卷六八，天啓六年二月丙子。
註三四　《清太宗實錄》卷三，頁十二，中華書局。
註三五　沈國元：《兩朝從信錄》卷三四，天啓七年六月。
註三六　《清太宗實錄》卷三，頁十二，中華書局。
註三七　《清太宗實錄》卷三，頁二三，華文書局。
註三八　《明史·袁崇煥傳》卷二五九，頁六七〇七，中華書局。
註三九　《明熹宗實錄》卷八一，天啓七年二月辛酉。
註四〇　《明熹宗實錄》卷八四，天啓七年五月甲申。
註四一　《東莞五忠傳》卷上，頁二一至二二。
註四二　孫銓：《孫文正公年譜》卷二，天啓二年。
註四三　《明史·袁崇煥傳》卷二五九，頁六七〇八，中華書局。
註四四　吳九龍主編：《孫子校釋》，軍事科學出版社，一九九〇年。
註四五　王兆春：《中國火器史》頁二二八，軍事科學出版社，一九九一年。
註四六　《徐光啓集》冊上，頁一七五，中華書局。
註四七　《明熹宗實錄》卷七〇，天啓六年四月辛卯。
註四八　《明熹宗實錄》卷六九，天啓六年三月甲子。

註四九　《明熹宗實錄》卷六九，天啓六年三月甲子。

註五〇　李之藻：《爲制勝務須西銃乞敕速取疏》《徐光啓集》冊上，頁一七八，中華書局。

註五一　《清太宗實錄》卷八，頁二，中華書局。

註五二　《明熹宗實錄》卷七九，天啓六年十二月丁未。

註五三　《明熹宗實錄》卷六八，天啓六年二月戊戌。

註五四　《崇禎長編》卷二五，崇禎元年八月乙亥。

註五五　王在晉：《三朝遼事實錄》卷十七，天啓七年六月。

註五六　《明史．袁崇煥傳》卷二五九，頁六七一四，中華書局。

註五七　「七便」：「計伍開屯，計屯覈伍，而虛冒之法不得行，便一；兵以屯爲生，可生則亦可世，久之化客兵爲土著，而無徵調之騷擾，便二；屯則人皆作苦，而遊手之輩不汰自清，屯之即爲簡之，便三；伍伍相習，坐作技擊，耕之即所以練之，便四；屯則有草、有糧，而人、馬不饑困，兵且得剩其草乾、月糧，整修廬舍，鮮衣怒馬，爲一鎭富強，便五；屯之久而軍有餘積，且可漸減乾草、月糧以省餉，便六；城堡關連，有澮有溝，有封有植，決水衝樹，高下縱橫，胡騎不得長驅，便七。」（《明熹宗實錄》卷七八，天啓六年十二乙未。）

註五八　「七不便」：「今日全遼兵食所仰藉者，天津截漕耳，國儲外分，京庾日減，一不便；海運招商，那移交卸，致北直、山東爲之疲累，二不便；米入海運，船戸、客官沿海爲姦，添水和沙，苫蓋失法，米爛不堪炊，賤賣釀酒之家，而另市本色，有名無實，三不便；遼地新復，土無所出，而以數十年之坐食，故食價日貴，且轉販而奪薊門之食，薊且以遼窘，四不便；今調募到者，俱遊手也，不以屯繫之，而久居世業，倏忽逃亡，日後更能調募乎？五不便；兵不屯則土著身無所，既乏恆產，安保恆心？故前之見賊輒逃者，皆烏合無家之衆也，六不便；兵每月二兩餉，豈不厚？但不屯無粟，百貨難通，諸物當貴，銀二兩不得如他處數錢之用，兵以自給不敷而逃亡，七不便。」（《明熹宗實錄》卷七八，天啓六年十一月乙未）

註五九　《明熹宗實錄》卷七〇，天啓六年四月己亥。

註六〇　周文郁：《邊事小紀》卷一。

註六一　《明熹宗實錄》卷六八，天啓六年二月乙亥。

註六二　《明熹宗實錄》卷六八，天啓六年二月丙子。

註六三　《明熹宗實錄》卷六八，天啓六年二月乙亥。

註六四　《清太祖武皇帝實錄》卷四，頁九。

註六五　《明熹宗實錄》卷六七，天啓六年正月丁卯。

註六六　明兵科都給事中羅尚忠疏言：「虜衆五、六萬人攻圍寧遠，關門援兵，並無一至。豈畫地分守，不須請纓？抑兵將驕橫，勿聽節制？據小塘報云：關內道臣劉詔、鎭臣楊麒，要共統兵二千出關應援。未幾，經略將道臣發出兵馬撤回矣。」（《明熹宗實錄》卷六八，天啓六年二月丙子）。

註六七　安德才主編：《興城縣志》頁六七，遼寧大學出版社，一九九一年。

註六八　孫銓：《孫文正公年譜》卷二，天啓二年。

註六九　《明史‧孫承宗傳》卷二五〇，頁六四六八，中華書局。

註七〇　《明熹宗實錄》卷七〇，天啓六年四月辛卯。

註七一　《明熹宗實錄》卷六八，天啓六年二月丁丑。

論覺華島之役

天啓六年即天命十一年（一六二六年），明朝與後金進行的著名寧遠之戰，其主戰場在寧遠城，分戰場則在覺華島。論者注目寧遠城之役，重筆濃墨，闡述詳盡；而忽視覺華島之役（註一），輕描淡寫，略語帶過。其實，覺華島之役是明清甲乙之際，明朝與後金的一次劇烈的軍事碰撞，產生了重要的影響。茲對覺華島之役，勾稽史料，耑作探論。

一

覺華島之役是歷史發展之必然，由於其時覺華島具有軍事衝要、囤積糧料和設置舟師三重價值，而爲明遼軍所必守，亦爲後金軍所必爭。

覺華島位置衝要。覺華島（註二）懸於遼西海灣中，同寧遠城相爲犄角，居東西海陸中逵，扼遼西水陸兩津。覺華島早在唐代，較爲開發，港口著名，其北邊海港，稱爲靺鞨口，已爲島上要港，出入海島咽喉。遼金時代，島上更爲開發，住戶日多，且有名刹。其時島上高僧，法名覺華，因以名島，稱爲覺華島。金亡元興，塞外拓疆，遼西走廊，更爲重要。明初北元勢力強大，朱棣幾次率軍北征，關外地區，屢動干戈。後蒙古勢力，犯擾遼東，軍用糧料，儲之海島，覺華島成爲明軍的一個囤積糧料的基地。滿洲崛興後，覺華島的特殊戰略地位，日益受到重視。

天啓二年即天命七年（一六二二年），明失陷遼西重鎭廣寧後，遼東明軍主力，收縮於山海關，「止有殘兵五萬，皆敝衣垢面」（註三）。明軍的山海關外防線，經略王在晉議守八里舖，僉事袁崇煥議守寧遠城，監軍閻鳴泰則主守覺華島。大學士孫承宗出關巡閱三百里情形，以便奏決守關之大略。由是，孫承宗巡視覺華島。據孫承宗巡歷覺華島之奏報稱：

又次日，向覺華島，島去岸十八里。而近過龍宮寺，地瀕海而肥，可屯登岸之兵。次日，遍歷洲嶼，則西南望榆關在襟佩間，獨金冠之水兵與運艘在。土人附夾山之溝而居，合十五溝可五十餘家。而田可耕者六百餘頃，居人種可十之三。蓋東西中逵，水陸要津，因水風之力，用無方之威，固智者所必爭也。其舊城遺址，可屯兵二萬。臣未出關，即令龍、武兩營，分哨覺華。而特於山巓爲臺，樹赤幟，時眺望。時遊哨於數百里外，以習風汛曲折（註四）。

從孫承宗奏報全文中，可見覺華島成爲明軍必守之地，有其軍事地理之優越因素：第一，島在遼西海灣中，控四方水陸津要；第二，島距岸十八里，嚴冬冰封，既便冰上運輸糧料，又可鑿冰爲濠禦守；第三，島距寧遠三十里，犄角相依，互爲援應；第四，島上有舊城址，有耕田、民居、淡水，可囤糧屯兵；第五，島北岸有天然港口，可泊運艘，亦可駐舟師；第六，島山巓可樹赤幟、立烽堠，便聯絡、通信息；第七，島上安全，可做新招遼兵訓練之地；第八，島港便於停靠從旅順、登萊、天津駛來的運艘。

孫承宗充分認識到覺華島的軍事地理形勝，從而奏報「失遼左必不能守榆關，失覺華、寧遠必不能守遼左。」其奏報得到旨允。於是，孫承宗既經營寧遠城之築城與戍守，又經營覺華島之囤糧與舟師。

覺華島囤積糧料。先是，明在遼東防務，向置重兵。其兵糧馬料、軍兵器械，爲防備蒙古與女眞騎兵搶掠，或置於堅城，或儲於海島。筆架山、覺華島爲海上囤積糧料之重地。筆架山與錦州城水陸相峙，雖「錦州係寧遠藩籬」（註五），但近於廣寧，易受騷擾；筆架山雖位於海上，且有一礁石棧道同岸相通，潮漲雖隱、潮落則顯，亦不安全。故明廣寧失陷後，城守重在寧遠，糧儲則重在覺華島。覺華島有一主島和三小島——今稱磨盤島、張山島、閻山島，共十三點五平方公里，其中主島十二點五平方公里。主島「呈兩頭寬，中間狹，不規則的葫蘆狀，孤懸海中」（註六）。即島呈龍形，「龍身」爲山嶺，穿過狹窄的「龍脖」迤北，便是「龍頭」。「龍頭」三面臨海，地勢平坦，北端有天然碼頭，停泊船隻。在「龍頭」的開濶地上，築起一座囤積糧料之城。這座囤糧城，筆者踏勘，簡述如下：

覺華島明囤糧城，今存遺址，清晰可見。城呈矩形，南北長約五百米，東西寬約二百五十米，牆高約十米、底寬約六米。北牆設一門，通城外港口，是爲糧料、器械運輸之道；南牆設二門，與「龍脖」相通，便於島上往來；東、西牆無門，利於防守。城中有糧囤、料堆及守城官兵營房遺蹟，還有一條排水溝縱貫南北（註七）。

覺華島囤儲的糧料，既有來自天津的漕運之米，又有徵自遼左的屯田之糧。島上的儲糧，天啓二年即天命七年（一六二二年）二月初一日，據楊嗣昌具疏入告稱：

照得：連日廣寧警報頻疊，臣部心切憂懼。蓋爲遼兵將平日貪冒，折色不肯運糧，以致右屯衛見積糧料八十餘萬石，覺華島見積糧料二十餘萬石。……今邊烽過河，我兵不利，百萬糧料，誠恐委棄於敵，則此中原百萬膏髓塗地，餉臣百萬心血東流（註八）。

此時，遼左形勢陡變，明軍危在眉睫。後金汗努爾哈赤率兵進攻廣寧，正月十八日自瀋陽出師，二十日渡遼河，二十一日取西平，二十二日下沙嶺，二十四日占廣寧。楊嗣昌具上疏時，明朝已經失陷廣寧。占領廣寧的後金軍，乘勝連陷義州、錦州、右屯衛等四十餘座城堡，且從右屯衛運走糧食五十萬三千六百八十一石八斗七升（註九），餘皆焚毀。但是，覺華島囤儲之二十萬石糧料，因在海島，賴以猶存。可見明朝儲糧海島，後金沒有舟師攻取，明人自覺，安全穩妥。然而，囤積大量糧料的覺華島，對缺乏糧食的後金而言，雖沒有一支舟師，亦必爲死爭之地。

覺華島設置水師。明朝於覺華島，在廣寧失陷前，「獨金冠之水兵運艘在」。孫承宗出關前，如上所述「即令龍、武兩營，分哨覺華。」旋有「國寧督發水兵於覺華」（註一〇）。先是，「守覺華島之議，始於道臣閻鳴泰之呈詳」（註一一）。至是，經略孫承宗納閻鳴泰之議，以「覺華島孤峙海中，與寧遠如左右腋，可厄敵之用」（註一二），便命遊擊祖大壽駐覺華。其時，孫承宗令總兵江應詔做了軍事部署：

公即令應詔定兵制：袁崇煥修營房；總兵李秉誠教火器；廣寧道萬有孚募守邊夷人採木，（督）遼人修營房；兵部司務孫元化相度北山、南海，設奇於山海之間；遊擊祖大壽給糧餉、器械於覺華，撫練新歸遼人（註一三）。

由上可見，祖大壽駐軍覺華島之任務有四：一爲撫練新歸遼人，以遼人守遼土；二爲護衛島上囤儲之糧料、器械；三爲以島上存貯糧械供應遼軍所需；四爲相機牽制南犯的後金軍。時閻鳴泰陞任遼東巡撫，使祖大壽居覺華島膺此重任，經略孫承宗亦允之。至於祖大壽之略歷，史載：

祖大壽者，舊遼撫王化貞中軍也。王棄廣寧走關門，壽歸覺華島。蓋其家世寧遠，覺華有別業焉。閻撫軍使居島，仍以金冠將千餘人佐之。至是有以陷虜人回島者報，故公資給之，亦欲因覺華以圖寧遠耳（註一四）。

上引周文郁《邊事小紀》之文，同《清史稿．祖大壽傳》載祖大壽「佐參將金冠守島」相牴牾；時閻鳴泰亦奏稱祖大壽爲參將、金冠爲遊擊。故應以《邊事小紀》所載爲是。後因寧遠事關重大，採納袁崇煥的建議，將祖大壽調至寧遠。明覺華島之水師，仍由遊擊金冠領之。

關外重城寧遠的戍守，以覺華島與望海臺之水師爲犄角。時茅元儀至，籌畫水師事宜：「向所募舟師副將茅元儀至，公因令酌議舟師營制」（註一五）。孫承宗調茅元儀來籌置舟師，以使覺華島與望海臺兩處在海上發揮作用，從而牽制後金：

或妄意及海，則覺華島之駐師與望海臺之泊船相控，而長鯨必授首於波臣；又或下關臣之精甲進圖恢復，則水師合東，陸師合北，水陸之間，奇奇正正，出沒無端（註一六）。

覺華島水師的作用：一則守衛島上之糧料、器械；二則配合陸師進圖恢復；三則策應寧遠之城守——「以築八里者築寧遠之要害，更以守八里之四萬當寧遠之衝，與覺華島相犄角。而賊窺城，則島上之兵，傍出三岔，燒其浮橋，而繞其後，以橫擊之」（註一七）。

由上，覺華島以其地位衝要、囤積糧料和設置水師，故明遼軍與後金軍之爭局是必然的。但後金軍於何時、從何地、以何法，同明遼軍爭戰覺華島，則爲歷史之偶然。這個歷史偶然現象的爆發點，是後金汗努爾哈赤的寧遠城兵敗。

二

覺華島之役是後金軍寧遠城下兵敗，而衍化爲一場殘酷的爭戰。

覺華爭戰的動因是後金汗寧遠兵敗。先是，後金汗努爾哈赤攻陷廣寧後，頓兵四年，未圖大舉。他在等待時機，奪取孤城寧遠。天啓六年即天命十一年（一六二六年）正月，努爾哈赤以爲攻取寧遠時機已到，親率六萬大軍，往攻寧遠，志在必得。是役，正月二十三日，後金軍薄寧遠城下，兩軍交火，互作試探。二十四日，後金軍攻城，或推牌車冒矢石強攻，或擁楯車頂嚴寒鑿城。城上明軍近則擲礌石、飛火球，遠則以紅夷大炮擊之。據《明熹宗實錄》記載：

二十四日，馬步、車牌、勾梯、炮箭一擁而至，箭上城如雨，懸牌間如蝟。城上銃炮迭發，每用西洋炮，則牌車如拉朽。當其至城，則門角兩臺攢對橫擊，然止小炮也，不能遠及。故門角兩臺之間，賊遂鑿城高二丈餘者三、四處。於是，火球、火把爭亂發下，更以鐵索垂火燒之，牌始焚，穴城之人始斃，賊稍卻。而金通判手放大炮，竟以此殞。城下賊屍堆積（註一八）。是日，激戰至二更，後金軍方退。二十五日，爭戰最爲激烈，茲引錄下面四條載述。其一，薊遼總督王之臣查報：「又戰如昨，攻打至未、申時，賊無一敢近城。其酋長持刀驅兵，僅至城下而返。賊死傷視前日更多，俱搶屍於西門外各磚窰，拆民房燒之，黃煙蔽野」（註一九）。其二，兵部尙書王永光奏報：「虜衆五、六萬人，力攻寧遠。城中用紅夷大炮及一應火器諸物，奮勇焚擊。前後傷虜數千，內有頭目數人，酋子一人」（註二〇）。其三，遼東經略高第疏奏：「奴賊攻寧遠，炮斃一大頭目，用紅布包裹，衆賊抬去，放聲大哭」（註二一）。其四，張岱《石匱書後集》亦載：「炮過處，打死北騎無算，並及黃龍幕，傷一裨王。北騎謂出兵不利，以皮革裹屍，號哭奔去」（註二二）。

以上四例可見，後金汗努爾哈赤兵攻寧遠，遭到慘敗，遂懷忿恨——「帝自二十五歲征伐以來，戰無不勝，攻無不剋，惟寧遠一城不下，遂大懷忿恨」（註二三）。努爾哈赤一向剛毅自恃，屢戰屢勝，難以忍受寧遠兵折之恥，誓以洗雪寧遠兵敗之辱。後金汗決心以攻洩忿，以焚消恨，以勝掩敗，以戮震威。這正如明薊遼總督王之臣所分析：「此番奴氛甚惡，攻寧遠不下，始遷戮於覺華」（註二四）。

覺華爭戰的過程是一場歷史的悲劇。先是，二十五日，努爾哈赤攻寧遠城不下，見官兵死傷慘重，便決定攻覺華島。是夜，後金汗一面派軍隊徹夜攻城，一面將主力轉移至城西南五里龍宮寺一帶紮營。其目的：一則龍宮寺距覺華島最近，便於登島；二則龍宮寺囤儲糧料，佯裝劫糧。此計確實迷惑了明軍，高第塘報可以爲證：

今奴賊見在西南上離城五里龍官（註二五）寺一帶紮營，約有五萬餘騎。其龍官寺收貯糧囤好米，俱運至覺華島，遺下爛米，俱行燒毀。訖近島海岸，冰俱鑿開，達賊不能過海（註二六）。

但是，覺華島明參將姚撫民等軍兵，受到後金騎兵嚴重威脅。時值隆冬，海面冰封，從岸邊履冰，可直達島上。姚撫民等守軍，爲加強防禦，沿島鑿開一道長達十五里的冰濠，以阻擋後金騎兵的突入。然而，天氣嚴寒，冰濠鑿開，穿而復合。姚撫民等率領官兵，「日夜穿冰，兵皆墮指」（註二七）。

二十六日，後金汗一面派少部份兵力繼續攻打寧遠城；一面命大部分騎兵突然進攻覺華島。後金軍由驍將武納格率領，史載：

武納格，博爾濟吉特氏，隸蒙古正白旗。其先蓋出自蒙古，而居於葉赫。太祖創業，武納格以七十二人來歸。有勇略，通蒙、漢文，賜號「巴克什」。歲癸丑，從伐烏喇有功，授三等副將。天命十一年，太祖伐明，圍寧遠城未下，命武納格別將兵攻覺華島（註二八）。

武納格率蒙古騎兵及滿洲騎兵，約數萬人（註二九），由冰上馳攻覺華島。後金軍涉冰近島，「見明防守糧儲參將姚撫民、胡一寧、金觀（註三〇），遊擊季善、吳玉、張國青，統兵四萬（註三一），營於冰上。鑿冰十五里爲濠，列陣以車楯衛之」（註三二）。辰時，武納格統領的後金騎兵，分列十二隊，武納格居中，撲向位於島「龍頭」上的囤糧城。島上明軍，「鑿冰寒苦，既無盔甲、兵械，又係水手、不能耐戰，且以寡不敵衆」（註三三）；不虞雪花紛飛，冰濠重新凍合。故後金軍迅速從靺鞨口登岸，攻入囤糧城北門，攻進城中。後金騎兵馳入亂斫，島上水兵陣腳遂亂。後金軍火焚城中囤積糧料，濃煙蔽島，火光沖天。旋即，轉攻東山，萬騎馳衝；巳時，並攻西山，一路湧殺。後金軍的馳突攻殺，受到明守島官兵的拼死抵抗：

且島中諸將，金冠先死，而姚與賢等皆力戰而死。視前此奔潰逃竄之夫，尚有生氣。金冠之子，會武舉金士麒，以迎父喪出關。聞警赴島，遣其弟奉木主以西，而率義男三百餘人力戰，三百人無生者。其忠孝全矣（註三四）。

覺華爭戰的結局是明軍覆沒而後金軍全勝。此役，明朝損失極爲慘重，四份資料可爲史證：

其一，經略高第塘報：覺華島「四營盡潰，都司王錫斧、季士登、吳國勛、姚與賢，艟總王朝臣、張士奇、吳惟進及前、左、後營艟百總，俱已陣亡」（註三五）。

其二，同知程維楧報：「虜騎既至，逢人立碎，可憐七、八千之將卒，七、八千之商民，無一不顚越靡爛者。王鰲，新到之將，骨碎身分；金冠，既死之櫬，俱經剖割。囤積糧料，實已盡焚」（註三六）。

其三，總督王之臣查報：「賊計無施，見覺華島有煙火，而堅冰可渡，遂率衆攻覺華，兵將俱死以殉。糧料八萬二千餘及營房、民舍俱被焚。……覺華島兵之喪者七千有餘，商民男婦殺戮最慘。與河東堡、筆架山、龍宮寺、右屯之糧（註三七），無不焚毀，其失非小」（註三八）。其四，《清太祖高皇帝實錄》載：「我軍奪濠口入，擊之，遂敗其兵，盡斬之。又有二營兵，立島中山巓。我軍衝入，敗其兵，亦盡殲之。焚其船二千餘；並所積糧芻，高與屋等者千餘所」（註三九）。

此役，覺華島上明軍七千餘人和商民七千餘人俱被殺戮；糧料八萬餘石和船二千餘艘俱被焚燒；主島作爲明關外後勤基地亦被摧毀。同時，後金軍亦付出代價，明統計其死亡二百六十九員名（註四〇）。

爾後，覺華島經過遼東巡撫袁崇煥的經營，仍發揮一定作用：

第一，島上駐紮水師。至天啓六年即天命十一年（一六二六年）四月，島上有船四十艘、兵二千餘人：「島上尚有殘船四十隻，都司僉書陳兆蘭、諸葛佐各領兵千人，或揚帆而出其後，或登岸而亂其營」（註四一）。六月，島上水師擴充爲中、左、右三營（註四二）。

第二，連接海上貢道。先是，明制朝鮮使臣貢道，「由鴨綠江，歷遼陽、廣寧，入山海關，達京師」（註四三）。但是，後金占領遼瀋地區，「時遼路遮斷，赴京使臣，創開水路」（註四四），即由遼東半島南端航海至山東登州，再陸行至京師。爾後，貢道經由覺華島，「中朝改定我國貢路，由覺華島，從經略袁崇煥議也」（註四五），即經覺華島，在寧遠登陸，過山海關，抵達京師。由是，覺華島成爲朝鮮使臣海上貢道中停泊的島嶼。

第三，轉輸東江軍餉。崇禎二年即天聰三年（一六二九年）三月，「袁崇煥奏設東江餉司於寧遠，令東江自覺華島轉餉」（註四六），以供應毛文龍，得到旨許。

三

覺華島之役是古代戰爭史上因勢而變、避實擊虛的典型範例。僅就後金軍之得與明遼軍之失，略作幾點探討。

第一，後金汗釋堅攻脆。從已見史料可知，努爾哈赤此次用兵，親率傾國之師，長驅馳突，圍攻寧遠，志在必克。然而，事與願違，圍城強攻，兵敗城下。後金汗蒙受四十四年戎馬生涯中，最慘重的失敗，最慘痛的悲苦。但是，後金汗努爾哈赤能在極端不利的困境裡，在極度惱怒的氛圍中，因敵情勢，察機決斷，釋堅攻脆，避實擊虛。《孫子兵法》云：

> 夫兵形象水，水之行，避高而趨下；兵之勝，避實而擊虛。水因地而制行，兵因敵而制勝。故兵無成勢，（水）（註四七）無恒形。能因敵變化而取勝者，謂之神（註四八）。

努爾哈赤從多年戎馬經歷中，深知《孫子兵法》中的上述用兵之道：水流必避高趨下，兵勝要避實擊虛；水因地之傾仄而制其流，兵因敵之虛懈而取其勝；水無常形，兵無常勢，臨敵變化，方能取勝。他其時面臨著有兩個可供選擇的攻擊點：一個是寧遠城，另一個是覺華島。寧遠城明軍城堅、炮利、死守，覺華島明軍則兵寡、械差、虛懈。於是，後金汗努爾哈赤在寧遠城作戰失利態勢下，依據情勢，臨機決斷，避其固守之寧遠城，搗其虛懈之覺華島。他以少部份兵力圍寧遠城，佯作攻城，以迷惑守城之敵；而以大部份兵力攻覺華島，突然馳擊，以猛搗虛懈之敵。致明人指出：其「共紮七營，以綴我師，不知其渡海也」（註四九）。甚至袁崇煥當時也作出「達賊不能過海」（註五〇）的疏忽判斷。然而，後金統帥努爾哈赤利用嚴冬冰封的天時，又利用海島近岸的地利，復利用官兵滿腔憤恨的士氣，再利用騎兵馳突的長技，乘覺華島明軍防守虛懈、孤立無援之機，出其不意，乘其之隙，圍城襲島，避實攻虛，集中兵力，馳騎衝擊，速戰速決，大獲全勝。後金汗努爾哈赤轉寧遠城之敗，釋攻其堅；爲覺華島之勝，轉攻其脆——可謂釋堅攻脆，乘瑕則神。這是戰爭史上避實擊虛之戰例典範。

第二，明水師攻守錯位。明失廣寧之後，議攻守策略，應以守爲主，無論城池，抑或島嶼，均應主守，而後談攻。明廷賦於覺華島水師的使命，著眼於攻，攻未用上，守亦未成。覺華島明軍應當主守，是其時關外雙方軍力對比與島上水師特質所規定的。以後者言，島上明朝水師登岸，不能對抗後金騎兵。登岸之水兵，舍舟船，無輜重，失去依恃，棄長就短；陸上之騎兵，速度快，極迅猛，機動靈活，衝擊力大——登岸之明朝水兵對抗陸上之後金騎兵，是注定要失敗的。但是，明廷重要官員對此缺乏認識。先是，大學士孫承宗納閻鳴泰主守覺華之議後，言「邊防大計」爲「曰守、曰款、曰恢復」，其「進圖恢復，則水師合東，陸師合北，水師（陸）之間，奇一正一，出沒無間」（註五一），賦予覺華島水師以進圖恢復之水上重任。他認爲：後金騎兵不會從水上攻島，島上水師又負重任，故應加強島之地位：

> 而又於島之背設臺，以向其外，則水道可絕。蓋大海汪洋，雖可四達，而遼舟非傍嶼不行。虜固不以水至，即以水亦望此心折。且三門之勢，若吸之應呼，無論賊不能從水旁擊，即由陸亦多顧盼也（註五二）。

孫承宗斷言後金不以舟師從水上攻覺華島，卻未料後金會以騎師從冰上攻覺華島。王在晉和孫承宗相左，看到覺華島水師之局限：

> 若謂覺華犄角，島去岸二十里，隔洋之兵，其登岸也須船；其開船也待風。城中緩急，弗能救也；水步當騎，弗能戰也。島駐兵止可禦水中之寇，弗能遏陸路之兵（註五三）。

時至天啓六年即天命十一年（一六二六年）正月二十三日，署協理京營戎政兵部右侍郎閻鳴泰仍無視王在晉的上述意見，諫言寧遠制敵之策：

> 制敵之策，須以固守寧遠爲主，但出首山一步即爲敗道。而首山左近如筆架、皀隸等山險隘之處，俱宜暗伏精兵、火炮，以待賊來，愼勿遽攖其鋒，惟從旁以火器衝其脅，以精兵截其尾；而覺華島又出船兵遙爲之勢，乘其亂而擊之，此必勝之著也（註五四）。

閻鳴泰此策，得旨「俱依擬著實舉行」。此策得遂，明朝關外孤城寧遠必爲後金據有，薩爾滸之役杜松吉林崖兵敗和劉綎阿布達里岡兵歿，瀋遼之役瀋陽賀世賢和遼陽袁應泰出城應敵失其精銳而城破身亡，俱是例證。而覺華出水師以擊敵，此亦非必勝之著。此策著眼於攻，疏失於守，攻守錯位，致攻未出師，守亦敗沒。

第三，覺華島防守虛懈。覺華島之功能，主要是作爲明軍關外囤儲糧料、器械的後勤基地。應以此作爲重點，而進行防禦部署。先是，廣寧之役，頻傳警報，前車之鑑，應引爲訓：

> 照得：河西警報頻聞，山海防守宜急。臣等業經處備糧料，具疏入告矣。昨接戶科抄出戶科都給事中周希令一疏，內言覺華等島糧食，宜勒兵護民，令其自取無算，餘者盡付水火。未出關小車與天津海運，不可不日夜預料速備等因。奉聖旨：該部作速議行（註五五）。

上引楊嗣昌疏稿爲天啓二年即天命七年（一六二二年）二月初六日，而後金軍已於上月二十三日占領廣寧，但兵鋒未至覺華島。同年十二月，島上有遊擊金冠水兵一千二百七十六員名，參將祖大壽遼兵八百七十五員名（註五六），共二千一百五十一員名。後祖大壽及其遼兵調出，又增加水兵，達七千餘員名。這些水師，責在防守。如將覺華島作爲水師基地，應時出擊，或作策應，則不現實。因爲覺華島不具備水師基地的地理條件；且島上水兵用于對付後金騎兵，不宜登陸作戰，即使登陸繞擊，失去所長，暴露所短，以短制長，兵家所忌。覺華島的水師，應重於防守，卻防守疏漏。有如囤糧城守軍集於島上山巔——東山與西山，距離囤糧城較遠。駐兵雖可居高臨下，卻不利於急救囤糧城之危。這就使得囤糧城防守虛懈，難以抵禦後金軍之突擊。後金騎兵驟至，守軍營於冰上，鑿冰爲濠，擺車列楯，佈設官兵，以作防衛。但時逢隆冬，所鑿冰濠，開而復封。致使後金騎兵橫行無阻，直搗囤糧城。明軍既僥倖於廣寧之役覺華島免遭兵火，又迷信於寧遠之役覺華島天設之險。然而，寧遠不是廣寧，歷史不再重演。後金騎兵避寧遠之實，而擊覺華之虛。覺華島明軍全部覆滅，吞下防守虛懈之苦果。

第四，明廟堂以勝掩敗。明朝覺華島兵敗，勝敗乃兵家常事，但吃一塹，需長一智。明覺華島兵敗之後，薊遼總督王之臣疏報稱：

此番奴氛甚惡，攻寧遠不下，始遷戮於覺華。倘寧城不保，勢且長驅，何有於一島哉！且島中諸將，金冠先死，而姚與賢等皆力戰而死，視前此奔潰逃竄之夫，尚有生氣（註五七）。

誠然，奏報明軍固守寧遠之功績，褒揚覺華死難官兵之英烈，昭於史冊，完全應當。但是，勝敗功過，理宜分明，既不能以勝掩敗，也不能以功遮過。王之臣身為薊遼總督，對覺華島之敗，未作一點自責。大臣搪塞，朝廷則敷衍。朝廷旨準兵部尚書王永光疏奏：

皇上深嘉清野堅壁之偉伐，酬報於前；而姑免失糧棄島之深求，策勵於後（註五八）。

於是，滿朝被寧遠大捷勝利氣氛所籠罩，有功將卒，加官晉爵；傷亡軍丁，照例撫恤；內外文武，論功陞賞。但是，於明軍覺華島之敗，朝廷、兵部、總督、經略、巡撫以至總兵，未從整體上進行反思，亦未從戰略上加以總結，汲取教訓，鑑戒未來。對待失敗的態度，是吸收殷鑑，還是掩蓋搪塞，這是一個王朝興盛與衰落的重要標志。明廷失遼瀋，陷廣寧，殺熊廷弼，逮王化貞，只作個案處置，並未深刻反省。因而，舊轍復蹈，悲劇重演，一城失一城，一節敗一節。結果，明廷江山易主，社稷傾覆。

覺華島之役，明朝軍變寧遠之勝為覺華慘敗，後金軍化寧遠之敗為覺華全勝，實為歷史之偶然。但是，偶然之中，蘊涵必然。覺華島之役表明，後金在失敗中昇騰，明朝則在勝利中降落。這一偶然的覺華島之役，應是明朝與後金多年爭鬥結局之歷史徵兆。

【附註】

註一 《中國近八十年明史論著目錄》和《清史論文索引》均無著錄覺華島之役的專題論文。

註二 覺華島，今遼寧省興城市菊花島鄉。民國十一年（一九二二年），因島上菊花聞名，而改稱菊花島。

註三 《明熹宗實錄》卷十九，天啓二年二月己丑。

註四 《明熹宗實錄》卷四〇，天啓三年閏十月丁亥朔。

註五 沈國元：《兩朝從信錄》卷二九，天啓六年正月。

註六 安德才主編：《興城縣志》頁六七，遼寧大學出版社，一九九一年。

註七 筆者同解立紅女士、安德才主任等實地踏查與親自測量的記錄。

註八 《楊文弱先生集》卷四，頁十二，鈔本。

註九 《滿文老檔・太祖》卷四八，天命八年三月二十四日。

註一〇 《明熹宗實錄》卷四〇，天啓三年閏十月丁亥朔。

註一一 王在晉：《三朝遼事實錄》卷十，天啓二年七月。

註一二 孫銓：《孫文正公年譜》卷二，天啓二年九月初八日。

註一三 孫銓：《孫文正公年譜》卷二，天啓二年九月初三日。

註一四　周文郁：《邊事小紀》卷一《遼西復守紀事》。
註一五　周文郁：《邊事小紀》卷一。
註一六　談遷：《國榷》卷六八，天啓四年二月丁亥。
註一七　王在晉：《三朝遼事實錄》卷十，天啓二年七月。
註一八　《明熹宗實錄》卷七〇，天啓六年四月辛卯。
註一九　《明熹宗實錄》卷七〇，天啓六年四月辛卯。
註二〇　《明熹宗實錄》卷六八，天啓六年二月甲戌朔。
註二一　《明熹宗實錄》卷六八，天啓六年二月丙子。
註二二　張岱：《石匱書後集》卷十一，頁九一。
註二三　《清太祖武皇帝實錄》卷四，頁九。
註二四　《袁崇煥資料集錄》冊上，頁二七，廣西民族出版社，一九八四年。
註二五　孫承宗於天啓三年閏十月丁亥奏報巡歷關外情形記爲「龍宮寺」，下同，不註。
註二六　《明熹宗實錄》卷六七，天啓六年正月辛未。
註二七　王在晉：《三朝遼事實錄》卷十五，天啓六年正月。
註二八　《清史稿．武納格傳》卷二三〇。
註二九　後金軍出師覺華島之兵數，《清太祖高皇帝實錄》作「吳訥格率所部八旗蒙古、更益滿兵八百」；《明熹宗實錄》作「奴衆數萬」，又作四萬。但是，天啓二年即天命七年後金始設蒙古旗，至崇禎二年即天聰三年已有蒙古二旗，又至崇禎八年即天聰九年始分設蒙古八旗，故其時並無八旗蒙古。

註三〇　《滿洲實錄》作「金冠」，「冠」爲是，而「觀」爲誤，且金冠時已死。

註三一　覺華島明軍之兵數，《清太祖高皇帝實錄》作「四萬」；《明熹宗實錄》作四營、七千餘人。應以後者爲是。

註三二　《清太祖高皇帝實錄》卷十，天命十一年正月庚午。

註三三　王在晉：《三朝遼事實錄》卷十五，天啓六年正月。

註三四　《明熹宗實錄》卷七〇，天啓六年四月辛卯。

註三五　王在晉：《三朝遼事實錄》卷十五，天啓六年正月。

註三六　王在晉：《三朝遼事實錄》卷十五，天啓六年正月。

註三七　《明熹宗實錄》卷六七、天啓六年正月庚午：「右屯儲米三十萬」石。

註三八　《明熹宗實錄》卷七〇，天啓六年四月辛卯。

註三九　《清太祖高皇帝實錄》卷十，天命十一年正月。

註四〇　《明熹宗實錄》卷七〇，天啓六年四月辛卯。

註四一　《明熹宗實錄》卷七〇，天啓六年四月己亥。

註四二　《明熹宗實錄》卷七二，天啓六年六月甲戌。

註四三　《明會典》卷一〇五。

註四四　《光海君日記》卷一六四，十三年四月甲申。

註四五　《李朝仁祖實錄》卷二〇，七年四月丙子。

註四六　《崇禎實錄》卷二，崇禎二年三月。

註四七　《孫子兵法》各本作「兵無常勢，水無常形」。但銀雀山漢墓竹簡《孫子兵法》即漢簡本《孫子兵法》作「兵無成執（勢），無恒刑（形）」。《孫子校釋》曰：「漢簡本此句以『兵』爲兩『無』之主語，言兵既無常勢，又無常形。唯上文一言『水之行避高而趨下』，又言『水因地而制行』，漢簡本皆作『行』，而不作『形』。故此句之『形』無『水』字，而將『行』字屬之於『兵』。故今依漢簡本，且無『水』字。」此注臆斷也，因爲：第一，銀雀山漢簡本《孫子兵法》，僅爲漢代《孫子兵法》之一種版本，雖實屬珍貴，卻屢有衍、脫，此爲一例，故不能以此定讞。第二，各本俱有「水」字，不易輕率刪削之。第三，「形」與「行」字在古漢語中，同音通假，故「形」字屬之於「水」。第四，此段話凡四句：首句「水」與「兵」駢列，以「水」喻「兵」；次句亦「水」與「兵」駢列，亦以「水」喻「兵」；再句首爲「故」字，即此句承上二句小結，亦應「水」與「兵」駢列；末句爲結論。所以，「水」字砍削不當。

註四八　吳九龍主編：《孫子校釋》頁一〇二，軍事科學出版社，一九九〇年。

註四九　王在晉：《三朝遼事實錄》卷十五，天啓六年正月。

註五〇 《明熹宗實錄》卷六七，天啓六年正月辛未。

註五一 《明熹宗實錄》（梁本）卷三九，天啓四年二月丁亥。

註五二 《明熹宗實錄》卷四〇，天啓三年閏十月丁亥朔。

註五三 王在晉：《三朝遼事實錄》卷十，天啓二年七月。

註五四 《明熹宗實錄》卷六七，天啓六年正月丁卯。

註五五 《楊文弱先生集》卷四，頁十三，鈔本。

註五六 《明熹宗實錄》卷二九，天啓二年十二月丙戌。

註五七 《明熹宗實錄》卷七〇，天啓六年四月辛卯。

註五八 《袁崇煥資料集錄》冊上，頁二八，廣西民族出版社，一九八四年。

寧錦防線與寧錦大捷

明末抗禦後金將領袁崇煥，建成關外寧錦防線，並取得寧錦大捷。寧錦防線是寧錦之戰的防務依托，寧錦大捷則使寧錦防線得以鞏固。本文就寧錦防線、寧錦大捷及其相關諸問題，粗作分析，進行探論。

一

寧錦防線之建立，其過程曲折，內涵複雜，價值重大。

明軍失陷廣寧後，在遼西建立寧錦防線，阻遏後金軍渡河西進，衛守關門，以固京師。寧錦防線經過初建、重建和再建三個歷程。

其初建之寧錦防線，始於天啓二年即天命七年（一六二二年）。正月，後金軍占領廣寧，遼東經略王在晉認爲關外無局可守，只能扼守關門。山海監軍僉事袁崇煥議主守寧遠，與王在晉相左。大學士孫承宗主崇煥議。翌年，繕治寧遠城，設兵駐守。四年，袁崇煥偕將士東巡，請即修復錦州、右屯諸城。經略孫承宗以時未可，其議遂寢。翌年「承宗與崇煥計，遣將分據錦州、松山、杏山、右屯及大、小凌河，繕城郭居之。自是寧遠且爲內地，開疆復二百里」（註一）。尋修復錦州、右屯和大凌河三城，其他要塞亦設具屯兵。於是，以寧遠爲中堅關城（註二），錦州爲先鋒要塞，諸城堡爲聯防據點，而禦守山海的串珠式寧錦防線初步建成。可見，袁崇煥是明末山海關外寧錦防線的經始者。但是，高第代承宗爲經略，謂關外必不可守，乃盡撤錦州、右屯、大凌河、小凌河及松山、杏山、塔山守具，盡驅屯兵入關，自毀寧錦防線，導致次年正月後金軍兵犯寧遠。賴袁崇煥抗命不撤，率兵嬰守孤城寧遠，奪取寧遠之捷，京師彈冠相慶。寧遠之捷表明，寧遠孤城尚且挫敗後金汗的南犯，寧錦防線更能抵禦後金軍的強攻。由是，袁崇煥因寧遠之功陞任遼東巡撫後，著手重建被高第自毀的寧錦防線。

其重建之寧錦防線，始於天啓六年即天命十一年（一六二六年）四月。其時，寧遠迤北諸城堡，或被後撤的明遼軍所自毀，或被敗退的後金軍所焚毀。遼東巡撫袁崇煥在同月疏陳戰守佈置大局中，報告修繕山海四城——榆關、前屯、中後、中右爲始。此四城爲寧錦防線的南段，分作兩期整修。其第一期爲同年四月至七月中，剛繕之城受到雨災的沖毀：「淫雨爲災，山海關內外，城垣倒塌，兵馬壓傷。寧遠、前屯、中後等城修築者，既成復壞」（註三）。於是又進行第二期修繕，自雨季過後至同年末，山海四城繕築完工。寧錦防線北段四城——寧遠、中左、錦州（註四）、大凌河（註五），自同年九月進行醞釀，袁崇煥奏報此事言：「適內臣劉應坤、紀用至寧遠，遂與鎮臣趙率教四人，並馬歷錦、右、義、廣而東。其諸城堡向臣經灰燼之餘，尚見頹垣剩棟，今止白骨累累，殘冢依稀而已」

（註六）。錦州、右屯、義州、廣寧一片殘垣白骨，需要修城戍兵聚民。自七年正月至五月，即後金軍進攻寧、錦之前，寧遠與錦州兩城修繕基本完工，其他二城及諸堡城多未修完（註七）。在此期間，袁崇煥遣使持書，前往後金議和，以和緩彼，藉機修城。及彼探知，城已繕竣，負山阻海，固若金湯。袁崇煥在修城之同時，又遣將、派軍、治具、備糧、屯民。經過緊張而有序的佈署，重建之寧錦防線基本完成，保障了寧錦之戰的勝利。但是，寧錦大捷後，寧錦防線部份遭到毀壞或削弱。關外明遼軍與後金軍對峙，需要再建寧錦防線。

其再建之寧錦防線，始於袁崇煥陞任薊遼督師之後。先是，寧錦大捷之後，崇煥辭職歸里。崇禎元年即天聰二年（一六二八年）五月，後金軍南犯，「明兵棄錦州，遁往寧遠」（註八）。後金軍南進略錦州、松山，遂「墮錦州、杏山、高橋三城，並毀十三山站以東墩臺二十一處」（註九）。寧錦防線因袁崇煥辭職與後金軍南犯，而受到削弱或破壞，因而產生再建寧錦防線之舉措。寧錦防線的再建，以袁崇煥被重新啓用，任兵部尙書兼督師薊遼，並抵關、赴寧遠，整頓關外防務爲始。然而，再建寧錦防線不屬本文論述範圍，故從略。

明軍建立的寧錦防線，是一個複雜的關外軍事防禦系統。先是，明在遼東陸路設鎭、路、衛、所、堡防禦體系（註一〇）。明在遼東失陷遼陽鎭，在遼西失陷廣寧鎭後，其陸路防禦體系被後金軍完全打破。明爲阻遏後金軍南犯，需在關外遼西走廊建立一道防禦系統，這就是寧錦防線。寧錦防線南起山海關，北至大凌河城，中間以前屯路城爲後勁，寧遠衛城爲中堅，錦州衛城爲前鋒，又以所城、臺堡作聯絡，負山阻海，勢踞險要；配以步營、騎營、車營、鋒營、勁營、水營諸兵種，置以紅夷大炮、諸火炮等守具，備以兵糧、馬料、火藥；並屯田聚民，亦屯亦築，且守且戰，相機進取；從而形成沿遼西走廊縱深五百里之串珠式堅固防禦體系，遏敵南進，保衛遼西，禦守關門，以固京師。寧錦防線的內涵，以寧錦之戰前爲例，略析如下：

第一，指揮。天啓六年即天命十一年（一六二六年）三月，袁崇煥陞任遼撫後，因滿桂與和議二事，同經略王之臣生隙。前者乞終制，後者則請引避。廟堂諭言：「始因文、武不和，而河東淪於腥膻；繼因經、撫不和，而河西鞠爲蓁莽：覆亡之轍，炯然可鑑」（註一一）。於是，決定王之臣加銜回部，而命袁崇煥兼制調度關門兵馬。但是，事過一月，廟堂改變主意：「還著閻鳴泰任關內，袁崇煥任關外，照地方分撫，以便責成」（註一二）。袁崇煥專管關外，旨設內臣監軍：「忠賢又矯詔遣其黨太監劉應坤、陶文、紀用鎮山海關，收攬兵柄」（註一三）。此議受到兵部尚書王永光及言官的抗疏：「邇者寧遠一捷，中外稍稍吐氣。當事者且議裁經略、裁總兵，專任袁崇煥，以一事權。而隨以六內臣聚斗大一關，事權不愈棼乎？萬一袁崇煥瞻回顧望，致誤封疆，則此罪崇煥任之乎？內臣任之乎」（註一四）？袁崇煥亦具疏言：「兵，陰謀而詭道也，從來無數人談兵之理。臣故疏裁總兵，心苦矣。戰守之總兵且恐其多，況內臣而六員乎」（註一五）？疏上，不允。袁崇煥便極力善處同內監之關係，同其併馬巡歷錦右地帶殘垣白骨，「內臣見所未見，感倍於臣。遂邀鎮臣與祝於北鎮山神，誓圖所以恢復者」（註一六）。袁崇煥專管關外並諧和內臣關係的同時，遣將畫城分守諸重要關城。於山海關，崇煥納之臣言，獲帝旨允，「命桂掛印，移鎮關門」（註一七）。於前屯，以其係遼東南路前屯路城（註一八），合寧遠衛城，而稱爲寧前路。它南護關門，北濟寧遠，西連蒙古桑昂寨，並以中後歸其汛地，故由「總兵趙率教盡帶關內兵馬，出壁前屯，以捍關門，以援寧遠」（註一九），精密堅飭，乘間擊惰。於寧遠，袁崇煥在《戰守佈置大局疏》中，做出周詳而切實的部署，甚至對城上設置西洋炮及司炮官員、對街道牌甲和守兵飲食等都做了料理，並將中右所畫入寧遠防守汛地，還將覺華島水師策應做出安排。袁崇煥則駐守寧遠，並率總兵滿桂（後移鎮關門），副總兵王牧民、左輔、劉永昌、朱梅，參將祖大壽、中軍何可綱等分信協守。於錦州，由太監紀用和總兵趙率教（後移鎮於此）鎮守。後督師袁崇煥擢祖大壽爲前鋒總兵官，「掛征遼前鋒將軍印，駐錦州」（註二〇）。以上諸將，所守之城，即爲信地，專責其成，戰則一城援一城，守則一節頂一節，信守不渝，死生與共。

第二，築城。後金與明朝的戰史表明，後金騎兵長於野戰，明步兵憑有形之險。「虜利野戰，惟有憑堅城以用大炮一著」（註二一）。大炮，需要架設在城上；築城，成爲禦守之憑藉。故遼東巡撫袁崇煥將繕築城池，作爲建立寧錦防線的重要一著。在寧遠和寧錦兩次戰爭期間，遼軍進行緊張的修城工程。天啓六年即天命十一年（一六二六年）春，寧遠之捷後，即著手修治被戰火毀壞的寧遠、毀於火災的中後所及前屯衛、中右所、中前所五座城垣。調用班軍，責期完工，有違制者，分別處治（註二二）。修城工程尚未告竣，關內外遭到雨災：

山海內外，官舍民居，倒塌無算；軍馬露處，死病相連；中前禾黍，狼藉波濤。前屯、中、後、右復然。糧草三軍命脈，皆飄蕩如洗。階苔積滑，灶已產蛙（註二三）。淫雨爲災嚴重，城垣修而復壞。寧遠、前屯、中後等城，新葺之垣，遭雨倒塌。同年秋，又調秋班軍復行修葺城池。至年末，山海諸城，煥然一新。兵部尚書馮嘉會題覆遼東巡撫袁崇煥疏，總結秋季修城工程成績稱：「山海四城，業已鼎新，誠所謂重關累塞矣」（註二四）。次年春季，進行寧遠迤北諸城的修治。袁崇煥奏請：「修松山等處扼要城池，以四百里金湯，爲千萬年屏翰，所用班軍四萬，缺一不可」（註二五）。明廷決定調派去年秋班與今年春班，共合四萬班軍，修繕中左（註二六）、錦州、大凌河諸城，期於一年，「併力修舉，通期竣工」（註二七）。錦州城工剛竣，後金騎兵進圍；其他二城，未及完工。此期三季，修治八城（註二八）。其軍事價値，袁崇煥題云：

> 慨自河西失陷，縮守關門。無論失地示弱，即關門亦控扼山谿耳，何能屯養十三萬兵馬？雖進而寧前四城，金湯長二百里，但北負山，南負海，狹不三、四十里，屯兵六萬、馬三萬、商民十萬於中，地隘人稠，猶之屯十萬兵於山海也。地不廣則無以爲耕，資生少具一靠於內地供給。貧瘠而士馬不強，且人畜錯雜，災沴易生。故築錦州、中左、大凌三城，而拓地一百七十里之不可以已也。自中左所以東漸寬，錦州、大凌南北而東西相方，四城完固，屯兵民於中，且耕且練，賊來我坐而勝，賊不來彼坐而囤（困）。此三城之必築者也。……錦州三城若成，有進無退，全遼即在目中。乘彼有事東江，且以款之說緩之，而刻日修築，令彼掩耳不及。待其警覺，而我險已成。三城成，戰守又在關門四百里外（註二九）。

上引題疏，重在闡明：在寧錦防區繕修南四城，尤其是繕治北四城，可屯兵屯民，恃城耕練，開疆拓地，憑城禦守，戰守北推二百里，坐操制敵之勝券。

第三，整軍。袁崇煥曾任關外監軍而掌練兵事，又經歷戰陣，故熟知遼兵之弊。他在建立寧錦防線過程中，重新組建一支遼軍。而在寧遠與寧錦兩戰期間，他著重對遼軍進行了整頓與建設——裁冗、選將、編制、治械和備餉等。於裁冗，袁崇煥疏請撤回調兵，招補遼人。明之遼軍，多從關內調募，「兵非貪猾者不應，將非廢閑者不就」（註三〇）。先是，袁崇煥爲改變上述狀態，議用鄉兵即粵東之步兵和粵西之狼兵（註三一），但未能實現。時袁崇煥奏言以新募遼兵取代部份調兵：「意欲破成議，撤回調兵，即招遼人以塡之」（註三二）。兵部議覆稱：此議「卓識深謀，迥出流輩，且選遼兵實遼伍，養遼人守遼地，智者無以易此」（註三三）。疏經旨允，裁汰調募冗兵四千餘員，而以遼民精壯者補之。客軍官疲兵猾是困擾遼東多年，並成爲遼軍之積弊，朝廷內外，未得良策。袁崇煥疏議的上述辦法，策劃周全，著實可行。「遼人守遼」之說始自李成梁之子如楨（註三四），經大學士孫承宗疏議，至袁崇煥而實現之。這於明遼軍之兵源、素質，均有極大意義。於選將，袁崇煥先前重血緣關係，疏薦其叔袁玉佩、其至戚林翔鳳等，稱「其招之練之督之而戰，始終臣與臣叔及林翔鳳三人」（註三五），但又未能實現。時袁崇煥變將由遠選而爲「將則近取」（註三六），即由並肩在戰火中烤煉過的軍官中選拔。遴選「猷略淵遠、著數平實」（註三七）的趙率教、「遼人復遼，此其首選」（註三八）的祖大壽以及不受私饋、韜鈐善謀的何可綱等爲股肱之將。天啓六年即天命十一年（一六二六年）

五、六月間，袁巡撫疏准營伍調補將領共二十六員（註三九），即為一例。於編制，整頓其時關上與關外、南兵與北兵、招募與家丁等編制混亂、互不相屬，而難以發揮整體戰鬥力的狀況。經過整編，核實為九萬二千二百三十一員名，其序列：分戰兵與守兵——戰兵為機動作戰部隊，分為步營、騎營、鋒營、勁營、水營，含步兵、騎兵、車兵、水兵等兵種；守兵為戍城守堡部隊，按其所戍城堡大小，分為屯守、馬援、臺烽等不同編制；另有鎮軍、驛騾、撥馬，以警衛、驛傳和哨探。遼軍整刷編制後，明章程，嚴法度，分屯束伍，齊肅訓練（註四〇）。於治械，添置火炮，整修器械，查盔甲，點守具，分數明白，煥然一新。於備餉，屢疏戶部，催運糧餉；並奏准「於關外另設餉司，與關內分收分發」（註四一）。後錦州被圍近月，城內糧食尚且盈餘。經過整頓的遼軍，戰有良將，守有精兵，上下協調，彼此呼應，提昇了遼軍整體戰鬥力。

第四，屯田。建立寧錦防線有兩個相關的難題：遼軍糧餉難馳解，遼東流民難安置。籌措糧餉，安置流民，以遼土養遼人，以遼人守遼土，辦法之一，便是屯田。先是，明初遼東屯田，日久生弊，屯法大壞。遼事以來，熊廷弼、孫承宗亦主屯田，人去而屯廢。時寧遠戰火剛熄，袁崇煥急請銀四十五萬兩，「外解不至，內庫匱乏，計臣攢眉無措。且先議二十萬，而戶、工二部，彼此爭執，延至四十日尚不決。雖有旨派定分數，而工部六萬尚不知何處措辦；戶部止有四萬；其十萬又遲之外催」（註四二）。形勢迫使袁崇煥上《請屯田疏》，極言不屯之七害與興屯之七利，全引如下：

臣敢補牘，請先言不屯之害：今日全遼兵食所仰藉者，天津截漕耳，國儲外分，京庾日減，一不便。海運招商，那移交卸，致北直、山東爲之疲累，二不便。米入海運，船户、客官沿海爲姦，添水和沙，苫蓋失法，米爛不堪炊，賤賣釀酒之家，而另市本色，有名無實，三不便。遼地新復，土無所出，而以數十年之坐食，故食價日貴，且轉販而奪薊門之食，薊且以遼窘，四不便。今調募到者，俱遊手也，不以屯繫之，而久居世業，倏忽逃亡，日後更能爲調募乎？五不便。兵不屯則著身無所，既乏恒產，安保安心？故前之見賊輒逃者，皆烏合無家之衆也，六不便。兵每月二兩餉，豈不厚？但不屯無粟，百貨難通，諸物嘗貴，銀二兩不得如他處數錢之用，兵以自給不敷而逃亡，七不便。

請更端而言屯之利：計伍開屯，計屯覈伍，而虛冒之法不得行，便一。兵以屯爲生，可生則亦可世，久之化客兵爲土著，而無徵調之騷擾，便二。屯則人皆作苦，而遊手之輩不汰自清，屯之即爲簡之，便三。伍伍相習，坐作技擊，耕之即所以練之，便四。屯則有草、有糧，而人、馬不饑困，兵且得剩其草乾、月糧，修整廬舍，鮮衣怒馬，爲一鎮富強，便五。屯之久而軍有餘積，且可漸減乾草、月糧以省餉，便六。城堡關連，有澮有溝，有封有植，決水衝樹，高下縱橫，胡騎不得長驅，便七（註四三）。

上言，將屯田、禦守、爭戰相結合，使民安、兵強、鎮富相聯繫，從而促進了寧錦防線的重建及其強固。至於寧錦防線的價值，將在後文論述。

明遼東巡撫袁崇煥重建的寧錦防線，以其精明之指揮，堅固之城池，勇勁之軍旅，有效之屯田，以守爲主，以戰爲奇，憑城用炮，以屯護城，使這條防線在寧錦激戰中，發揮著堅不可摧的作用。

二

寧錦之戰，其戰場，錦州與寧遠；其方式，議和與兵戎；其爭鋒，守城與出戰——呈現出極爲紛繁的局面。

戰前之準備。寧遠鏖戰結束之日，就是寧錦激戰準備之始。明朝與後金，都在爲未來的大戰進行全面而緊張的準備。

後金方面，寧遠兵敗之後，即冀圖再攻明軍。明廷得到塘報稱：後金「造車修器，以圖再逞」（註四四）。但是，後金兵敗寧遠，心有餘悸，未敢輕舉。後金圖攻明朝，需做戰略準備，剪弱明軍兩翼——征撫蒙古，兵服朝鮮。正如袁崇煥所分析：「我欲合西虜而厚其與，彼即攻西虜而伐我之交；我藉鮮爲牽，彼即攻鮮而空我之據」（註四五）。後金對蒙古，天啓六年即天命十一年（一六二六年）四月，八旗軍西渡遼河，攻蒙古巴林部，殺囊奴克貝勒（註四六）。兵鋒至西拉木倫河。十月，八旗軍再攻扎魯特部和巴林部，獲勝而歸（註四七）。次年二月，皇太極遣使致書察哈爾之奈曼部洪巴圖魯，欲與講和，並欲聯結敖漢部，以破壞明廷「撫西虜以拒東夷」策略的實現。後金對朝鮮，天啓七年即天聰元年（一六二七年）正月，皇太極發兵攻朝鮮，先後下義州、占平壤。朝鮮國王李倧逃出王京，避居江華島。三月，朝鮮國王李倧與後金貝勒阿敏「焚書盟誓」（註四八），雙方訂立「城下之盟」。後金此舉，一石三鳥：降服朝鮮，側敲東江，解除攻明的後顧之憂。

明朝方面，寧遠兵勝之後，即防禦後金西犯。袁崇煥為抵禦後金西犯，集中精神重建寧錦防線（前文已述）。因而，他既綏撫蒙古，又講款後金，以協調力量，爭取時間。明朝對蒙古，聯蒙抗金，守衛寧、錦。作為遼東巡撫的袁崇煥，他重撫賞，即以厚賞撫款，聯手蒙古，以「一意防奴」（註四九）。明又命袁崇煥分撫關外，從而便於責成行賞。他重安置，時內喀爾喀部民受後金攻逼，紛投明邊，遂安置之、厚存之。他重聯合，為防後金軍從寧、錦虛脆之後溢出，約林丹汗遣其領兵台吉桑昂寨將十萬東行，並約內喀爾喀「亦西來合營」（註五〇）。他重宣諭，錦州有事即遣人令察哈爾部領賞臣貴英哈「率拱兔、乃蠻各家從北入援」（註五一），並督林丹汗所屬諸營「揚旗於錦州之地」（註五二）。以上舉措，維繫了明朝與蒙古的聯盟，使「西不與東合」，為抗禦後金軍西犯準備了條件。

明朝對後金，天啟六年即天命十一年（一六二六年）九月，袁崇煥以弔喪為名，通使講款，探彼虛實；皇太極遂遣使回報。袁崇煥見其來使，並遺書後金汗，云不便奏聞。次年正月初八日，天聰汗一面出兵朝鮮，一面遣使通款。袁崇煥則提出退還侵占遼地、送還所掠遼民、撤還侵朝之師（註五三）；並以通款相緩之，為藉機修繕錦州等城。於此，袁崇煥說道：「錦州三城若成，有進無退，全遼即在目中。乘彼有事東江，且以款之說緩之，而刻日修築，令彼掩耳不及。待其警覺，而我險已成」（註五四）。然而，袁崇煥藉講款、繕城池之動機，被皇太極所識破。皇太極致袁崇煥書稱：你派人來假裝講和，卻乘機修繕城郭！不願和平，而願戰爭（註五五）！

所以，後金與明朝的戰爭，勢不可免，一觸即發。觸發明朝與後金寧錦之戰的直接原因是：其一，後金得報明軍要修繕錦州、大凌河、小凌河城，並屯田耕種（註五六）；其二，後金大饑，穀一斗，銀八兩，至有食人肉者（註五七）。因此，後金汗皇太極爲毀壞明正在修葺的錦州等城、驅趕屯民、奪取糧食、鞏固汗位，便發動了寧錦之戰。

錦州之激戰。天啓七年即天聰元年（一六二七年）五月初六日，後金汗皇太極率數萬軍隊，謁堂子，出瀋陽，向西進軍。初十日，至廣寧。十一日，後金軍分三路——皇太極自率兩黃旗和兩白旗騎兵居中直趨大凌河城，莽古爾泰率正藍旗騎兵爲左翼直奔右屯衛城，代善、阿敏、碩託率兩紅旗和鑲藍旗騎兵爲右翼直馳錦州城。大凌河與右屯衛兩城未竣，守軍逃遁。後金軍輕取兩城後，當夜三路會師於錦州，距城一里外處駐營。

錦州城，即廣寧中屯衛城，位於小凌河左岸，北依紅螺山，南臨遼東灣，地處險要，勢踞形勝，爲明寧錦防線之前鋒要塞。同年春，袁崇煥遣官督班軍繕竣錦州城，城周圍六里一十三步，池深一丈二尺、闊三丈五尺、周圍七里五百七十三步（註五八）。錦州城由內監紀用和總兵趙率教統總兵左輔、副總兵朱梅爲左、右翼，統兵三萬，憑城堅守。

十二日，紀太監和趙總兵派官至後金軍營中，商談議和。先是，明軍對後金來犯，備中有虞。所謂備，即繕城整軍，治械儲糧；所謂虞，即夏季敵犯，出乎預料。遼東巡撫袁崇煥在錦州被圍九天前疏稱：「無奈夾河沮洳，夏水方積，未可深入，而夷且聚兵以俟也；水潦既退，禾稼將登，況錦州諸城一築，又東虜之必爭」（註五九）云云。即認爲後金必定來攻，但約在秋稼登場、水潦退後的秋冬季。因而，後金軍突然圍城，諸多準備頗不足。遂遣官議和，以待援兵。至是，皇太極對錦州城中來使強硬地表示：「爾願降則降，願戰則戰」（註六〇）！並讓其帶回復書，稱：天聰皇帝諭錦州二太監，今董率三軍，親至城下，爾等坐困孤城，外援莫至，將待勢窮力屈、俯首就戮耶，抑事識機先、束身歸命耶？今或以城降，或以禮議和，惟兩太監酌而行之耳（註六一）！後金汗皇太極讓錦州來使帶回復書後，即令預備攻城器械，爾後便下令開始攻城，錦州激戰終於爆發。

同日，錦州攻守激戰。此戰，明總兵趙率教奏報：後金軍「分兵兩路，抬拽車梯、挨牌，馬步輪番，交攻西、北二面。太府紀用同職及總兵左輔、副總兵朱梅，躬披甲冑，親冒矢石，力督各營將領，並力射打。炮火矢石，交下如雨。自辰至戌，打死夷屍，塡塞滿道。至亥時，奴兵拖屍，赴班軍採辦窰，（以）木燒毀。退兵五里，西南下營」（註六二）。此戰，《舊滿洲檔》記載：後金汗讓明使帶回復書，便「準備雲梯、挨牌。至午刻，開始進攻錦州城之西面。城將攻克，列陣於城其他三面之明兵來援，射箭、放炮、投石、擲火藥。遂致無法進攻，便命攻城之軍退回，於城對面五里外處紮營」（註六三）。上引明官書與清官書之記載比兌，後金軍攻城時間與攻城方向，有兩點差異。似可做如下解釋：於攻城時間，後金軍辰時後做小股攻擊，既作火力偵察，又待和談結果；自午刻始，進行大規模地猛烈攻城。於攻城方向，後金軍分兵兩翼，進攻西城與北城，而以西城爲主攻點，且攻城垂克，故而詳記之。但是，清官書《太宗實錄》與《舊滿洲檔》此戰所載亦略異：前書載「是日，整理攻具。午刻，攻錦州城西隅」（註六四）；後書載「（明使）持書而去，便準備雲梯、挨牌。至午刻，開始進攻錦州城之西面。」在議和與攻城之關係上，前書似使人感覺：明使賚書歸，汗等無回音，便令攻城；後書則明言：明使持書返，即預備器具，午刻攻城。前書曲顯時間差，應以後書所記爲實。是日，後金軍攻城不下，即遣官往調瀋陽援兵。城裡與城外，議和與兵鋒，爾來我往，交替進行。

和戰之交替。後金軍攻城不下，已圍城兩日。十五日，皇太極「遣使至明錦州太監紀用處，往返議和者三」（註六五）；紀用亦遣使隨往，提出後金派使至城中面議。皇太極命綏占、劉興治往議，但錦州城閉門不納。次日，紀用遣官又至皇太極帳下，言「昨因夜晦，未便開門延入，今日可於日間來議」（註六六）。皇太極再遣前二人隨明使回錦州城，但明仍閉城不納。且趙率教憑城堞高喊：「汝若退兵，我國自有賞賚！」皇太極令明使者帶回書（註六七）曰：

爾敢援天，出大言乎！我惟上天所命，是以瀋陽、遼東、廣寧三處，俱屬於我。若爾果勇猛，何不出城決戰。乃如野貛入穴，藏匿首尾，狂嘷自得，以爲莫能誰何！不知獵人鍬钁一加，如探囊中物耳。想爾聞有援兵之信，故出此矜誇之言。夫援兵之來，豈惟爾等知之，我亦聞之矣。我今駐軍於此，豈僅爲圍此一城？正欲俟爾國救援，兵眾齊集，我可聚而殲之，不煩再舉耳！今與爾約，爾出千人，我以十人敵之，我與爾憑軾而觀，孰勝孰負，須臾可決。爾若自審力不能支，則當棄城而去，城內人民，我悉縱還，不戮一人；不然，則悉出所有金幣、牲畜，餉我軍士，我即斂兵以退。和好之事，不妨再議。爾云「賞賚」，我豈爾所屬之人耶！若欲二國和好，宜結爲兄弟，互相餽遺可也（註六八）！

後金汗此書，意在激紀太監和趙總兵，派軍出城野戰，以決雌雄；打消其等待援兵解圍之冀望；進而勸其棄城而去；抑或罄城中財物給後金，以還報之解圍撤軍。城中紀、趙二鎮，斷然予以拒絕。又次日，皇太極收縮對錦州的包圍，聚兵於城西二里處結營，以防來援之兵。另次日即十八日，後金汗急不可耐，「上命繫書於矢，射入錦州城中」（註六九），再次勸降。錦州城中的紀太監和趙總兵，堅守城池，對其勸降，不予理睬。後金軍自十一日至二十五日，已圍城十五日。其間，明軍三次出援，同後金軍交鋒。

出援之交鋒。「錦州被圍，勢在必援」（註七〇）。這是因爲，明朝京師以山海爲門戶，山海以寧遠爲藩籬，寧遠又以錦州爲前鋒。若錦州失陷，則寧遠困危，關門動搖，京師震動。因而，後金攻圍錦州，明朝調集援兵。明廷徵調援兵，逐節實行頂替：調宣府、大同兵馬，「移紮薊鎮，以資防守」（註七一）；調薊門三協等，兵馬南移，爲「關門策應」（註七二）；調關門兵馬，移向寧遠，強化後勁（註七三）。儘管其時駐守寧遠的遼撫袁崇煥，請求率師援錦，拼死殉敵，「則敵無不克」（註七四）；但是，總督薊遼兵部尚書閻鳴泰題奏：「今天下以榆關爲安危，榆關以寧遠爲安危，寧又以撫臣爲安危，撫臣必不可離寧遠一步。」此奏，得旨：「寧撫還在鎭，居中調度，另選健將，以爲後勁」（註七五）。遂佈置滿桂、尤世祿、祖大壽率分枝援兵，傳令聲息，「四出以疲賊應接，殺其專向錦州之勢」（註七六）。

十六日，明山海總兵滿桂率援兵往錦州，過連山（註七七）、登笊籬山，同後金往衛運糧偏師相遇。《清太宗實錄》載：「大貝勒莽古爾泰，貝勒濟爾哈朗、阿濟格、岳託、薩哈廉、豪格率偏師，往衛塔山運糧士卒」（註七八），與明軍相遇。後金軍由六貝勒率領，是一支很強的騎兵。兩軍稍作交鋒，各略有死傷，後金軍回至塔山，明援軍回至寧遠。明軍援錦州，有實有虛。後者，袁崇煥計誑皇太極便是一例。同日，《清太宗實錄》記載：後金捕捉寧遠信使，截獲袁崇煥給紀太監、趙總兵的「密信」。信稱：「調集水師援兵六、七萬，將至山海；薊州、宣府兵亦至前屯；沙河、中後所兵俱至寧遠；各處蒙古兵已至臺樓山。我不時進兵」（註七九）云云。皇太極誤信，即收縮圍錦兵力，聚於城西，以防明援師。十九日，遼撫袁崇煥設奇兵四著援錦：其一，募死士二百人，令其直衝敵營；其二，募川、浙死卒，帶銃炮夜警敵營；其三，令傅以昭舟師東出而抄敵後；其四，令王喇嘛往諭蒙古貴英恰等從北入援（註八〇）。以上諸措施，俱未見實效。二十二日，總兵滿桂、尤世祿再率軍出寧遠往援錦州，於笊籬山遇後金額駙蘇納所部，受其兩路夾擊，略有損失，退回寧遠（註八一）。

後金汗皇太極圍錦州城已十五日，其間：以軍事手段攻城，不克；以政治手段議款，不議；誘其出城野戰，不出；佈設奇兵打援，不獲。時值盛暑，後金官兵，暴露荒野，糧料奇缺，援兵未到，士氣低落。二十五日，後金「固山額眞博爾晉侍衛、固山額眞圖爾格副將，率援兵來至行營」（註八二）。次日，後金軍一面部署留兵繼續圍困錦州城，其時「虜鑿三重濠於錦州城外，留兵圍之」（註八三）；一面準備分兵，往攻寧遠。

寧遠之出戰。二十七日，後金汗皇太極率大貝勒代善、阿敏、莽古爾泰和諸貝勒等八旗官兵（註八四），往攻寧遠。次日黎明，後金軍馳至寧遠城北岡。時遼東巡撫袁崇煥偕內鎮太監駐守，以「副將祖大壽為主帥，統轄各將，分派信地，相機戰守」（註八五）。又有總兵滿桂、尤世祿率軍援應。寧遠城堅、池深、炮精、械利，誠謂「寧城三萬五千人，人人精而器器實」（註八六）。袁崇煥此次固守寧遠，除「憑堅城以用大炮」外，還佈兵列陣城外，同後金騎兵爭鋒。他先遣車營都司李春華，率領車營步兵一千二百人，「掘濠以車為營，列火器為守禦」（註八七）。皇太極率軍至寧遠北岡後，見此車營，即親率諸貝勒將士，面城列陣，準備衝殺。皇太極令滿洲營兵及蒙古兵，衝其車陣，攻其步卒。明軍則用紅夷炮、木龍虎炮、滅虜炮等火器奮力攻打。此戰，明朝軍報稱：「打死賊夷約有數千，屍橫滿地」（註八八）；後金檔案載：「瞬間攻破其營陣，而盡殺之」（註八九）。明遼軍給後金軍以殺傷，後金軍予明車營以重創。時滿桂率九營官兵，撤進濠內周圍安營。明車營馬步官兵，不畏強敵，安營如堵，且「鱗次前進，相機攻剿」（註九〇）。

同日，袁巡撫列重兵，陣城外，背依城牆，迫擊強敵。總兵滿桂、副將尤世威和祖大壽等率精銳之師，出城東二里結營，背倚城垣，排列槍炮，士氣高漲，嚴陣待敵。皇太極見滿桂軍逼近城垣，難以馳騁縱擊，便命軍隊退依山岡，以觀察明軍動向。貝勒阿濟格欲進軍馳擊，大貝勒代善、阿敏、莽古爾泰「皆以距城近不可攻」而諫止。天聰汗怒道：「昔皇考太祖攻寧遠，不克；今我攻錦州，又未克。似此野戰之兵，尚不能勝，其何以張我國威耶」（註九一）！言畢，皇太極親率貝勒阿濟格與諸將、侍衛、護軍等，向明滿桂軍馳疾進擊。後金軍與明遼軍兩枝騎兵，在寧遠城外展開激戰。兩軍矢鏃紛飛，馬頸相交。總兵滿桂身中數箭、坐騎被創，尤世威的坐騎亦被射傷；貝勒濟爾哈朗、薩哈廉及瓦克達阿哥俱受傷。兩軍士卒，各有死傷。明騎兵戰於城下，炮兵則戰於城上。袁崇煥親臨城堞指揮，命以城上紅夷炮、滅虜炮猛轟後金軍。參將彭簪古以紅夷大炮碎其營大帳房一座，其他大炮則將「東山坡上奴賊大營打開」（註九二）。至午，皇太極以其三員驍將「受傷，退兵，至雙樹堡駐營」（註九三）。次日，後金汗皇太極率軍撤離雙樹堡，退向錦州。

守城者，以全城爲上；攻城者，以不克爲下。寧遠一戰，明軍背城而陣，憑城用炮，以車營拒敵，以騎兵野戰，打退敵軍，終於獲勝。遼東巡撫袁崇煥欣喜地奏道：「十年來盡天下之兵，未嘗敢與奴戰，合馬交鋒（註九四）。今始一刀一槍拚命，不知有夷之凶狠驃悍。職復憑堞大呼，分路進追。諸軍忿恨此賊，一戰挫之，滿鎮之力居多」（註九五）。由上，是戰，皇太極攻城，而不克；袁崇煥守城，而全城——這就是明朝與後金寧遠激戰之歷史結論。

全城之結局。二十九日，皇太極卒軍撤離雙樹堡。翌日，至錦州城下。先是，寧遠激戰的二十八日，錦州城守軍乘後金軍主力南下，出城攻擊，陣殺後金「遊擊覺羅拜山、備禦巴希」（註九六），之後，復入城堅守。至是，皇太極「至錦州，向城舉炮，鳴角，躍馬而前。令軍士大譟三次，乃入營」（註九七）。以後數日，後金軍繼續圍困錦州城。白天，以萬騎往來，斷城出入；夜晚，則遍舉薪火，示警干擾。六月初三日，後金軍列八旗梯牌，陳火器攻具，相視形勢，預備攻城。次日，後金汗設大營於教場，命數萬官兵攻打錦州城南隅，卯刻進兵，辰刻攻城，頂冒挨牌，蜂擁以戰。明軍從城上用火炮、火罐與矢石下擊，後金軍死傷衆多。且城高池深，氣候炎熱，攻城不下，遂撤回營。《清太宗實錄》記載：「攻錦州城南隅，因城壕深闊，難以驟拔，時値溽暑，天氣炎蒸，上憫念士卒，乃引軍還」（註九八）。《舊滿洲檔》更少諱飾：「此次攻打時，兵士死亡很多，大軍遂還」（註九九）。可見皇太極撤軍的三個因素——城壕深、天氣熱、死傷多，「死傷多」是其主要的原因。明太監紀用奏報則另一說法：「於焚化酋長屍骸處，天墜大星如斗。其落地如天崩之狀，衆賊驚恐終夜。至五鼓，撤兵東行」（註一〇〇）。初五日，皇太極自錦州撤軍（十二日回至瀋陽）。初六日，遼東巡撫袁崇煥上《錦州報捷疏》言：

> 仰仗天威，退敵解圍，恭紓聖慮事：准總兵官趙率教飛報前事，切照五月十一日，錦州四面被圍，大戰三次三捷；小戰二十五次，無日不戰，且克。初四日，敵復益兵攻城，內用西洋巨石炮、火炮、火彈與矢石，損傷城外士卒無算。隨至是夜五鼓，撤兵東行。尚在小凌河紮營，留精兵收後。太府紀與職等，發精兵防哨外。是役也，若非仗皇上天威，司禮監廟謨，令內鎭紀與職率同前鋒總兵左輔、副總兵朱梅等，扼守錦州要地，安可以出奇制勝。今果解圍挫鋒，實內鎭紀苦心鏖戰，閣部秘籌，督、撫、部、道數年鼓舞將士，安能保守六年棄遺之瑕城，一月烏合之兵衆，獲此奇捷也。爲此理合飛報等因到臣。臣看得敵來此一番，乘東江方勝之威，已機上視我寧與錦。孰知皇上中興之偉烈，師出以律，廠臣帷幄嘉謨，諸臣人人敢死。大小數十

戰，解圍而去。誠數十年未有之武功也（註一〇一）。

寧錦之戰，後金軍攻城，明遼軍堅守，凡二十五日，寧遠與錦州，以全城而結局。明人謂之「寧錦大捷」，載入中國戰爭史冊。

三

寧錦之役，是明清興亡史上一次極爲重要的爭局。茲就寧錦防線與寧錦大捷攸關的四個問題，探討如下。

寧錦之戰——三個明顯特徵。後金與明朝進行的寧錦之戰，後金軍進攻的不僅是錦州城和寧遠城，而且是堅固的寧錦防禦體系；同樣，明遼軍防守的不僅是錦州城和寧遠城，而且是堅固的寧錦防禦體系。先是，自後金崛興而向明朝攻奪城池以來，所陷撫順、清河、開原、鐵嶺、瀋陽、海州、蒲河、懿路、汎河、瀋陽、遼陽、廣寧和義州（註一〇二）等，雖各有其因，但均爲孤城。即使後金軍攻打瀋陽與遼陽時，兩城各自爲守，而未彼此援應。後金軍進攻以上諸城，皆各個擊破。但是，寧錦之戰不同，後金軍攻打錦州、寧遠時，受到頑強對抗的，既是錦州和寧遠兩城中的守城軍隊，又是整個寧錦防禦體系的軍事力量。明天啓初，寧錦防線初建，便受到寧遠戰火的烤煉。袁崇煥指揮明遼軍，打破後金軍的進攻，獲寧遠之捷。至天啓末，寧錦防線重建，又受到寧錦戰火的烤煉。袁崇煥指揮明遼軍，打敗後金軍的進攻，獲寧錦大捷。因而，以寧錦防線對抗後金軍的奪城之攻，是爲寧錦之役的一個明顯特徵。

明遼西寧錦防線，對抗後金軍的進攻，以榆關、寧遠、錦州為三個支撐點，關、寧、錦互通聲息，南、中、北互相應援。在抵禦皇太極率軍犯寧、錦時，由遼東巡撫袁崇煥畫一指揮，分信責成，確保無虞。其官兵的調發、接應、援守、犒賞、行糧等，一切俱由遼撫或疏奏請旨，或相機行事。朝廷旨派總鎮內臣與遼撫在此役中，尚能和衷共濟，契合應敵。故未重蹈「始因文、武不和，而河東淪於腥膻；繼因經、撫不和，而河西鞠為蓁莽」（註一〇三）的覆轍。在寧錦之役中，遼撫袁崇煥畫一事權，錦、寧、關聯為一氣，北、中、南串成一線。錦州困危，總督鎮守遼東太監劉應坤，自關門「提兵三千餘名，出關援錦州」（註一〇四）；總兵滿桂率兵一萬自後勁關門，至中堅寧遠，簡四千為奇兵，由滿桂、尤世祿帶領，北援前茅錦州。從而顯示出錦州──寧遠──關門是一道完整的防禦體系，各城之間，相互聯絡，彼此支援，「戰則一城援一城，守則一節頂一節，步步活掉，處處堅牢」（註一〇五）。是為寧錦之役的又一個明顯特徵。

明遼西寧錦防線，對抗後金軍的進攻，採取守、戰、款兼用的兵略。天啓七年即天聰元年（一六二七年）初，袁崇煥疏稱「守為正著，戰為奇著，款為旁著」（註一〇六）的兵略，得到旨允。這於明季之時，遼西之地，以明朝疲弱之軍，對後金累勝之師，是正確的兵略。所謂守，即「憑堅城以用大炮」（註一〇七），寧遠之捷得到驗證。但是，袁崇煥所說的守，「有別於馬林之守而不防，袁應泰之守而不固，熊廷弼之守而不成，王在晉之守而不當，孫承宗之守而不穩；更不同於李永芳之通敵失守，李如楨之玩忽於守，賀世賢之出城疏守，王化貞之攻而拒守，高第之棄而不守」（註一〇八）。在寧錦戰中，任憑天聰汗的激將、叫陣，均不出城浪戰，而堅持「守為正著」、「憑城用炮」之典則。所謂戰，即以守為正，以戰為奇，避銳擊惰，相機拼殺。此戰，寧遠與錦州，背依堅城大炮，面對後金騎兵，兩城出戰，馬頸相交，刀來槍去，拼力廝殺；且兩城之間，遙相支援。此戰，關門、寧遠援兵，北上馳救錦州。上文明軍三用奇兵說明，「戰為奇著」在寧錦之役中有新的創造，並出現憑城用炮而野戰交鋒、拼殺獲勝的戰績。所謂款，即戰中議和，議中作戰，邊戰邊款，亦款亦戰。寧錦戰前，以講款爭取時間，繕治錦州城，得以成為寧錦防線之前茅要塞；寧錦戰中，又以講款拖延時間，疲彼而待援，終以守住寧錦防線之前鋒堡壘。守、戰、款兼用，是為寧錦之役的另一個明顯特徵。

寧錦之戰——明朝福兮禍依。寧錦戰後，明為勝方，捷報馳京，舉朝相慶。先是，錦州被圍，朝野驚恐，「萬一錦不存，而寧必受兵」（註一〇九）；寧若受圍，則關門震動。「守以全城為上」（註一一〇），明遼軍守住錦州城和寧遠城，因而獲勝。於錦州守軍，朝廷嘉獎其兵將曰：「力挫奴鋒，屏障寧遠，忠義之氣，貫日干雲」（註一一一）。這番嘉獎，同樣適用於堅守寧遠之兵將。所以，寧錦大捷使朝廷上下，極大振奮。寧錦之役的一個結果是，寧錦防線不僅經受著戰火的考驗，而且得到了朝廷的認可。

寧錦防線，幾經爭議。寧遠之築守，遭到非難；寧遠一捷，才算平息。錦州之築守，亦遭物議，寧錦大捷，方獲旨準。寧錦戰後一月，督臣閻鳴泰疏云：「錦州之守，原屬非策；今既誤矣，豈容再誤。錦即有失，不繫安危，惟一意以固守寧遠爲主」（註一一二）。疏上，兵部覆疏：「錦州一城，爲奴所必爭。內鎮臣所云『輕兵以防，小修以補，賊至則堅壁清野以待』，即督臣所謂『虛著活局』之意。臣部以爲，錦城已守有成效，決不當議棄。」得旨：「關門之倚寧遠，寧遠之倚塔山、錦州，皆層層外護，多設藩籬，以壯金湯」（註一一三）。駐錦州總兵尤世祿亦言錦城不可居。廷臣疏言：「錦州不可不守。夫全遼疆土，期於必復，咫尺錦州，豈可異議！況向以修築未完之日，尙能據以挫賊；今乘此戰守已勝之餘，何難憑以自固！且尤世祿定爲信地，增兵奉有明旨，宜一意修葺城垣，整頓兵馬，料理芻糧，爲有進無退之計可也」（註一一四）。新任督師王之臣亦認爲：「各帥信地已定，自當有進無退，豈得移易」（註一一五）。以上議守錦州之疏，皆得旨準。由是，袁崇煥大膽經始、苦心經營、浴血守衛的寧錦防線，經受了寧遠、寧錦兩次大戰的考驗，終於得到朝廷堅意支持，並得以鞏固。袁崇煥憑藉「寧錦防線，堵禦後金軍八年之久不得逾越南進，其功不可泯。在袁崇煥身後，祖大壽以其餘威振於邊，遼軍守禦的寧錦防線仍堅不可摧。直至崇禎十五年（一六四二年）錦州才被攻陷；而寧遠、關門，則幾於明祚同終」（註一一六）。寧錦防線支撐著明朝與後金（清）在遼西對峙，長達二十二年之久，而後金（清）終究未能突破這道防線。明末的寧錦防線防禦體系，寧遠衛守關門，錦州又護衛寧遠，終明之世，關門未破。後來乾隆帝諭：

山海關，京東天險。明代重兵守此，以防我朝。而大軍每從喜峰、居庸間道內襲，如入無人之境。然終有山海關控扼其間，則內外聲勢不接；即入其他口，而彼得撓我後路。故貝勒阿敏棄灤、永、遵、遷四城而歸。太宗雖怒譴之，而自此遂不親統大軍入口。所克山東、直隸郡邑，輒不守而去，皆由山海關阻隔之故（註一一七）。

從清人的視角，從後來的事實，可以證明寧錦防禦體系之至要。

寧錦大捷，閹黨得益。天啓間，遼疆勝敗之事，俱同黨爭攸關。先是，廣寧兵敗，以熊廷弼案，東林要員趙南星等遭斥，閹黨勢力漸起。天啓五年即天命十年（一六二五年），閹黨藉柳河兵敗，逼經略孫承宗去職，而以其黨高第代之。兵敗如是，兵勝亦如是。六年，寧遠之捷後，魏忠賢藉此宣揚廠臣之功，更提昇其權位。時「其同類盡鎮薊、遼，山西宣、大諸阨要地」（註一一八），並矯詔遣其黨劉應坤爲總督鎮守遼東太監，陶文、紀用等爲鎮守遼東太監，收攬兵柄，控制遼事。進而出現「內外大權，一歸忠賢」的局面。七年，寧錦大捷後，兵部議敘寧、錦之功並獲旨準者，共六千四百六十一人，魏忠賢以「籌邊勝算、功在帷幄」獲頭功，劉應坤、紀用等以「拮據戰守、績著疆場」而位列其次，內臣孫成等十人位列又其次，閹黨崔呈秀等若干人位列復其次。甚至魏忠賢的從孫鵬翼被封爲安平伯、良棟被封爲太子太保，時「鵬翼、良棟皆在襁褓中，未能行步也」（註一一九）。而寧錦大捷之總指揮、遼東巡撫袁崇煥僅位列第一百零七位，且僅「加銜一級，賞銀三十兩，大紅紵絲一表裡」（註一二〇）。戰後，遼撫袁崇煥去職，錦州以尤世祿代趙率教，寧遠以杜文煥代祖大壽。寧錦大捷報聞京師，閹黨權勢達到頂峰。與閹黨對立的東林黨，則遭到完全失敗。天啓朝之腐敗政治，至此達於極點。

寧錦之戰——遼撫因捷遭怨。遼東巡撫袁崇煥是寧錦大捷的指揮者。其指揮獲勝之因：一是藉助講款、爭取時間，重建寧錦防線；二是主持築守錦州城；三是統籌關、寧、錦之戰守佈置大局；四是後金兵圍錦州而派師出援，致其分兵寧遠，錦州守兵得以出城戰殺；五是堅守寧遠並出兵背城野城，予敵以重創，如寧不保則錦孤城難守；六是總兵趙率教用袁崇煥兵略，帶領將士守住錦州；七是迫使皇太極先慮寧授錦而轉攻寧，後顧錦出擊斷其後路而回攻錦，輾轉被動，無奈退兵。但是，袁崇煥仍遭到閹黨嗾使李應薦的攻訐。

御史李應薦訐奏：「袁崇煥假吊修款，設策太奇。頃因狡虜東西交訌，不急援錦州」。得旨：「袁崇煥暮氣難鼓，物議滋至，已準其引疾求去」（註一二一）。訐奏中所謂「修款」，拙文《袁崇煥「謀款」辨》（註一二二）已論之，《今史》亦論：

> 李喇嘛、方金納之遣，權璫主之，內鎮守奉行之，崇煥因而委蛇其間，以修寧、錦之備，其用意原與他人不同（註一二三）。

且「聖旨」未提此事，故不再論述。訐奏中所謂「不急援錦州」云云，此爲不實之詞。因爲：其一，錦州圍危，崇煥馳疏：「且寧遠四城，爲山海藩籬，若寧遠不固，則山海必震，此天下安危所繫，故不敢撤四城之守卒而遠救，只發奇兵逼之。」得旨：「寧遠四城，關門保障，該撫不輕調援，自是慎重之見」（註一二四）。袁崇煥不從寧遠抽調援兵既獲旨允，便謀求他策。其二，派出四枝奇兵——舟師抄後、蒙古西援、死士襲營和勇卒夜警，以援助錦州。其三，請親率「三萬五千人以殉敵，則敵無不克」（註一二五）。但此議受到總督和兵部的疏止，得旨：「援錦之役，責成三帥，寧撫只宜在鎮居中調度，戰守兼籌，不必身在行間」（註一二六）。其四，袁崇煥調發滿桂、尤世祿、祖大壽率軍北援錦州。可見「袁崇煥不援錦州爲暮氣」是魏忠賢對他的忌恨。

魏忠賢在寧遠之捷後，派太監劉應坤、紀用等出鎮遼東，監督袁崇煥，並控制兵權。但袁崇煥盡量善處同其關係，或併馬出巡，或共同謀戰，甚至違心地爲魏忠賢建生祠。「生祠之建，劉應乾（坤）、紀用主之，諸將士贊成之，崇煥亦因而逶迤其間，以剎中制怒」（註一二七）。袁崇煥先是疏拒內監出鎮遼東，已觸怒魏忠賢；至是儘管同其「虛與逶迤以便於遼東抗後金」（註一二八）；結果因其座師與奧援俱爲東林黨魁，且其性格關係，而不爲魏忠賢所喜，還是受到閹黨之打擊。袁崇煥被迫「引疾乞休」，且僅加銜一級。署兵部尚書（註一二九）霍維華不平，疏乞「以畀微臣之世廕，量加一級，以還崇煥」；遭到「移廕市德，好生不諳事體」（註一三〇）的旨斥。袁崇煥因捷遭責，深恨閹黨。後袁崇煥斬毛文龍，指毛當斬之一罪是：「輦金京師，拜魏忠賢爲父，塑冕旒像於島中」（註一三一），指斥毛文龍勾結閹黨。袁崇煥獲寧錦大捷後，不僅受到閹黨的怨恨，而且遭到後金的仇恨。後金汗努爾哈赤父子先後兩次敗在袁崇煥手下，寧錦防線不能破，山海關門不得進，便設計陷害他。後崇禎帝中皇太極反間計，將袁崇煥逮下詔獄，後磔示（註一三二）。崇禎帝爲後金而自毀長城。

寧錦之戰——後金禍兮福伏。後金汗皇太極兵敗寧、錦，因其犯下兵家之「五忌」：一爲天時不合。先是後金軍攻瀋陽、遼陽在三月，佔廣寧在正月。至是於五月出兵，六月還軍，時值溽暑，天氣燥熱，官兵長期暴露荒野，犯兵家所忌。二為地利不占。後金軍長途遠襲，兵入彼境，無險可恃，以勞擊逸，兵糧馬料，野無所獲。三為火器不精。寧遠戰後，明軍運儲大量多種火器，而後金軍的武器無所改進，其冷兵器在紅夷大炮等所形成射程寬遠火力網下相形見絀。四為準備不夠。明軍重繕錦州、寧遠等城池，且兵、馬、糧、炮俱已有備。後金軍遠征異邦朝鮮於四月二十日始回至瀋陽，至五月初六日便發兵攻明錦州，僅隔十四天，兵馬未歇，糧械未備，打一場毫無準備之大仗。五為指揮不當。皇太極先率師攻圍錦州，不克；又未揚長避短，圍城打援；卻南攻寧遠，勞師遠襲；再回救錦州，以動制靜。這就反主為客，兵多勢分，失去主動，終至失敗。以上五點，已具其一，即為兵家所忌，何況五端並舉！其實，明兵部尚書王之臣在剛接到後金軍來攻的塘報時即作出預斷：

> 溽暑行兵，已犯兵家之忌。我惟明烽遠哨，堅壁清野，以逸待勞，以飽待饑，如向年寧遠嬰城固守故事。且河西糧石，俱已搬運錦州。千里而來，野無所掠，不數日必狼狽而回（註一三三）。

果然，皇太極不出王之臣之所料，率軍敗歸。皇太極寧、錦兵敗表明，後軍的武器裝備及其戰術思想，遠較明軍為落後。但是，皇太極能吸取教訓，化禍為福。其新舉措，茲舉四端：

第一，轉攻西翼蒙古。皇太極攻錦州受挫後，轉注於漠南蒙古未服諸部。他回至瀋陽後，於七月同蒙古敖漢部、奈曼部首領瑣諾木杜稜、袞出斯巴圖魯等會盟（註一三四）。次年二月，皇太極率軍至敖木輪地方，擊敗察哈爾所屬多羅特部。同年九月，率軍征察哈爾「至興安嶺，獲人畜無算」（註一三五）。六年四月，再率軍征察哈爾，後師至黃河，林丹汗走死於青海大草灘。九年，後金軍三征察哈爾，得「傳國玉璽」，察哈爾部亡，統一漠南蒙古。次年，改元崇德，建國號清，黃衣稱帝。

第二，繞道蒙古入關。皇太極兩次嚐到敗於寧錦防線的苦果後曰：「彼山海關、錦州，防守甚堅，徒勞我師，攻之何益？惟當深入內地，取其無備城邑可也」（註一三六）。由是，他在自身武器裝備改善之前，不再正面強攻錦、寧，而是繞過寧錦防線，取道蒙古，破塞入內。崇禎二年即天聰三年（一六二九年），後金汗率軍繞道蒙古，從大安口、龍井關入塞，攻打北京。崇禎七年即天聰八年（一六三四年），後金軍入塞，蹂躪宣府、大同。崇禎九年即崇德元年（一六三六年），後金耀兵於京畿。崇禎十一年即崇德三年（一六三八年）；後金軍兵至山東，攻占濟南，翌年還師。崇禎十四年即崇德七年（一六四二年），後金軍再入山東，大肆虜掠而歸。以上俱間道蒙古，破牆入犯，肆虐關內。

第三，製造紅衣大炮。皇太極兩敗於袁崇煥，原因之一是受西洋大炮所制。先是，後金軍已繳獲不少明軍火器，因騎兵攜帶不便，而未發揮其作用。寧錦敗後，皇太極下令仿造西洋大炮。崇禎三年即天聰四年（一六三〇年），皇太極命漢官仿造紅衣大炮。翌年正月，後金依造的第一批紅衣大炮，共十四門，在瀋陽造成，定名號爲「天佑助威大將軍」（註一三七）。滿洲終於有了自製的紅衣大炮。同年八月，皇太極派軍用紅衣大炮攻圍大凌河城。此役，八旗軍用紅衣大炮打援、圍城、破堡，大炮所向，盡顯神威，攻克大凌河城，降明將祖大壽，且繳獲明軍含紅衣炮在內的大小火炮三千五百位（註一三八）。後金製成紅衣大炮，用之裝備八旗，引起軍制變革。

第四，後金變革軍制。皇太極命於第一批紅衣大炮仿造成功後，滿洲八旗設置新營。其名爲

ujen cooha，音譯爲「烏眞超哈」，意譯爲「重軍」，即使用火炮等火器之炮兵。這些紅衣炮的督造官終養性被命爲昂邦章京，是爲後金之第一位炮兵將領。烏眞超哈的建立，標志著八旗軍制的重要變革：

> 烏眞超哈的建立，是滿洲八旗軍制的重要變革。在這之前，八旗以騎兵爲主，兼有步兵；而建立烏眞超哈，標志著後金軍隊已經是一支包括騎兵、炮兵和步兵多兵種的軍隊。就作戰而言，既擅野戰，又可攻堅，炮兵的火力與騎兵的衝擊力、機動性得到良好結合；就訓練而言，亦由單一的騎兵訓練，而爲騎兵與炮兵、步兵合成訓練。因而，烏眞超哈的建立，標志著滿洲八旗擺脫了舊軍制的原始性，是一項重大進步（註一三九）。

是爲由製造和使用紅衣大炮及諸火器而建立的烏眞超哈、進而引起八旗軍制變革的灼見之言。

以上四點討論，從中可以看出：寧錦之戰對於明朝與後金，產生了正負兩面、雙向深遠的影響。寧遠與寧錦兩役，明恃寧錦防禦體系，使後金兩汗受挫。明乘寧遠與寧錦兩捷之威，依寧錦防禦體系之固，迫使皇太極在位十七年而不得近關門一步。直至皇太極死後，明朝國祚滅亡，吳三桂引清兵入關，清得以遷鼎燕京，入主中原。明清之際的歷史表明，袁崇煥奪取寧遠與寧錦兩捷，建立寧錦防禦體系，豐富了兵壇智慧寶庫，建樹了偉烈歷史功勳。

【附註】

註　一　《明史・袁崇煥傳》卷二五九。

註　二　《明熹宗實錄》卷四〇、天啓三年閏十月丁亥朔載：寧遠「南從望海臺，北接首山，其與崆瓏山相夾處，當大道之衝，可立關城。」

註　三　《明熹宗實錄》卷七四，天啓六年七月丁亥。

註　四　錦州城，又稱廣寧中屯衛城。

註　五　大凌河城，又稱大凌河中左千戶所城，其位置於今錦縣大凌河鎮。

註　六　《明熹宗實錄》卷七六，天啓六年九月戊戌。

註　七　《清太宗實錄》卷三、天聰元年五月乙亥載：後金軍前隊兵執明哨卒訊之，知「右屯衛以兵百人防守；小凌河、大凌河修城未竣，亦以兵駐防；錦州城繕修已畢，馬步卒凡三萬人。」

註　八　《清太宗實錄》卷四，天聰二年五月辛未。

註　九　《清太宗實錄》卷四，天聰二年五月癸未。

註一〇　劉謙著《明遼東鎮長城及防禦考》（文物出版社）頁四八：明在遼東設鎮城兩座（遼陽、廣寧），路城三座（前屯、義州、開原），衛城九座（寧遠、錦州、海州、瀋陽、鐵嶺等），所城十座（中前、中後、塔山、沙河、松山、大凌河、蒲河、懿路、汎河、撫順），堡城一百二十一座（靉陽等）。此數與實際數字不完全相符，且有更置變化。

註一一　《明熹宗實錄》卷八一，天啓七年二月癸卯。

註一二　《明熹宗實錄》卷八二，天啓七年三月癸酉。

註一三　《明史・魏忠賢傳》卷三〇五，頁七八二一，中華書局標點本。

註一四　《明熹宗實錄》卷六九，天啓六年三月己酉。

註一五　《明熹宗實錄》卷六九，天啓六年三月癸亥。

註一六　《明熹宗實錄》卷七七，天啓六年十月庚子朔。

註一七　《明史・滿桂傳》卷二七一。

註一八　前屯衛城，今遼寧省綏中縣前衛鄉。

註一九　《明熹宗實錄》卷七〇，天啓六年四月己亥。

註二〇　《清史稿・祖大壽傳》卷二三四。

註二一　《明熹宗實錄》卷七九，天啓六年十二月庚申。

註二二　《明熹宗實錄》卷七一，天啓六年五月辛亥。

註二三　沈國元：《兩朝從信錄》卷三一，天啓六年七月。

註二四　《明熹宗實錄》卷八〇，天啓七年正月戊寅。

註二五　《明熹宗實錄》卷七九，天啓六年十二月庚申。

註二六　遼西中左所城有三：塔山中左千戶所城、松山中左千戶所城和大凌河中左千戶所城。此處中左似應指松山中左千戶所城。因爲：其一，袁崇煥於天啓六年十二月庚申疏言：「今山海四城鼎新，重關累塞。又修松山等處扼要城池，……所用班軍四萬，缺一不可。」其二，十八日後即七年正月戊寅，兵部題覆：「山海四城，業已鼎新，誠所謂重關累塞矣。由此而中左、而錦州、而大凌河，皆係扼要之區」云云。由上，似知此中左既非塔山，亦非大凌河，而是松山中左千戶所城。它位於今錦縣松山鄉所在地，因其地有松山而得名。

註二七　《明熹宗實錄》卷八〇，天啓七年正月戊寅。

註二八　八城爲山海關、前屯、中後、中右和寧遠、中左（松山）、錦州、大凌河。

註二九　王在晉：《三朝遼事實錄》卷十七，天啓七年四月。

註三〇　《明熹宗實錄》卷七九，天啓六年十二月丁未。

註三一　袁崇煥：《天啓二年擢僉事監軍奏方略疏》，《袁督師事蹟》道光伍氏刻本。

註三二　《明熹宗實錄》卷七八，天啓六年十一月甲申。

註三三　《明熹宗實錄》卷七九，天啓六年十二月丁未。

註三四　熊廷弼：《敬陳戰守大略疏》，《熊經略集》卷一，《明經世文編》卷四八〇。

註三五　袁崇煥：《天啓二年擢僉事監軍奏方略疏》，《袁督師事蹟》道光伍氏刻本。

註三六　《明熹宗實錄》卷七一，天啓六年五月庚申。

註三七　《明熹宗實錄》卷七一，天啓六年五月庚申。

註三八　《崇禎長編》卷十二，崇禎元年八月丙辰。

註三九　《明熹宗實錄》卷七一，天啓六年五月丙寅；卷七二，天啓六年六月甲戌。
註四〇　《明熹宗實錄》卷七一，天啓六年五月庚申。
註四一　《明熹宗實錄》卷八一，天啓七年二月壬子。
註四二　《明熹宗實錄》卷六九，天啓六年三月己未。
註四三　《明熹宗實錄》卷七八，天啓六年十一月乙未。
註四四　《明熹宗實錄》卷六八，天啓六年二月癸卯。
註四五　《明熹宗實錄》卷八四，天啓七年五月辛卯。
註四六　祁韻士：《皇朝藩部要略》卷一《內蒙古要略一》，天命十一年四月。
註四七　《清太宗實錄》卷一，天命十一年十月己酉、癸丑。
註四八　《舊滿洲檔》天聰元年三月初三日，臺灣故宮博物院影印本。
註四九　《明熹宗實錄》卷七二，天啓六年六月戊子。
註五〇　《明熹宗實錄》卷七〇，天啓六年四月己亥。
註五一　《明熹宗實錄》卷八四，天啓七年五月甲申。
註五二　沈國元：《兩朝從信錄》卷三四，天啓七年五月。
註五三　《明清史料》丙編，第一本，頁一。
註五四　王在晉：《三朝遼事實錄》卷十七，天啓七年四月。

註五五　《舊滿洲檔》天聰元年四月初八日，臺灣故宮博物院影印本。
註五六　《舊滿洲檔》天聰元年五月初六日，臺灣故宮博物院影印本。
註五七　《舊滿洲檔》天聰元年六月二十三日，臺灣故宮博物院影印本。
註五八　《全遼志》卷一載：「錦州城，本遼錦州，元永樂縣舊址，洪武二十四年，指揮曹奉修築，周圍五里一百二十步，高二丈五尺。成化十二年，都指揮王鍇增廣南北四十五丈，東西九十五丈。弘治十七年，參將胡忠、備禦管昇併城南關，周圍六里一十三步，形式若盤，俗稱之盤城。池深一丈二尺，闊三丈五尺，周圍七里五百七十三步。門四：東寧遠，南永安，西廣順，北鎮北。鐘、鼓二樓，併建於衛治之通衢。」
註五九　《明熹宗實錄》卷八四，天啓七年五月戊辰。
註六〇　《舊滿洲檔》天聰元年五月十二日，臺灣故宮博物院影印本。
註六一　《清太宗實錄》卷三，天聰元年五月丁丑。
註六二　王在晉：《三朝遼事實錄》卷十七，天啓七年五月。
註六三　《舊滿洲檔》天聰元年五月十二日，臺灣故宮博物院影印本。
註六四　《清太宗實錄》卷三，天聰元年五月丁丑。
註六五　《清太宗實錄》卷三，天聰元年五月庚辰。
註六六　《清太宗實錄》卷三，天聰元年五月辛巳。
註六七　《舊滿洲檔》作「派其使節帶回之信」云云，《清太宗實錄》則作「乃諭其使曰」云云，兩書牴牾，茲從前書。

註六八　《清太宗實錄》卷三，天聰元年五月辛巳。

註六九　《清太宗實錄》卷三，天聰元年五月癸未。

註七〇　《明熹宗實錄》卷八四，天啓七年五月辛卯。

註七一　《明熹宗實錄》卷八四，天啓七年五月辛卯「得旨」。

註七二　《明熹宗實錄》卷八四，天啓七年五月甲申。

註七三　其時兵力調動，瞬間變動甚大，不及細述。

註七四　《明熹宗實錄》卷八四，天啓七年五月辛卯。

註七五　《明熹宗實錄》卷八四，天啓七年五月癸巳。

註七六　《明熹宗實錄》卷八四，天啓七年五月甲申。

註七七　《明熹宗實錄》卷八四，天啓七年五月癸巳：「賊在連山等處，去寧遠不過三、五十里。」

註七八　《清太宗實錄》卷三，天聰元年五月辛巳。

註七九　《清太宗實錄》卷三，天聰元年五月辛巳。

註八〇　《明熹宗實錄》卷八四，天啓七年五月甲申。

註八一　《明熹宗實錄》卷八四，天啓七年五月丁亥；《清太宗實錄》卷三，天聰元年五月丁亥；《崇禎長編》卷四，天啓七年十二月乙卯。

註八二　《舊滿洲檔》天聰元年五月二十五日，臺灣故宮博物院影印本。
註八三　談遷：《國榷》卷八八，天啓七年五月丙戌。
註八四　《清太宗實錄》卷三，天聰元年五月壬辰載：後金軍「三千人」；《三朝遼事實錄》卷十七載：二十八日一役，「打死夷賊約有數千」。故後金攻寧遠之兵數待考。
註八五　《明熹宗實錄》卷八四，天啓七年五月庚辰。
註八六　《明熹宗實錄》卷八四，天啓七年五月辛卯。
註八七　《清太宗實錄》卷三，天聰元年五月癸巳。
註八八　王在晉：《三朝遼事實錄》卷十七，天啓七年五月。
註八九　《舊滿洲檔》天聰元年五月二十八日，臺灣故宮博物院影印本。
註九〇　王在晉：《三朝遼事實錄》卷十七，天啓七年五月。
註九一　《清太宗實錄》卷三，天聰元年五月癸巳。
註九二　谷應泰：《明史紀事本末》《補遺．寧錦戰守》卷五。
註九三　《舊滿洲檔》天聰元年五月二十八日，臺灣故宮博物院影印本。
註九四　十年以來，明軍在薩爾滸之戰中的杜松、劉綎，瀋遼之戰中的賀世賢、童仲揆，廣寧之戰中的羅一貴等，皆爲先例。似應作「廣寧失陷以來」云云。
註九五　王在晉：《三朝遼事實錄》卷十七，天啓七年六月。

註　九六　《舊滿洲檔》天聰元年五月二十八日，臺灣故宮博物院影印本。

註　九七　《清太宗實錄》卷三，天聰元年五月乙未。

註　九八　《清太宗實錄》卷四，天聰元年六月己亥。

註　九九　《舊滿洲檔》天聰元年六月初四日，臺灣故宮博物院影印本。

註一〇〇　王在晉：《三朝遼事實錄》卷十七，天啓七年六月。

註一〇一　袁崇煥：《天啓七年六月初六日錦州報捷疏》，《袁督師事蹟》道光伍氏刻本。

註一〇二　十三城中，鎮城有遼陽和廣寧，路城有開原、義州和靉陽（路城同堡城合在一處），衛城有瀋陽、鐵嶺和海州，所城有撫順、蒲河、懿路和汎河，還有堡城清河等。

註一〇三　《明熹宗實錄》卷八一，天啓七年二月癸卯。

註一〇四　《明熹宗實錄》卷八四，天啓七年五月庚寅。

註一〇五　《明熹宗實錄》卷七〇，天啓六年四月丁亥。

註一〇六　《明熹宗實錄》卷八一，天啓七年二月辛酉。

註一〇七　《明熹宗實錄》卷七九，天啓六年十二月庚申。

註一〇八　閻崇年：《袁崇煥固守寧遠之揚摧》，羅炳綿、劉健明主編《明末清初華南地區歷史人物功業研討會論文集》，香港中文大學歷史系，一九九三年。

註一〇九　《明熹宗實錄》卷八四，天啓七年五月丙戌。

註一一〇　《明熹宗實錄》卷八四，天啓七年五月甲申。
註一一一　《明熹宗實錄》卷八四，天啓七年五月乙未。
註一一二　王在晉：《三朝遼事實錄》卷十七，天啓七年七月。
註一一三　《明熹宗實錄》卷八六，天啓七年七月壬申。
註一一四　《明熹宗實錄》卷八六，天啓七年七月癸未。
註一一五　王在晉：《三朝遼事實錄》卷十七，天啓七年七月。
註一一六　閻崇年：《論袁崇煥》，莫乃群主編《袁崇煥研究論文集》，廣西民族出版社，一九八四年。
註一一七　魏源：《聖武記．開國龍興記三》，卷一，頁三二，中華書局。
註一一八　《明史．魏忠賢傳》卷三〇五，頁七八二二，中華書局標點本。
註一一九　《明史．魏忠賢傳》卷三〇五，頁七八二四，中華書局標點本。
註一二〇　《明熹宗實錄》卷八七，天啓七年八月乙未。
註一二一　《明熹宗實錄》卷八六，天啓七年七月丙寅。
註一二二　閻崇年：《袁崇煥「謀款」辨》，《光明日報．史學》一九八四年六月六日。
註一二三　佚名：《今史》卷三，崇禎元年四月十三日，玄覽堂叢書本。
註一二四　《明熹宗實錄》卷八四，天啓七年五月甲申。
註一二五　《明熹宗實錄》卷八四，天啓七年五月辛卯。

註一二六　《明熹宗實錄》卷八四，天啓七年五月癸巳。

註一二七　佚名：《今史》卷三，崇禎元年四月十三日，玄覽堂叢書本。

註一二八　羅炳綿：《天啓朝袁崇煥人際關係的變化》，羅炳綿、劉健明主編《明末清初華南地區歷史人物功業研討會論文集》，香港中文大學歷史系，一九九三年。

註一二九　霍維華上此疏時，爲「兵部署部事、都察院右副都御史」。但八月初二，加陞爲兵部尙書，旨批時爲八月初九日。其上疏當在八月初二日之前，故爲署兵部尙書。

註一三〇　《明熹宗實錄》卷八七，天啓七年八月壬寅。

註一三一　《明史·袁崇煥傳》卷二五九。

註一三二　閻崇年：《論明代保衛北京的民族英雄袁崇煥》，《北京史論文集》（第一輯），一九八〇年。

註一三三　《明熹宗實錄》卷八四，天啓七年五月己卯。

註一三四　《清太宗實錄》卷三，天聰元年七月己巳。

註一三五　《清太宗實錄》卷四，天聰二年九月丁丑。

註一三六　《清太宗實錄》卷六，天聰四年二月甲寅。

註一三七　《清太宗實錄》卷八，天聰五年正月壬午。

註一三八　《兵部呈爲王道直題報大凌河之役明軍損失情形本》（崇禎四年閏十一月十九日），《歷史檔案》一九八一年第一期；另見《清太宗實錄》卷十，天聰五年十一月癸酉。

註一三九　解立紅：《紅衣大炮與滿洲興衰》，《滿學研究》（第二輯），北京燕山出版社。

袁督師保衛北京之戰

明代保衛北京的民族英雄，前有于謙，後有袁崇煥。他們在軍事舞臺上，都扮演著威武雄壯的角色；在政治舞臺上，又都同樣悲劇地結束了自己的生命。

袁崇煥（一五八四——一六三〇年），字元素，號自如，廣西藤縣（祖籍廣東東莞）人（註一）。他是明季一位優秀的軍事統帥、傑出的民族英雄。但因後金設間、閹黨誣陷、門戶猜忌、崇禎昏暴，而被含冤磔死。

本文主要就崇禎二年（一六二九年）北京保衛戰的歷史條件、袁崇煥在北京保衛戰中的歷史功績和袁崇煥含冤而死的歷史原因，依據史料，略作論述。

一

袁崇煥是在明朝末年，民族矛盾、社會矛盾和統治集團內部矛盾錯綜複雜的歷史背景下，千里入援京師，進行北京保衛戰的。

明朝後期的民族矛盾，突出地表現爲滿洲的興起。滿洲族的前身即女眞族，是我國境內一個歷史悠久的少數民族。明朝統治者對女眞的民族壓迫和民族分裂的政策，激起女眞人的不斷反抗。女眞族傑出首領努爾哈赤，萬曆十一年（一五八三年）起兵，陽作明廷官員，暗自發展實力。他在基本統一建州女眞、海西女眞、東海女眞和黑龍江女眞之後，於萬曆四十四年（一六一六年），在赫圖阿拉（今遼寧省新賓滿族自治縣永陵鎮老城村）稱汗。這表明努爾哈赤懷「射天之志」（註二），要奪取明統。隨後，在明朝與後金的關係上，努爾哈赤曾三次得志：其一，萬曆四十七年（一六一九年）在薩爾滸之戰中，大敗明軍四路之師；其二，天啓元年（一六二一年）奪占瀋、遼；其三，天啓二年（一六二二年）奪取廣寧。明朝遼軍望風潰敗，舉朝震動；遼東經略熊廷弼以兵敗棄市，「傳首九邊」（註三）。

在明朝民族危機嚴重關頭，袁崇煥嶄露頭角。萬曆四十七年（一六一九年），袁崇煥中進士（註四）。是年，明軍薩爾滸之戰的敗報，震驚了滿朝文武，也警醒了有志之士。袁崇煥雖被授爲福建邵武知縣，卻心繫遼疆，志圖匡復關外河山。形勢策使他偃文修武：「爲閩中縣令，分校闈中，日呼一老兵習遼事者，與之談兵，絕不閱卷」（註五）。兩年後，他至京師大計，乘時單騎出塞，「遇老校退卒，輒與論塞上事，曉其阨塞情形」（註六）。歸來後，袁崇煥針對明朝將領畏敵如虎的怯懦心理，發出「予我軍馬錢穀，我一人足守此」的豪言壯語。旋被擢爲兵部職方司主事（註七），後陞爲寧前兵備僉事。

袁崇煥在督師孫承宗等支持下，力主「守關外以捍關內」，營築寧遠城。天啓六年（一六二六年），在寧遠之戰中，他刺血爲書，激勵將士，堅壁清野，整械治炮，以萬餘人打敗努爾哈赤號稱十三萬大軍的進攻。這是自「遼左發難，各城望風奔潰，八年來賊始一挫」（註八）。爲此，後金汗嘆道：「朕用兵以來，未有抗顏行者。袁崇煥何人，乃能爾耶」（註九）！努爾哈赤「不懌而歸」（註一〇），同年死去。子皇太極繼立。皇太極於天啓七年（一六二七年），爲報父仇，並想藉軍事勝利來加強剛取得的汗位，便兵指寧、錦。錦州之戰，相持一月，「大戰三次，小戰二十五次，無日不戰」（註一一）。後金軍因傷亡過重，「敗回營去，大放悲聲」。皇太極悲憤地說：「昔皇考太祖攻寧遠，不克；今我攻錦州，又未克。似此野戰之兵，尚不能勝，其何以張我國威耶」（註一二）！皇太極對袁崇煥「深蓄大仇」（註一三），必欲圖之。

皇太極的軍事失敗，並未勾消其政治雄心。後金汗的終極政治目標是佔領京師，奪取明統。崇禎二年（一六二九年），他說：「若謂我國褊小，不宜稱帝，古之遼、金、元，俱自小國而成帝業，亦曾禁其稱帝耶！且爾朱太祖，昔曾爲僧，賴天佑之，俾成帝業，豈有一姓受命，永久不移之理乎」（註一四）！皇太極急欲入主中原，君臨四方之情躍然紙上。但是，皇太極佔京師、取明統的最大軍事障礙，是鐵城寧錦和鐵帥袁崇煥。崇煥不去，關外諸城未下，入關道路難通。皇太極爲實現其軍事政治目的，就要繞寧錦、薄京師，設反間計、害袁崇煥。袁崇煥對此似有警覺。他在平臺（註一五）受崇禎帝召見時，咨對說：「況圖敵之急，敵又從外而間之，是以爲邊臣者甚難」（註一六）。儘管袁崇煥的苦衷受到崇禎帝的慰勞優答，卻不幸地言中了自己悲慘的結局。

明朝後期的社會矛盾，集中地表現爲陝北農民大起義。明末東北地區的民族矛盾和西北地區的社會矛盾，像鐵鉗似地緊緊卡住明廷的政治喉嚨。但是，社會矛盾與民族矛盾錯綜複雜，相互影響。**民族矛盾加深了社會矛盾**。明朝在遼東投入大量的兵力、物力、財力和糧食，使得戶部財絀餉竭。如戶部尚書李汝華條奏：僅萬曆最後兩年半時間，遼餉之數，總計發銀二千零一十八萬八千三百六十六兩（註一七）。平均每年八百餘萬兩。到崇禎初年，戶科給事中黃承昊說，邊餉比萬曆時增加百分之一百七十五（註一八）。時「實計歲入僅二百萬」。結果餉庫一空，軍士枵腹；拖欠兵餉，引起嘩變。如崇禎元年（一六二八年），三月發生「薊州兵變」（註一九）；七月遼東寧遠軍因軍餉四月不發而嘩變，把巡撫、右僉都御史畢自肅、總兵朱梅等置譙樓上，「捶楚下交，自肅傷殊甚」（註二〇）。後袁崇煥自京師回，事變才得以平息。戶部爲解決入不敷出的財政困難，便增加賦稅，裁汰驛卒。這更激化了社會矛盾。《懷陵流寇始終錄》從一個側面，簡述了遼東兵事與西北民變的關係：

陝西兵於萬曆己未（一六一九年）四路出師敗績後西歸，河南巡撫張我績截之孟津，斬三十餘級，不敢歸，爲劫於山西、陝西邊境。其後，調援頻仍，逃潰相次。遼兵爲賊由此而始也。天啓辛酉（一六二一年），延安、慶陽、平凉旱，歲大饑，東事孔棘，有司惟顧軍興，征督如故，民不能供，道殣相望。或群取官粟者懼誅，乃聚爲盜。盜起，饑益甚，連年赤地，斗米千錢不能得，人相食，從亂如歸。饑民爲賊，由此而始（註二一）。

雖然明末農民戰爭的根本原因，是土地高度集中，政治黑暗腐敗；但上述材料表明，遼東民族矛盾加深社會矛盾，加速了陝北農民大起義的爆發。

社會矛盾又影響著民族矛盾。天啓七年（一六二七年），陝西「連年饑饉，民窮賦重」（註二二）。白水縣農民王二率衆衝進澄城衙門，殺死縣官張斗耀，揭開了明末農民戰爭的序幕。崇禎元年（一六二八年），陝西「一年無雨，草木枯焦」，農民「死者枕藉」（註二三），饑民群起。當八旗軍南犯京師時，農民軍一支「三千餘人入略陽」（註二四）。不久，王二率農民軍「掠蒲城、韓城」（註二五）；王嘉胤率兵「陷府谷」（註二六）；神一元等「三千餘人破新安縣」（註二七）；張獻忠等五、六千人「掠靖邊、安定、綏德、米脂間」（註二八）。高迎祥稱闖王，李自成爲闖將，衆至萬餘，「剽掠秦晉間」（註二九）。農民軍活躍在陝西一帶，迫使明廷調動「勤王」軍隊，去鎭壓農民起義。如陝西右僉都御史劉廣生奉命入援京師，行至陝州，「命急殲流孽，不必入衛」（註三〇）。又如陝西諸路總兵官吳自勉等率師入衛，途中「延綏、甘肅兵潰西去，與群寇合」（註三一）。當然，我們要肯定農民起義的進步歷史作用；但也要看到這使當時北京保衛戰的形勢受到更加嚴重的影響，並爲崇禎二年（一六二九年）北京保衛戰在客觀上造成更大的困難。因此，險惡的軍事態勢是後來演成袁崇煥悲劇的一個重要外在因素。

朝廷內部的黨爭也愈演愈烈。民族矛盾與社會矛盾的同時激化，反映在政治上的一個突出表現是統治集團內部的黨爭。天啓年間，統治集團內部的黨爭，主要表現在閹黨與東林黨之間，爭鬥不已，愈演愈烈。時「內外大權，一歸忠賢」（註三二）。魏忠賢竊奪皇權，控制閣部，廣佈特務，刀鋸忠良，敗壞遼事，惡貫滿盈。熹宗死，崇禎立。崇禎帝柄政後，首先逮治魏忠賢，忠賢自盡。忠賢死訊傳開，「長安一時歡聲雷動」（註三三）。遂即起用先朝舊臣，懲治閹黨分子。崇禎二年（一六二九年），崇禎帝命大學士韓爌等辦理逆案，把魏忠賢的死黨和依附魏忠賢的官僚二百六十二人，罪分六等，名曰「欽定逆案」，頒行天下（註三四）。

袁崇煥在政治舞臺上活動的九年，恰是明末黨爭最激烈複雜的年代。他的座主韓爌，是東林黨領袖之一，「先後作相，老成愼重，引正人，抑邪黨」（註三五），爲泰昌、天啓、崇禎三朝的內閣大學士。他又依靠「東林黨魁」、大學士錢龍錫和大學士、薊遼經略孫承宗。袁崇煥有這樣三位師長作奧援，其軍事才能方有施展的機會。

但是，袁崇煥的陞遷與引退、勝利與失敗，都和東林黨的命運息息相關。如「天啓初，東林獨勝」（註三六）。東林黨主持朝政，他被東林黨人御史侯恂請破格用之。天啓四年（一六二四年），東林黨和閹黨展開正面鬥爭，東林黨人失敗，袁崇煥雖建有寧遠與寧錦兩次大捷的奇勛，也被迫引病辭職（註三七）。崇禎帝即位後，似有振興之意，大量起用東林黨人。到崇禎元年（一六二八年）底，所有的大學士幾乎都是東林黨人。同年，袁崇煥被命爲兵部尚書兼右副都御史、薊遼督師。袁崇煥的重新起用，得到東林黨人的支持。在崇禎帝召袁崇煥於平臺時，在閣的東林四輔臣李標、錢龍錫、劉鴻訓、周道登等俱奏：「崇煥肝膽意氣，識見方略，種種可嘉，眞奇男子也」（註三八）。大學士劉鴻訓更請賜與崇煥尚方劍，以統一事權。但是，自定逆案之後，閹黨受到嚴重打擊，「奸黨銜之次骨」（註三九）。當時，「忠賢雖敗，其黨猶勝」（註四〇）。都給事中陳爾翼奏言：「東林餘孽，遍布長安」（註四一），那些麗逆案者「日夜圖報復」（註四二）。他們千方百計地「欲以疆場之事翻逆案」（註四三），施展陰謀詭計打擊東林黨人。袁崇煥是東林黨依靠的長城，打擊東林黨，便率先打擊袁崇煥，以網羅東林諸臣。《東林始末》載：「初定魏、崔逆案，輔臣錢龍錫主之。袁崇煥下獄，御史史堃力謀借崇煥以報龍錫，因龍錫以羅及諸臣」（註四四）。所以，「己巳之變」的勝敗，便將東林黨人和袁崇煥的命運聯繫在一起了。

綜上所述，袁崇煥是在明末民族矛盾、社會矛盾和統治集團內部矛盾空前激化的情況下，親率鐵騎，馳援京師，進行一場浴血北京保衛戰的。

二

崇禎二年（一六二九年），爲抗禦八旗軍南犯的北京保衛戰，是明朝同後金在北京進行的最激烈的一場戰爭。在這次北京保衛戰中，傑出的民族英雄袁崇煥，在京師軍民的支持下，「連戰俱捷」（註四五），建樹了不朽的功勛，樹立了卓越的榜樣。

皇太極襲受汗位後，繼續向明朝發動戰爭。從後金奪佔遼瀋之後，八旗軍事貴族所發動的對明戰爭，已從反抗明朝民族壓迫、爭取女眞各部統一的進步戰爭，轉化爲掠奪牲畜和人口、破壞社會生產的殘暴戰爭。爲了入主中原，皇太極整頓內部，強化汗權，調整政策，穩固後方，東敗朝鮮，西撫蒙古，積極準備對明戰爭。崇禎二年（一六二九年），關外大旱，遼東「饑饉」（註四六）。依附後金的漠南蒙古諸部，「糧食無資，人俱相食」（註四七）。而女眞地區的經濟尤爲困難。如有的女眞人「因無衣食，投奔南朝」（註四八）。後金爲著擺脫經濟困難，奪取明統，就聯合科爾沁等部蒙古，破牆入塞，南犯京師。

崇禎二年（一六二九年）十月初二日，皇太極「親統大軍伐明」（註四九），以蒙古喀喇沁部台吉布爾噶都熟識路徑，作爲向導，率兵西進。二十日，八旗軍連會蒙古諸部兵後，至喀喇沁的青城。大貝勒代善、三貝勒莽古爾泰入皇太極行幄「密議班師」。其理由謂：「我兵深入敵境，勞師襲遠，若不獲入明邊，則糧匱馬疲，何以爲歸計？縱得入邊，而明人會各路兵環攻，則衆寡不敵；且我等既入邊口，倘明兵自後堵截，恐無歸路」（註五〇）。皇太極既已定攻明之策；岳託、濟爾哈朗、阿巴泰等力勸進取；尋章京范文程又獻縱反間、去崇煥（註五一）密策。衆議至深夜，「乃決計入寇」（註五二）。二十四日，皇太極決定兵分東西兩路：東路由貝勒阿巴泰、阿濟格率滿洲左翼四旗兵及左翼蒙古諸貝勒兵，從龍井關攻入；西路由貝勒濟爾哈朗、岳託率滿洲右翼四旗兵及右翼蒙古諸貝勒兵，從大安口攻入——兩路「至遵化城合軍」（註五三）。先是，皇太極派兵直薄錦州，聲東擊西；明軍未弄清八旗兵的軍事意圖，勞師空撲。但袁崇煥在上疏中已早有所料：「臣在寧遠，敵必不得越關而西；薊門單弱，宜宿重兵」（註五四）。惟其一疏再疏，蒙塵御案。

二十六日，八旗軍東西兩路分別進攻龍井關和大安口（註五五）。時薊鎮「塞垣頹落，軍伍廢弛」（註五六），東騎突兀，兩關雙破。明大安口參將周鎮、漢兒莊副將易愛、洪山口參將王純臣（註五七）等陣亡，潘家口守備金有光剃髮降。自大安口以東，喜峰口（註五八）迤西，時僅三日，諸多隘口，悉被八旗軍攻破。翌日，皇太極督軍入邊，駐師洪山口城內。後金汗皇太極在洪山口城駐師三日，爾後兵鋒直指京東軍事重鎮遵化。

十一月初一日，「京師戒嚴」（註五九）。皇太極率八旗軍進抵遵化。同日，袁崇煥在從寧遠往山海關途中，得報八旗軍已破大安口，進圍遵化。他先令山海關總兵官趙率教，統所部騎兵急援遵化；又親簡遼兵，準備入援。

初四日，趙率教率援兵至遵化，同貝勒阿濟格等所部滿洲左翼四旗及蒙古兵相遇，「中流矢陣亡」（註六〇），一軍盡歿。其時，八旗軍從四面八隅，進攻遵化城。初五日，遵化人「內應縱火」（註六一），巡撫王元雅「自縊死」（註六二），城陷（註六三）。遵化報至，人心大震（註六四）。同日，督師袁崇煥親率騎兵入援。

初十日，袁崇煥率鐵騎馳入薊州。先二日，崇禎帝起用孫承宗爲中極殿大學士、兵部尚書，視師通州。尋崇禎帝召見孫承宗，孫承宗陳奏保衛京師軍事調度言：「臣聞督師、尙書袁崇煥率所部駐薊州，昌平總兵尤世威駐密雲，大同總兵滿桂駐順義，宣鎮總兵侯世祿駐三河。三邊將守三勁地，勢若排牆地密而層層接應」（註六五）。這時袁崇煥得到崇禎帝「調度各鎮援兵，相機進止」（註六六）的諭旨，並作了軍事防禦部署：前總兵朱梅守山海關，參將楊春守永平，遊擊滿庫守遷安，都司劉振華守建昌，參將鄒宗武守豐潤，遊擊蔡裕守玉田，昌平總兵尤世威守諸陵，宣府總兵侯世祿守三河，保定總兵劉策守密雲，遼東總兵祖大壽駐薊州遏敵。袁崇煥居中調度策應。袁督師意欲「背捍神京，面拒敵衆」（註六七），堵塞八旗軍西向京師之路。孫、袁均熟悉用兵方略，所作軍事籌畫亦約略相同。上述兵事措置如能有效實施，則不會有己巳京師之圍，也不會有袁崇煥蒙冤之獄。

但是，事有不測之變：

其一，崇禎帝廟算不定。孫承宗駐守通州後，疏言：

> 虜薄都城，止有二路，如臣前議。袁崇煥之兵移駐於通近郊，當其東南；滿、侯、尤三師，當其西北。則戰於通之外，正所以遏奴逼京之路。今駐兵永定門外，則是崇煥之來路，而非奴之來路；駐通則可雇京城，而駐永定則不可雇通，通危而京城亦危。臣在關常聞賊曰：「（你）從幾路來，我只一路去。」今久聚而不散掠，懼其分也。深入而不反雇，我無以創之也。我分一兵以守通，又分一兵以守城，則通與京城皆以寡當衆，而我無所不寡。臣以爲奴既薄通，京城與通之兵，只責之完守，而不責之出戰。當責總督劉策守密雲，令尤世威率五千兵與滿桂、侯世祿聯絡於順義之南，袁崇煥列陣於通州左右，不宜逼駐京城。四鎮聲勢相接，賊分攻則分應，合攻則合應，或夾攻，或追躡，或出奇斫營，或設伏邀擊，有機便可一創，否則勿迫其戰。今天下之安危在四鎮，四鎮不一力戰，則賊終無已時；一浪戰而失，則畿輔將驚潰，而天下危（

註六八）。

疏入，留中。崇禎帝作出「調通、薊近將，尾擊聲援」的諭旨，使危急態勢愈加危急。

其二，皇太極兵逼燕京。十一日，後金汗皇太極率八旗軍從遵化起行，「向燕京進發」（註六九）。八旗軍兵鋒銳盛，兵力集中。總兵滿桂、尤世祿兵挫西退，督師袁崇煥也引兵難拒。三天之間，後金軍「攻蘇（薊）州，取玉田、三河、香河、順義諸縣」（註七〇），進逼通州。袁崇煥先同八旗軍相持於京東馬伸橋，「斬獲酋長，軍威大震」（註七一）。後袁軍急馳西行，先八旗軍三日到通州。皇太極「不意袁軍驟至，相視駭眙」（註七二），於是宵夜馳驅，西犯京師。

其三，袁崇煥趨衛京師。十六日，袁崇煥召集諸將會議進取。一些將領力主「徑取京師，以先根本」；副總兵周文郁等則主張「大兵宜向敵，不宜先入都。」因爲「外鎮之兵，未奉明旨，而徑至城下，可乎？」袁崇煥斷然地說：「君父有急，何遑他恤，苟得濟事，雖死無憾」（註七三）。於是，袁崇煥決定直奔京師。次日晚，兵抵廣渠門外。

上述三種因素相互交錯，出現一個結果：明軍與後金軍的激戰，不是在薊州至通州一線，而是在輦轂堅城之下。

二十日，八旗軍兵臨北京城下，「烽火遍近郊」（註七四）。先是，崇禎帝命宣大總督、宣府巡撫和應天、鳳陽、陝西、鄖陽、浙江各省巡撫，俱「勤王入衛」（註七五），但多未至京師。翰林院庶吉士金聲薦授遊僧申甫爲副總兵。申甫收募「市丐」（註七六）爲兵，終至敗歿。

但是，遼軍到達京師後，袁崇煥積極備戰，嚴明軍紀：「不許一兵入民家，即野外樹木，亦不得傷損」（註七七）。爲嚴肅軍紀，有一兵士曾「擅取民家餅，當即梟示」。爲解決糧秣，他密令參將劉天祿等「去劫奴營」（註七八），但被八旗軍哨兵察覺，未能遂計。到十九日晚，袁軍夜間露宿，晝缺糧草，「士馬已凍餒兩日」。

時北京城重兵，一在德勝門，由侯世祿、滿桂屯駐；一在廣渠門，由袁崇煥、祖大壽屯駐。八旗兵逼京師後，皇太極駐幄城北土城關之東，兩翼兵營於德勝門至安定門一帶。己巳之役即北京保衛戰，主要在德勝門、廣渠門、左安門和永定門進行。

德勝門之戰。二十日，大同總兵滿桂、宣府總兵侯世祿以援兵衛守德勝門。崇禎帝曾召賜滿桂「玉帶、貂裘，封東平侯」。皇太極親率大貝勒代善和貝勒濟爾哈朗、岳託等統領滿洲右翼四旗及蒙古兵進攻德勝門守軍。後金軍先發炮轟擊。發炮畢，蒙古兵及正紅旗護軍從正面馳突，正黃旗護軍從旁衝殺，「兩路衝入，邊殺邊進」（註七九），追至城下。城下明軍奮勇彎射，不久「世祿兵潰，（滿）桂獨前搏戰」（註八〇）。城上兵發炮配合，但誤傷滿桂兵殆盡。滿桂負傷，帶「敗兵百餘臥關帝廟中」（註八一）。後開德勝門甕城，「屯滿桂食（餘）兵」（註八二）。

廣渠門之戰。與德勝門激戰的同時，督師袁崇煥、總兵祖大壽率騎兵在廣渠門（沙窩門）迎擊後金軍的進犯。皇太極派大貝勒莽古爾泰，貝勒阿巴泰、阿濟格、多爾袞、多鐸、豪格等帶領滿洲左翼八旗兵和恩格德爾、莽果爾代等率領蒙古騎兵數萬人，向廣渠門明軍撲來。袁崇煥僅九千騎兵（註八三），令祖大壽在南，王承胤在西北，自率兵在西，結成「品」字形陣，士含枚，馬勒口，險處設伏，嚴陣待敵。

後金軍分六隊，湧向袁軍。後金軍的前鋒，先向南直撲祖大壽陣。祖大壽率兵奮死抵禦，後金軍前鋒受挫。後金軍接著又向北直撲王承胤陣。後金軍左、右兩次衝鋒，都沒有達到預期目的，再傾騎西闖袁崇煥陣。袁軍將士「奮力殊死戰」；八旗軍阿濟格貝勒所乘「馬創死」（註八四），身受箭傷，幾乎喪生（註八五）；阿巴泰貝勒中伏受挫；蒙古騎兵驅馬驟進，「爲所敗，卻走」（註八六）。八旗軍潰敗，明軍乘勝追擊。遊擊劉應國、羅景榮，千總竇濬等直追至通惠河邊，八旗兵倉惶擁渡，「精騎多冰陷，所傷千計」（註八七）。八旗軍潰不成伍，敗回營去。

這場廣渠門血戰，袁崇煥軍與八旗軍，自巳至酉，炮鳴矢發，激戰十小時，轉戰十餘里，明軍終於克敵獲勝。督師袁崇煥在廣渠門外，橫刀躍馬，衝在陣前，左右馳突，中箭很多，「兩肋如蝟，賴有重甲不透」（註八八）。他在與八旗兵搏鬥中，馬頸相交，奮不欲生。後金的騎兵曾「刀及崇煥，材官袁昇高格之，獲免」（註八九）。在督師袁崇煥的指揮下，經過京師軍民的大力支持和遼軍將士的浴血奮戰，取得了廣渠門大捷。當夜，袁崇煥親往受傷將士處所「一一撫慰，回時東已白矣」（註九〇）。

後金汗皇太極在廣渠門之敗的夜晚，召集諸貝勒會議，議處其七兄阿巴泰貝勒、額駙恩格德爾貝勒和莽果爾岱貝勒等。後金謂「十五年來未嘗有此勁敵也」（註九一）！二十四日，皇太極發表「養精蓄銳」自慰話語後，移軍南海子（註九二），秣馬射獵，伺機再攻。

左安門之戰。二十七日，袁崇煥與皇太極軍又激戰於左安門。袁崇煥率軍豎立柵木，佈陣守城；後金軍也列兵佈陣，逼之而營。後金軍曾先後三次敗在袁崇煥手下，皇太極雖督軍奮戰，卻不敢浪戰，《清太宗實錄》載：

上與諸貝勒，率輕騎往視進攻之處。云：「路隘且險，若傷我軍士，雖勝不足多也。此不過敗殘之餘耳，何足以勞我軍」，遂還營（註九三）。

皇太極不敢與袁崇煥戰，便牧馬於南海子。後袁崇煥用向導任守忠策，「以五百火炮手，潛往海子，距賊營里許，四面攻打，賊大亂」（註九四）。隨後皇太極移營出海子。

但是，「勇孟圖敵，敵必仇；振刷立功，衆必忌」（註九五）。袁崇煥獲廣渠門和左安門兩捷，既受到後金的仇畏，又遭到閹黨的妒忌。敵人的反間和閹黨的誣陷，崇禎帝在平臺召對袁崇煥：「縋城而入，乃下之詔獄」（註九六）！

當時皇太極並不知道其反間計得逞（註九七）。他一面先後三次致書崇禎帝議和，一面尋找時機攻奪京師永定門。

永定門之戰。明總兵滿桂、黑雲龍、麻登雲、孫祖壽領馬兵四萬，在永定門外「四方結柵木，四面列槍炮」（註九八），加強防禦，「列柵以待」（註九九）。十二月十七日，皇太極率領八旗軍「大噪齊進，毀柵而入」（註一〇〇）。明軍四總兵，滿桂、孫祖壽陣亡，黑雲龍、麻登雲被擒（註一〇一）。

後金軍也傷亡慘重，致使皇太極「心傷隕涕」（註一〇二）。

廣渠門、德勝門、左安門和永定門之戰，八旗軍丟屍棄馬，不能越池破城，尤在廣渠門和左安門外遭到慘重失敗；時「天下勤王兵，先後至者二十萬」（註一〇三）；皇太極勞師遠犯，久暴兵旅，地凍天寒，糧秣匱乏。所以，皇太極分別在德勝門外，和安定門外，發出兩封致明帝和議書，飽掠京畿後，退出京師。

皇太極南犯京師的戰爭，是一場女眞軍事貴族的殘暴掠奪戰爭。八旗軍所到之處，俘獲人口，掠奪牲畜，劫掠物資，縱火焚毀，其累累罪行，史不絕書：

「虜騎劫掠，焚燒民舍」（註一〇四）；

「縱掠良鄉縣，俘獲甚多」（註一〇五）；

「上命自克遵化以來，所獲馬騾，均賞兵丁，人各一匹」（註一〇六）；

「焚通州河內船，約千餘隻」（註一〇七）；

「以俘獲牛馬賞兵丁，每人馬一、牛一」（註一〇八）；

「胡將所獲男女萬餘」（註一〇九）。

一場反對八旗軍事貴族南犯的己巳北京保衛戰，以明軍的勝利和八旗軍的失敗而結束。袁督師在北京軍民的支持下，親率鐵騎，日夜兼馳，「應援京師，連戰大捷」（註一一〇），使北京轉危爲安。孫承宗「恢疆五載承天語，卻虜三師傍帝城」（註一一一）的詩句，反映了袁崇煥在北京保衛戰中的歷史功績。甚且，朝鮮史籍亦載：「賊之不得攻陷京城者，蓋因兩將力戰之功也」（註一一二），兩將即督師袁崇煥和總兵祖大壽。因此，袁崇煥不愧是明代保衛北京的民族英雄。

三

圍繞著袁崇煥保衛北京的戰鬥，展開的不僅是一場激烈的軍事鬥爭，而且是一場殘酷的政治鬥爭。

袁崇煥的每個軍事勝利，都把一切仇神召喚到自己的周圍。

閹黨在布置陷阱。袁崇煥入援京師，「心焚膽裂，憤不顧死；士不傳餐，馬不再秣」（註一一三），十餘日，馳千里，間道飛抵郊外，挺身捍衛京師。但城里閹黨編造「崇煥勾建虜」的流言四起。閹孽刑逼某木匠誣袁崇煥爲奸細（註一一四）。兵科給事中錢家修在《白冤疏》中說：

江西道御史曹永祚捉獲奸細劉文瑞等七人，面語口稱：「煥附書與伊通敵」。原抱奇、姚宗文即宣於朝，謂：「煥構通爲禍，志在不小。」次日，皇上命諸大臣會鞫明白。臣待罪本科，得隨班末，不謂就日辰刻，文瑞（等）七人走矣（註一一五）。

錦衣爲何地，奸細爲何人，七人竟袖手而走？可見爲著殺崇煥，不惜設陷阱。姚宗文早在天啓時附閹，與原抱奇表裡爲奸，爲打擊袁崇煥而設置政治陷阱。

後金在密室策劃。早在己巳之變前，後金副將高鴻中即向皇太極奏言：「他既無講和意，我無別策，直抵京城，相其情形，或攻或困，再做方略」（註一一六）。所謂方略，疏未言明。李霨在《內秘書院大學士范文肅公墓誌銘》中記述：時為章京范文程，從蹕入薊州、克遵化後，見督師袁崇煥重兵在前，即「進密謀、縱反間」（註一一七）。故皇太極在左安門之敗的第二天，設下一個政治圈套。《清史稿・鮑承先傳》載：

> 翌日，上誡諸軍勿進攻，召承先及副將高鴻中授以秘計，使近陣獲明內監繫所並坐，故相耳語云：「今日撤兵，乃上計也。頃見上單騎向敵，有二人自敵中來，見上，語良久乃去。意袁經略有密約，此事可立就矣。」內監楊某佯臥竊聽。越日，縱之歸，以告明帝，遂殺崇煥（註一一八）。

楊太監縱歸明宮後，將在後金監所中的竊聞，「詳奏明主」。崇禎帝既惑於閹黨的蜚語，又誤中後金的反間，於十二月初一日，在平臺召見時，將袁崇煥下錦衣衛獄。

袁崇煥下錦衣衛獄，是閹黨進行翻案活動，排擠東林黨，首先打開的一個缺口。陰謀的發起者是溫體仁和王永光，「永光與體仁合，欲借崇煥獄，株連天下清流」（註一一九）。吏部尚書王永光是魏忠賢遺黨（註一二〇）。圖群小合謀，日乘機報復。御史高捷、史𡎺嘗以「通內自詡」（註一二一），閹黨失敗後，「皆以得罪公論革職」，而王永光力引二人，又被大學士錢龍錫所阻，三人大恨。他們「謀借崇煥，以及龍錫」（註一二二），構陷錢龍錫，盡傾東林黨，摧抑正人，遍織時賢。但他們力量不夠，要借助於中官權臣。

先是遼東閹黨毛文龍歲餉百萬（註一二三），多半不出都門，落入權臣私囊。魏忠賢的乾兒毛文龍被袁崇煥斬後，權臣失去巨賄。又在後金軍圍城期間，戚畹中貴在京畿的「園亭莊舍，蹂躪殆盡」（註一二四），便一齊遷怒於袁崇煥。因此，他們從各自的利益出發，合謀傾覆袁崇煥。袁崇煥成爲閹黨與東林黨鬥爭的焦點。但閹黨餘孽名聲不好，在閹黨與東林黨對壘中，「日與善類爲仇」的溫體仁，成了閹黨攻擊東林黨的掛帥人物。

溫體仁與毛文龍是同鄉（註一二五），文龍之死深銜袁崇煥；又曾賄賂崔呈秀，詩頌魏忠賢，被御史毛九華所劾；於是就同高捷、史𡎺結爲心腹。當時崇禎帝惡言黨爭，「體仁揣帝意」，標榜自己爲「孤臣」。崇禎帝覺得「體仁孤立，益向之」（註一二六）。溫體仁既受到崇禎帝的信任，又得到閹黨餘孽的支持：「魏忠賢遺黨日望體仁翻逆案，攻東林」。機深刺骨的溫體仁，先誣奏袁崇煥，「敵逼潞河，即密參崇煥」。溫體仁在與其幼弟書信中說：「崇煥之擒，吾密疏，實啓其端」（註一二七）。他權欲熏心，亟謀入相，所忌惟大學士韓爌與錢龍錫二人。在「體仁五疏，請殺崇煥」（註一二八）之後，溫體仁便藉袁崇煥事擠去韓爌和錢龍錫而居其位。但是，閹黨餘孽如果沒有崇禎帝的支持，他們是成不了氣候的。

崇禎帝的昏暴鑄成了袁崇煥的冤案。「懷宗自視聰明，而實則昏庸」（註一二九）。儘管後金的反間和閹黨的誣陷，內外呼應，同惡相濟；但他們只有通過崇禎帝的昏暴才能得逞。崇禎帝即位之初，想望治平，勵精圖新。然而整個崇禎朝，仍是一個「主昏政闇」的時代。崇禎帝對廷臣，時信時疑，親疏無常，「敗者陞官，勝者謖罪」（註一三〇）。如對袁崇煥，先是晉太子太保、兵部尚書、薊遼督師、賜尚方劍；及其入援京師，又賜玉帶、彩幣。當閹黨的流言，後金的蜚語，灌進崇禎帝的兩耳之後，他就猜疑袁崇煥。崇禎帝將在德勝門打了敗仗的滿桂封賞，卻將在廣渠門和左安門打了勝仗的袁崇煥下獄，完全是功罪倒衡，自毀長城。

崇禎帝剛愎自用，偏聽專斷。閹黨餘孽開始權力並不大，如溫體仁爲禮部侍郎，高捷和史𡎴爲御史。而東林黨掌握津要，如袁崇煥入獄時的內閣大學士，除韓爌晉太傅外，僅李標、錢龍錫、成基命和孫承宗四人，均爲東林黨人。六部尚書也多爲東林黨人或傾向東林黨人。當時閹黨餘孽官職低、實力弱，聲名狼藉、不得人心。但是，閹黨餘孽緊緊地抓住崇禎帝，依靠崇禎帝，來打擊東林黨人。「逆案已定，王永光把持之；皆紹述逆閹之政者也。袁宏勛、高捷、史𡎴一輩小人，翩翩而進，以錮君子而抑之」（註一三一）。他們依恃崇禎帝，彼此援引，上下交結，先拆毀東林黨所依靠的長城：遵化剛失，兵部尚書王洽以「楨（偵）探不明」（註一三二），下獄；敵在城下，督師袁崇煥被誣爲「誘敵脅款」，也下獄。與上同時，刑部尚書喬允升和工部尚書張鳳翔相繼落獄（註一三三）。閹黨餘孽逐漸掌握六部的實權。繼之，在溫體仁和閹黨攻擊下，崇禎帝將東林黨大學士一個一個地解職。東林黨受到沉重打擊，閹黨之禍從此益熾。開始形成以周延儒、溫體仁爲首的反東林新內閣。先是周延儒任首輔，「延儒柄政，必爲逆黨翻局」（註一三四）；不久，溫體仁取代周延儒，朝政越法不可收拾。

崇禎帝「太阿獨操」，專制暴戾。他在平臺下令逮捕袁崇煥時，東閣大學士兼禮部尚書成基命，年七十，「獨叩頭，請愼重者再」。崇禎帝拒不納諫。成基命又叩頭曰：「敵在城下，非他時比」（註一三五）。崇禎帝仍執迷不悟。在東林黨與閹黨鬥爭的關鍵時刻，崇禎帝支持閹黨餘孽，將袁崇煥逮捕殺害，使政局急劇逆轉。另如成基命一次諫言，自辰至酉，跪在會極門外，長達十二小時未起，不足以畫出崇禎帝獨裁昏暴的形象嗎？所以，康有爲「間入長城君自壞，讒多冤獄世無窮」（註一三六）的詩句，說明毀壞長城和袁崇煥冤案責在崇禎帝。袁崇煥愚忠，他在《南還別陳翼所總戎》詩中云：「主恩天地重，臣遇古今稀」（註一三七）；但臣忠君疑，慘遭殺身之禍。袁崇煥的冤死，不僅標志著東林黨厄運的開始，而且標志著崇禎帝「新政」的結束。

袁督師下獄後，遼軍將士震動極大。「袁崇煥被拿，宣讀聖諭，三軍放聲大哭」（註一三八）。關外的將士吏民，也「日詣督輔孫承宗，號哭代雪」（註一三九）。錢家修冒坐牢之險寫《白冤疏》，稱袁崇煥「義氣貫天，忠心捧日」（註一四〇）。後任山東巡撫的石衲曾質問道：八旗軍圍攻北京城時執捕袁崇煥，豈不是「兵臨城下而自壞長城」嗎？

「崇煥無罪，天下冤之」（註一四一）。但天下的冤聲，灌不進昏君的迷竅。崇禎三年（一六三〇年）八月十六日（公曆九月二十二日），袁崇煥以「莫須有」的罪名，在西市被含冤磔死。藤縣知縣邊其晉在追念袁崇煥的《藤江即事》詩中寫道：「總制三邊袁元素，擎天柱石人爭慕；只因三字莫須有，萬里長城難鞏固」（註一四二）。袁崇煥的冤死，不僅是他個人的不幸，而且表明東林黨在政治上的再次失敗。東林黨在天啓五年（一六二五年）的失敗，熊廷弼被棄市；爾後，「朝政混淆，諂訣成風，日以謀害諸賢爲計，而國事有不可言者矣」（註一四三）！東林黨在崇禎三年（一六三〇年）的再敗，袁崇煥被磔於市；從此，「小人進而君子退，中官用事而外廷寖疏，文法日繁，欺妄日甚，朝廷日隳，邊防日壞，今日之禍，實己巳（一六二九年）以來釀成之也」（註一四四）！朝鮮史書對袁崇煥之死，也不乏見解，認爲崇禎帝不信士流，而任佞臣，「其失在於不知人，而非士流之罪也」（註一四五）。甚至斷言：崇禎帝對「袁崇煥輩任之不終，終以此亡也」（註一四六）！似應說明明朝亡祚原因很多，但「君子盡去，而小人獨存」，確是明朝滅亡的一大原因。因此，袁崇煥冤獄就是給崇禎朝政治窳敗作出了結論。

但是，歷史是由人民寫的。袁督師死後，其僕人佘義士「夜竊督師屍」（註一四七），葬北京廣渠門內廣東舊義園，終身守墓不去，死葬督師墓旁。其子孫世代居此守墓，這就是佘家館的由來。後在廣東東莞修「袁大司馬祠」（註一四八）；在廣西藤縣修「明督師袁公崇煥故里」紀念碑（註一四九）。袁崇煥受到後人同岳飛一樣地敬仰：「昔岳武穆以忠蒙罪，至今冤之；督師力捍危疆而身死門滅，其得大略相似」（註一五〇）。爲了紀念袁崇煥，民國六年（一九一七年），在北京廣東新義園（今龍潭湖公園內）建「袁督師廟」。一九五二年，北京市人民政府對袁崇煥祠墓重加修葺，使之「與文文山祠，並垂不朽」（註一五一）！

「杖策必因圖雪恥，橫戈原不爲封侯」（註一五二）。袁崇煥身戎遼疆九年，其「父母不得以爲子，妻孥不得以爲夫，手足不得以爲兄弟，交遊不得以爲朋友」（註一五三）。明代保衛北京的民族英雄袁崇煥，披肝瀝血，躍馬横戈，血灑京師，感動萬世」。

【附註】

註一　見拙文《袁崇煥籍貫考》，《歷史研究》一九八二年第一期。

註二　《李朝光海君日記》卷一三三，十年十月戊辰。

註三　《明史・熊廷弼傳》卷二五九。

註四　《明進士題名碑記》萬曆己未科，首都博物館藏。

註五　夏允彝《幸存錄・遼事雜志》卷上。

註六　《明史・袁崇煥傳》卷二五九。

註七　《袁崇煥傳》鈔本：「《明史》記侯恂請破格用袁崇煥在單騎出關之前，不知崇煥時以大計至都，故得自由往視關外，及歸而上策暢言形勢，故侯恂遂請破格用之。」

註八　《明熹宗實錄》卷六八，天啓六年二月乙亥。

註九　《清史稿・太祖本紀》卷一。

註一〇　《滿洲實錄》卷八，天命十一年二月初九日。

註一一　沈國元：《兩朝從信錄》卷三四。

註一二　《清太宗實錄》卷三，天聰元年五月癸巳。

註一三　昭槤：《嘯亭雜錄》卷一。

註一四　《清太宗實錄》卷五，天聰三年十一月丙申。

註一五　《春明夢餘錄》卷六頁十：「建極殿後曰雲臺門，東曰後左門，西曰後右門、亦名曰平臺。」

註一六　《崇禎長編》卷十一，崇禎元年七月乙亥。

註一七　《明熹宗實錄》卷五，元年正月乙亥。

註一八　《崇禎實錄》冊一，元年六月丁未。

註一九　《明史．莊烈帝紀一》卷二三。

註二〇　《崇禎實錄》冊一，元年七月甲申。

註二一　《懷陵流寇始終錄》卷一。

註二二　夏允彝：《幸存錄．流寇大略》卷下。

註二三　計六奇：《明季北略》卷五。

註二四　《明懷宗實錄》卷一，崇禎元年十月丁卯。

註二五　《明懷宗實錄》卷一，崇禎元年十月甲戌。

註二六　《明懷宗實錄》卷一，崇禎三年正月己酉。

註二七　《明懷宗實錄》卷一，崇禎三年十二月己巳。

註二八　《明懷宗實錄》卷一，崇禎三年十月乙丑。

註二九　談遷：《國榷》卷九〇，崇禎元年十二月癸酉。

註三〇　《崇禎實錄》冊一，崇禎二年十一月庚戌。

註三一　《明史·莊烈帝紀一》卷二三。

註三二　《明史·魏忠賢傳》卷三〇五。

註三三　佚名：《快世忠言》冊中。

註三四　《明史·閹黨傳》卷三〇六。

註三五　《明史·韓爌傳》卷二四〇。

註三六　談遷：《棗林雜俎·智集》卷一。

註三七　《袁督師遺集·天啓七年七月二十二日乞休疏》卷一。

註三八　佚名：《今史》卷四，崇禎元年七月十七日。

註三九　《明史·錢龍錫傳》卷二五一。

註四〇　《明史·劉鴻訓傳》卷二五一。

註四一　蔣平階：《東林始末》不分卷。

註四二　《明史·宦官二》卷三〇五。

註四三　黃宗羲：《弘光實錄鈔》卷一。

註四四　蔣平階：《東林始末》不分卷。

註四五　《明史·孫承宗傳》卷二五〇。
註四六　《李朝仁祖實錄》卷十八，六年五月戊寅。
註四七　《明清史料》甲編第八本《兵部題薊遼督師袁崇煥塘報殘稿》。
註四八　《明清史料》乙編第一本《兵部題薊遼督師袁崇煥塘報殘稿》。
註四九　《清太宗實錄》卷五，天聰三年十月癸丑。
註五〇　《清太宗實錄》卷五，天聰三年十月辛未。
註五一　李霨：《內秘書院大學士范文肅公墓誌銘》，《碑傳集》卷四。
註五二　《袁崇煥傳》，《新明史列傳》之一，稿本。
註五三　《清太宗實錄》卷五，天聰三年十月乙亥。
註五四　余大成：《剖肝錄》，載《袁督師事蹟》。
註五五　《清太宗實錄》卷五，天聰三年十月丁丑、十一月壬午。
註五六　《明史紀事本末補遺》卷六。
註五七　《崇禎實錄》冊一、《明懷宗實錄》卷二、《國榷》卷九〇和《崇禎長編》崇禎二年十月戊寅等，均作「王純臣」；《清太宗實錄》卷五作「王遵臣」，「遵」字誤。
註五八　《弘光實錄鈔》卷一載：「臣按：逆閹魏忠賢既誅，其從逆者先帝定爲逆案，頒行天下，逆黨合謀翻之。己巳之變，馮銓用數萬金導北兵至喜峰口，欲以疆場之事翻案；溫體仁訐錢謙益而代之，欲以科場之事翻案，小人計無不至」。

註五九　《崇禎實錄》冊一，崇禎二年十一月壬午朔。

註六〇　《明史·趙率教傳》和《國榷》等書均作十一月初四日；但《清太宗實錄》卻作初一日，《明懷宗實錄》又作初十日，疑後二者誤。

註六一　《崇禎實錄》冊一，崇禎二年十一月丙戌。

註六二　《明史·王元雅傳》卷二九一。

註六三　《明懷宗實錄》卷二和《國榷》卷九〇載遵化城陷為「初五日」；而《清太宗實錄》卷五記為「初三日」，疑後者誤。

註六四　談遷：《國榷》卷九〇，崇禎二年十一月。

註六五　孫銓：《孫文正公年譜》卷四。

註六六　周文郁：《邊事小紀》卷一。

註六七　程本直：《白冤疏》，載《袁督師事蹟》。

註六八　錢謙益：《初學集·孫承宗行狀》卷四七。

註六九　《清太宗實錄》卷五，天聰三年十一月壬辰。

註七〇　《明懷宗實錄》卷三，崇禎二年十一月癸巳；據《崇禎實錄》補正。

註七一　周文郁：《邊事小紀》卷一。

註七二　梁啓超：《袁督師傳》，《飲冰室集》卷二〇。
註七三　周文郁：《邊事小紀》卷一。
註七四　《明史·孫承宗傳》卷二五〇。
註七五　《崇禎實錄》冊一，崇禎二年十一月辛卯。
註七六　《崇禎實錄》冊一，崇禎二年十一月甲寅。
註七七　周文郁：《邊事小紀》卷一。
註七八　周文郁：《邊事小紀》卷一。
註七九　《滿文老檔·太宗》卷十九，天聰三年十一月二十日。
註八〇　陳鶴：《明紀》卷五二。
註八一　周文郁：《邊事小紀》卷一。
註八二　《明懷宗實錄》卷三，崇禎二年十一月庚子，據《崇禎實錄》補正。
註八三　袁軍的數目，《清太宗實錄》和《明懷宗實錄》作「二萬人」；《剖肝錄》和《白冤疏》作「九千人」，從後者。
註八四　《清史列傳·阿濟格傳》卷一。
註八五　《邊事小紀》：「傷東奴僞六王子」；努爾哈赤第六子塔拜，未參加這次戰役；其十二子「阿濟格馬創，乃還」，疑受傷者爲「十二王子」阿濟格。

註八六　《清史稿·恩格德爾傳》卷二三九。
註八七　《崇禎實錄》冊一，崇禎二年十一月庚子。
註八八　周文郁：《邊事小紀》卷一。
註　八九　《明史紀事本末補遺》卷六。又《邊事小紀》卷一載：「一賊輪刀砍值公，適傍有材官袁昇高以刀架隔，刃相對而折，公獲免。」兩書所載歧疑，應以後者爲是。
註九〇　周文郁：《邊事小紀》卷一。
註　九一　程本直：《漩聲記》，載《袁督師事蹟》。
註　九二　《帝京景物略》卷三：「南海子，城南二十里，有囿，曰南海子。方一百六十里。海中殿，瓦爲之。」
註　九三　《清太宗實錄》卷五，天聰三年十一月戊申。
註　九四　周文郁：《邊事小紀》卷一。
註　九五　《明熹宗實錄》卷七五，天啓六年八月丁巳。
註　九六　黃宗羲：《南雷文約》卷一。
註　九七　《李朝仁祖實錄》卷二二：「朴蘭英馳啓：『袁經略亦繫獄云』。越數日，忽哈、龍骨大、仲男等謂臣曰：『……龍骨大辟左右，附耳語曰：袁公果與我同心，而事洩被逮耳！』此必行間之言也。」案，此條繫於仁祖八年二月，即崇禎三年二月。故皇太極當時可能不知道其計得售。
註　九八　王先謙：《東華錄》卷五，天聰三年十二月丙寅。

註　九九　光緒《順天府志·孫祖壽傳》卷九八。
註一〇〇　蔣良騏：《東華錄》卷二，天聰三年十二月丁卯。
註一〇一　夏燮：《明通鑑》卷八一，崇禎三年十二月丁卯。
註一〇二　《清太宗實錄》卷五，天聰二年十二月丁卯。
註一〇三　《明史·孫承宗傳》卷二五〇。
註一〇四　文秉：《烈皇小識》卷二。
註一〇五　《清太宗實錄》卷五，天聰三年十二月壬子。
註一〇六　《清太宗實錄》卷五，天聰三年十一月丙午。
註一〇七　《清太宗實錄》卷五，天聰三年十二月丁丑。
註一〇八　《清太宗實錄》卷五，天聰三年十二月乙卯。
註一〇九　《李朝仁祖實錄》卷二二，八年二月丁丑。
註一一〇　《崇禎長編》卷二九，崇禎二年十二月丁巳。
註一一一　孫承宗：《高陽集》卷五。
註一一二　《李朝仁祖實錄》卷二四，八年四月癸丑。
註一一三　程本直：《白冤疏》，載《袁督師事蹟》。
註一一四　孫承澤：《畿輔人物志·李若璉傳》卷十六。

註一一五　錢家修：《白冤疏》，載《袁督師事蹟》。

註一一六　《明清史料》丙編第一冊《高鴻中奏本》。

註一一七　《大陸》雜志七卷一期載李光濤：《袁崇煥與明社》謂「反間計」係高鴻中所獻，黃宗羲《大學士機山錢公神道碑》載爲范文程所獻。其文曰：「己巳之冬，大安口失守，兵鋒直指闕下，崇煥提援師至。先是，崇煥守寧遠，大兵屢攻不得志，太祖患之。范相國文程時爲章京，謂太祖曰：『昔漢王用陳平之計，間楚君臣，使項羽卒疑范增，而去楚。今獨不可踵其故智乎？』太祖善之，使人掠得小奄數人，置之帳後，佯欲殺之。范相（國）乃曰：『袁督師既許獻城，則此輩皆吾臣子，不必殺也！』陰縱之去。奄人得是語，密聞於上。上頷之，而舉朝不知也。崇煥戰東便門，頗得利，然兵已疲甚，約束諸將不妄戰，且請入城少憩。上大疑焉，復召對，縋城以入，下之詔獄。」上文「太祖」應作「太宗」，「東便門」應作「左安門」。

註一一八　《清史稿·鮑承先傳》卷二三二。又見《清太宗實錄》卷五、《滿文老檔·太宗》卷十九、《清朝開國方略》卷十二、《嘯亭雜錄》卷一、蔣良騏《東華錄》卷二、《李朝仁祖實錄》卷二四、《明史》卷二五九和《鮚埼亭集》等。

註一一九　《明史稿·王永光傳》卷二四〇。

註一二〇　《明史·文震孟傳》卷二五一。

註一二一　夏允彝：《幸存錄》卷下。

註一二二　《明史稿・錢龍錫傳》卷二三五。

註一二三　柏宗起：《東江始末》不分卷。

註一二四　文秉：《烈皇小識》卷二。

註一二五　荊駝逸史：《袁督師計斬毛文龍始末記》卷上。

註一二六　《明史・溫體仁傳》卷三〇八。

註一二七　葉廷琯：《鷗陂漁話・溫體仁家書》卷四。

註一二八　余大成：《剖肝錄》，載《袁督師事蹟》。

註一二九　《袁崇煥傳》稿本，不分卷。

註一三〇　《崇禎長編》卷二九，崇禎三年十二月丁巳。

註一三一　《汰存錄紀辨》不分卷。

註一三二　《明懷宗實錄》卷二，崇禎二年十一月辛卯。

註一三三　《明史・七卿年表二》卷一一二。

註一三四　《明史・周延儒傳》卷三〇八。

註一三五　《明史・成基命傳》卷二五一。

註一三六　康有爲：《題袁督師廟詩》，北京圖書館善本部藏拓片。

註一三七　梁章鉅：《三管英靈集》卷七。

註一三八　《崇禎長編》卷二九，崇禎二年十二月甲戌。

註一三九　余大成：《剖肝錄》，載《袁督師事蹟》。

註一四〇　錢家修：《白冤疏》，載《袁督師事蹟》。

註一四一　佚名：《明亡述略》卷上。

註一四二　民國《藤縣志》稿本。

註一四三　文蓀符：《先撥志始》卷上。

註一四四　《明臣奏議》卷四〇。

註一四五　《李朝純宗實錄》卷二八，二十七年三月辛丑。

註一四六　《李朝英宗實錄》卷三〇，六年十一月辛未。

註一四七　張伯楨《佘義士墓誌銘》北京圖書館善本部藏拓片。

註一四八　民國《東莞縣志》卷二〇。

註一四九　本人採訪記。

註一五〇　余大成：《剖肝錄》，載《袁督師事蹟》。

註一五一　李濟深：《重修明督師袁崇煥祠墓碑記》北京圖書館善本部藏拓片。

註一五二　《袁督師遺集・邊中送別》。

註一五三　程本直：《漩聲記》，載《袁督師事蹟》。

袁崇煥「謀款」辨

今年六月六日，是明代傑出的軍事家袁崇煥四百周年誕辰（註一）。《明史．袁崇煥傳》載：「自崇煥死，邊事益無人，明亡徵決矣」（註二）。而「謀款」（即議和）實爲袁崇煥冤死、明廷黨爭和明清更替之一大關節。論者於袁崇煥「謀款」有所非議，茲作粗淺辨析。

雙方「自固」之需

自後金努爾哈赤建元稱汗，至南明永曆帝兵敗被俘，在中華民族內部，明、清（後金）之間的戰爭長達四十六年。甲申之際，主客易位，明祚滅亡，清都燕京。此前，努爾哈赤崛起遼東，統一建州女眞，呑併扈倫四部，征撫漠南蒙古，舉兵襲陷撫順。明軍在薩爾滸之役四路喪師後，努爾哈赤一得志於開原、鐵嶺，再得志於瀋陽、遼陽，復得志於義州、廣寧。明軍敗報頻至，舉朝震驚。努爾哈赤公開打出反明旗幟後，以軍事進攻爲主，未嘗與明議和。天命十一年（一六二六年），努爾哈赤死，子皇太極立。明寧遠巡撫袁崇煥遣使往瀋陽弔喪，兼賀新汗即位，並覘視其虛實。從此，拉開了明朝與後金議和的帷幕。

議和是後金的急切需要。軍事上，努爾哈赤率號稱十三萬大軍攻寧遠，兵敗。爾後，皇太極兵攻寧、錦，又敗。他說：「昔皇考太祖攻寧遠，不克；今我攻錦州，又未克。似此野戰之兵，尚不能勝，其何以張我國威耶」（註三）！後金主殂兵挫，軍民沮喪。政治上，皇太極初立，與三大貝勒「俱南面坐」（註四），他「雖有一汗之虛名，實無異整黃旗一貝勒也」（註五）。諸貝勒對皇太極心懷不平，他欲藉外交勝利來緩解其內部骨肉相殘之困局。經濟上，連年戰爭，貢市停止，遼東大饑，物價飛漲，「斗穀八兩銀，人有相食者」（註六）。策略上，後金既西進受阻，便圖與明議和，兵鋒東指，以收到興師克捷、獲取糧布和鞏固汗位一石三鳥的效果。

其時，有人在《奏本》中分析後金與明朝的形勢，指出明朝與後金各有其短長：雖野地浪戰，明朝不如後金；但堅守城池，後金卻不如明朝。並奏稱後金戰勝明朝，時機未到，不可強求；機會已到，則不可失。故認爲「惟講和與自固二策」（註七），方能「圖霸制勝」。皇太極鑑於形勢，運籌帷幄，決計遣使携書赴寧遠同明議和。

議和是明朝的緩兵之策。明遼東巡撫袁崇煥不僅了解後金上述弱點，而且看到明朝的困難。軍事上，袁崇煥雖獲寧遠之捷，但靠「憑堅城以用大炮」（註八）之策取勝，並未與八旗軍野戰爭鋒。爲著銳意恢復失地，需藉和談作阻兵計，以修繕城池，訓練士馬，運糧治炮，集民耕屯。政治上，明天啓帝死，崇禎帝立，國勢敗壞，黨爭激烈，也需喘息之機。經濟上，兵連十載，中空外竭，災荒嚴重，哀鴻遍野。因此，在策略上，袁崇煥相機而動，主張同後金議和。崇煥奏報，優旨許之，從而開始了明朝對後金策略的重大轉變，是明朝與後金關係史上的一個轉折點。

議和同戰爭一樣，都是政治鬥爭的一種形式而已，它可用刀劍，也可用筆舌，或兼而用之。雖然戰爭已把明朝這個重病的身體拼命地往下拖，但它仍自詡爲「天朝」，而視後金作「醜夷」，徒好大言，不尚實際，更以宋金和約爲鑑，不願同後金議和。然而，袁崇煥能體察形勢，不泥成見，疏陳把議和作爲明廷對後金的一種策略。他說：「守爲正著，戰爲奇著，款爲旁著」（註九）。袁崇煥把守、戰、款作爲三種策略，在同後金鬥爭中，守攻相濟，款戰並用。

三次議和經過

袁崇煥與皇太極「謀款」從天啓六年（一六二六年），至崇禎二年（一六二九年），歷時三年，可分爲三個階段：

第一次議和。天啓六年（一六二六年）十月，袁崇煥遣傅有爵、李喇嘛等往瀋陽。十一月，皇太極派方吉納、溫塔石等往報之，並致書表示願意「兩國通好」。袁崇煥將遣使、議和事，於九月二十九日、十月十三日和十二月二十二疏報。旨稱：「嚴婉互用，操縱兼施，勿挑其怒，勿墮其狡」（註一〇），表示可以同後金議和，並允其便宜行事。《明史・袁崇煥傳》稱「崇煥初議和，中朝不知」，顯係失實。

但是，明廷對後金議和的政策搖擺不定。遼東督師王之臣在奏疏中認爲「天朝之大有泰山四維之勢」，同後金議和是「毆魚爵於淵叢，而益敵以自孤」。因諭「邊疆以防禦爲正，款事不可輕議」（註一一）。袁崇煥於議和持謹愼態度，他以皇太極來書「大明」與「大金」並寫不便奏聞，既不遣使，亦無回書。然而，後金和明朝都需要以議和作爲各自政策的繼續。皇太極之目的在移兵進攻朝鮮，袁崇煥之目的在修繕關外四城。因此，雙方又在進行新的議和試探。

第二次議和。天啓七年（一六二七年）正月初八日，皇太極一面派阿敏等率兵進攻朝鮮，一面遣方吉納等携書往寧遠。書中列數「七大恨」後，提出「每歲我國以東珠十顆、貂皮千張、人參千斤送爾，爾國以金一萬兩、銀十萬兩、緞十萬疋、布三十萬疋報我，兩國饋遺，以修盟好」（註一二）。袁崇煥遣使回書，駁其「七大恨」之說，責其貪取諸物，斥其稱兵朝鮮，促其化干戈爲玉帛：「兵未回，即撤回；已回，勿再往」（註一三）。袁崇煥既發兵牽制後金，援應朝鮮；又遣使持書議和，痲痺敵人；並派將繕治錦州等城，而盡其智慧之能事。

皇太極既下朝鮮，並從朝鮮取得所需物資以和，約爲「兄弟盟邦」而消除後顧之憂，又知毛文龍之虛實；而再次使用武力攻明，洗雪其先父之遺恨。後來皇太極率軍進攻寧、錦，因袁崇煥葺城有備，兵敗而回。旋即袁崇煥被魏閹排擠離職。

第三次議和。崇禎元年（一六二八年），崇禎帝初政，魏忠賢已誅，袁崇煥被起用爲薊遼督師（註一四）。翌年正月，皇太極致書袁崇煥，要求恢復和談，並作出讓步：奉明朝正朔，去天聰年號。時崇禎帝急欲勵精圖治，而群臣翹望膚奏遼功。袁崇煥離任一年回遼，整頓諸務，尙需時日，但有其難言之隱。他於議和態度冷漠，回書稱：「非一言可定也」（註一五）。皇太極要同明議和，以通貿易，輸進糧布，便再次提出劃界、鑄印、納幣等項。明廷則要求後金退出遼陽、瀋陽，這自爲皇太極所不能接受。然折衝議款，議不能決。

皇太極圖藉議和，南北貿易，解決衣食之源，見議和不成，便訴諸戰爭。他說：「我屢欲和，而彼不從，我豈可坐待？定當整旅西征」（註一六）。皇太極得知袁崇煥既修葺寧遠、錦州，因此便率軍繞道蒙古，直奔京師。袁督師聞警，「心焚膽裂，憤不顧死，士不傳餐，馬不再秣」（註一七），日夜兼馳，捍禦京城。廣渠門激戰，大破八旗軍。不久，袁崇煥被下詔獄。皇太極見「，勤王」之師聚集北京，在德勝門和安定門外留下議和書後，率軍東去，後回瀋陽。第二年袁崇煥死，崇禎帝諭言和者死，從而堵塞議和之路，加速了明朝的滅亡。

袁崇煥在同皇太極歷次議和時，既不同於前遼撫李維翰鎖繫後金使臣，致挑其怒；也不同於總兵官毛文龍通牒喪節乞和，致墮其計。他對皇太極的驕妄之言，據理駁辯；無厭之求，愼勿輕許。他採取款中有備，備中有款，爾和我議，爾攻我戰的策略，使自己立於不敗之地。然而，袁崇煥議和處處受到掣肘，動輒獲咎，且蒙受不白之冤。

「謀款」蒙冤辨析

袁崇煥與皇太極「謀款」，成爲其下獄磔死的一條「罪狀」和明廷黨爭的一個題目。於其「謀款」，略作三辨：

「**謀款助敵**」。言官以朝鮮及毛文龍被兵，係由議和所致，而攻訐袁崇煥。事實上，皇太極先命阿敏等率師攻朝鮮，另遣方吉納等致書袁崇煥議和。袁崇煥未及回書，八旗軍已陷平壤。皇太極出兵朝鮮，是由於後金、朝鮮、明朝之間錯綜複雜矛盾及其力量對比所規定的，同袁崇煥議和並無因果關係。相反，袁崇煥借議和作掩飾，出兵三岔河，牽制後金，策應朝鮮；又利用這一時機，作了擊敗八旗軍進犯之準備。這正如袁崇煥在疏辨中所言：

> 錦州、中左、大凌三城，修築必不可已。業移商民，廣開屯種。倘城不完而敵至，勢必撤還，是棄垂成功也。故乘敵有事江東，姑以和之說緩之。敵知，則三城已完。戰守又在關門四百里外，金湯益固矣（註一八）。

明廷優詔報聞。袁崇煥令趙率教駐錦州，護版築，城益固。後皇太極兵犯寧、錦，袁崇煥獲「寧錦大捷」。

「**謀款殺帥**」。殺帥是指袁崇煥計斬毛文龍。此事迄今頗多爭議，將另文論述。袁崇煥藉斬毛文龍以向後金乞和，多有記載。如談遷謂：後金「陰通款崇煥，求殺毛文龍」（註一九）。其後《明季北略》、《石匱書後集》和《明史紀事本末補遺》等書均持此說。

袁崇煥「謀款殺帥」之說並不可信。

第一，迄今尚未見一條文獻或檔案的直接確鑿史料，證明袁崇煥殺毛文龍為皇太極所頤指。

第二，袁崇煥遣使弔喪，爲著偵明「奴死的耗與奴子情形」（註二〇），並無「謀以歲幣議和」之舉，更無「函毛文龍首來」之諾。

第三，袁崇煥在天啓年間沒有尚方劍，不可能「以文龍頭」爲講款之計。

第四，袁崇煥殺毛文龍密計在受命離京之前，與大學士錢龍錫等商定，並非爲「無以塞五年復遼之命」而斬毛文龍。

第五，《滿文老檔》和《李朝實錄》等編年史料證明，毛文龍早在努爾哈赤時即表露叛降後金的端倪。其後魏閹敗死失去內恃，朝鮮被兵又斷絕後援，毛文龍叛降活動益甚。僅崇禎元年（一六二八年）春，毛文龍連致皇太極三書，與之秘密通款。因此，不是袁崇煥爲通款而殺毛文龍；相反，是毛文龍因「私通外番」等罪而爲袁崇煥所殺。

「誘敵脅款」。皇太極兵圍京師之時，閹黨餘孽密計袁崇煥「引敵長驅，欲要上以城下之盟」（註二一）。京城怨謗紛起，流言四佈，皆以爲袁崇煥引敵入塞，以結宋金之盟。致袁崇煥磔死時——傳聞「百姓將銀一錢，買肉一塊，如手指大，噉之。食時必罵一聲，須臾崇煥肉悉賣盡」（註二二），蒙受唾呰之辱。後纂《清太宗實錄》、修《明史》，皇太極反間計公諸於世，袁崇煥的百年沉冤始得以昭雪。

歷史上一種新政策的提出，必然會遭到守舊派的反對。明朝崇禎初，「忠賢雖敗，其黨猶盛」（註二三）。朝中閹黨餘孽，以袁崇煥「謀款」作題目，誣其「誘敵脅款」，借爲逆黨翻案。袁崇煥磔死，宰輔錢龍錫下獄、李標休致、成基命去職，劉鴻訓先已遣戍，東林內閣被摧垮，開始形成周延儒、溫體仁為首的反東林內閣，朝政日非，邊事日壞。

明代傑出軍事家袁崇煥同後金議和的主張，在當時歷史條件下，既符合明朝和後金的利益，也反映了長城內外中華各族人民的願望。但明廷出於種種原因，未能實現其同後金的議和，致八旗軍以此為借口（註二四），馳驅入塞，京師被圍，袁崇煥也身遭非刑。其後，民族矛盾與社會矛盾交互激化，明朝終於覆亡。

【附註】

註一　本文為一九八四年六月六日袁崇煥誕生四百周年而作。

註二　《明史·袁崇煥傳》卷二五九。

註三　《清太宗實錄》卷三，天聰元年五月癸巳。

註四　《清太宗實錄》卷十一，天聰六年正月己亥朔。

註五　《天聰朝臣工奏議》卷上。

註六　《滿文老檔·太宗》卷六，天聰元年六月二十三日。

註七　《明清史料》甲編第一本。

註八　《明熹宗實錄》卷七九，天啓六年十二月庚申。

註　九　《崇禎長編》卷十一。
註一〇　《明熹宗實錄》卷七九，天啓六年十二月辛亥。
註一一　《明熹宗實錄》卷七九，天啓六年十二月丙辰。
註一二　《滿文老檔・太宗》卷一，天聰元年正月初八日。
註一三　《滿文老檔・太宗》卷二，天聰元年三月初五日。
註一四　《崇禎實錄》卷一，崇禎元年二月甲辰。
註一五　《滿文老檔・太宗》卷十六，天聰三年閏四月初二日。
註一六　《清太宗實錄》卷五，天聰三年六月乙丑。
註一七　程本直：《白冤疏》，《袁督師事蹟》道光伍氏刻本。
註一八　萬斯同：《明史》卷三六四。
註一九　談遷：《國榷》卷九〇。
註二〇　《明熹宗實錄》卷七九，天啓六年十二月辛亥。
註二一　葉廷琯：《鷗陂漁話・溫體仁家書》卷四。
註二二　計六奇：《明季北略・逮袁崇煥》卷五。
註二三　《明史・劉鴻訓傳》卷二五一。
註二四　《清太宗實錄》卷五，天聰三年六月乙丑。

袁崇煥「斬帥」辨

一九八四年六月六日，我在《光明日報·史學》版上發表《袁崇煥「謀款」辨》，以紀念袁崇煥四百周年誕辰。拙文中說：「謀款殺帥，殺帥是指袁崇煥計斬毛文龍。此事迄今頗多爭議，將另文論述。」時逾四載，尚未著文，朋友催詢，五情愧赧。現撰拙文，以作評辨。

格局

薊遼督師袁崇煥計斬平遼總兵毛文龍，要從其時政治軍事態勢的格局中，作考察，辨是非。啓末禎初，京師朝野朋黨之爭盤根錯節，遼東政治軍事態勢錯綜複雜。就總體說，當時東北地區政治軍事格局態勢是「三國五方」，即後金、朝鮮、明朝及其袁崇煥軍、毛文龍軍和蒙古軍，共五種力量。但三國的性質不盡相同，後文另有論述；而寧遠、皮島、蒙古三種力量的興衰分合，又同明廷的政策密切相關。上述「三國五方」即五種力量在遼東地區組成的橢圓，其兩個圓心點是薊遼督師袁崇煥與後金國汗皇太極。毛文龍則運動於這個橢圓的軌道上。因此，評辨袁崇煥計斬毛文龍，不能就事論事，孤立析斷；而要從其時遼東政治軍事格局及其同明廷關係的網絡中，探究因果，考索議辨。

朝鮮同明朝為唇齒之邦。洪武二年（一三六九年），朱元璋賜高麗王顓金印誥文，封其爲高麗王。洪武二十五年（一三九二年），李成桂擁兵自立，値明皇太子死，遣使表慰，請更國號。「帝命仍古號曰朝鮮」（註一）。後遣使朝貢，歲以爲常。明「永樂中，權貴妃、任順妃、李婕妤、花美人，皆朝鮮所貢女」（註二）。所以，《明史．朝鮮傳》載：「朝鮮在明雖稱屬國，而無異域內。」在明朝與朝鮮的關係史上，有三次大的聯合軍事行動，即：丁亥年，朝鮮與明軍合攻建州；壬辰年，明軍與朝鮮共抗倭犯（此戰斷續進行七年）；己未年，朝鮮與明軍會攻後金。但是，滿洲崛興後，朝鮮與明朝、後金的關係在發生變化。它先忠於明朝，繼依違其間，再降盟後金。於是，毛文龍同朝鮮的關係，變得微妙而複雜。天啓初，毛文龍得到朝鮮的支持，被譽以「單騎渡江、義聲所暨、莫不奮起」（註三），並立「毛公頌德碑」（註四）。爾後，毛文龍據其地，索其糧，征其馬，擾其民，甚至「禍及雞犬」（註五）。僅天啓六年（一六二六年）八月初，毛文龍向朝鮮請糧，朝鮮「今年支給之數，已過十五萬石」（註六）。朝鮮義州府尹李莞等狀啓揭毛文龍所爲，「劫奪糧餉，則倒盡邊儲；侵擾居民，則已過清川。難支之狀，日甚一日」（註七）。而且，皇太極以「尋找明的毛文龍」（註八）爲詞，攻陷義州，進至平壤，渡大同江，議盟罷兵。所以，毛文龍與皇太極俱爲朝鮮「腹心之疾」（註九），引起朝鮮的不滿。

後金同明朝在爭奪遼東。後金汗努爾哈赤建元稱朕，奪佔河東，進取廣寧，明朝與後金鑄成難解之局。皇太極襲受汗位後，採取比其先汗更爲靈活的策略：對朝鮮，以兵迫盟；對蒙古，征撫兼施；

對寧遠，又談又打；對皮島，誘其降附。儘管袁崇煥與毛文龍都同皇太極「謀款」，但情況並不相同。袁崇煥的「謀款」，奏報朝廷，義正詞嚴，理、利、節並重，守、戰、款同施。毛文龍則不然，第一，無視朝廷：「毛文龍再拜致書云，前遣之官員持書來，所說願自今開始講和之事，我一一接受，凡事都取決於我自己啊」（註一〇）！講款乃軍國大事，總兵擅決，是為過舉。第二，璽書失慎：「毛文龍謹拜致書金國汗帳下，我常銘之於心，反覆於口，放在心上，無時或忘。汗所遣來使者的話，與我意氣相投，故立即送其回國」（註一一）。後金與明朝，遼東對立，已十二年，土地、人民、國號、稱謂等，相議頗左，所謂「意氣相投」、「一一接受」，令人費解。第三，預為退局：毛文龍再拜致書云，「和好之事，原係兩國所願，有利雙方之事。你若不願，即刻停止，為何以大言大聲欺凌我。事成之前，尚且這樣，若一旦落入陷阱中，還會禮遇我嗎」（註一二）？這顯然不是明朝與後金的和談，而是毛文龍在向皇太極做政治交易。第四，出爾反爾：毛文龍同皇太極互相遣官議和，卻將其使臣馬秀才縛至轅門、寸臠其肉，並將「夷目可可（即科廓）孤山一名、牛鹿三名，俘解至闕」（註一三）。由此，引起後金更為不滿。

明朝與後金相對立，它在北部已經或可能利用的力量，主要有三：

其一為漠南蒙古。漠南蒙古東部，處於明朝與後金之間。它們逐漸分化，或則結盟後金，或則依恃明朝，或則首施兩端。崇禎初，虎墩兔攻哈喇慎及白言台吉、卜失兔諸部，皆破之，進而危及宣府、大同。居庸蒙古騎兵與山海後金騎兵，威脅京師。總督王象乾受命往與督師袁崇煥計議。二人議合，即

「西靖而東自寧，虎不款，而東西並急」（註一四）。這就是「用西虜以蹙東夷」之策。但是，後金汗也在撫綏蒙古，採用聯姻、盟誓、封賞和招養（註一五）等措施，擴大其實力。天聰元年（一六二七年），遼東大饑，皇太極命將原供養的蒙古人等幾萬口，渡鴨綠江，「送去吃朝鮮的米谷」（註一六）。他們受到毛文龍官兵的騷擾，也對其不滿。

其二為袁督師部。明自後金發難遼左以來，棄城失地，損兵殞將，敗報迭傳，京師震驚。撫順、開原、鐵嶺，瀋陽、遼陽、廣寧，相繼失守，退至寧遠。自萬曆四十六年（一六一八年）至天啓七年（一六二七年）的十年間，明遼軍與後金軍的交鋒中，僅獲二勝：一爲寧遠之捷，另一爲寧錦之捷。袁崇煥駐守的寧遠成爲堵禦後金軍南進的堡壘。袁督師因此成爲明朝守遼、復遼的希望之星。但是，他要守遼、復遼，就應對後金、朝鮮、蒙古和皮島採取恰當的策略，此待後文論述。至於寧遠與皮島，袁崇煥不沒毛總兵之功：後金軍兵犯寧、錦，「孰知毛文龍逕襲瀋陽，故旋兵相應。使非毛帥搗虛，錦、寧又受敵矣。毛帥雖被創兵折，然數年牽掣之功，此爲最烈」（註一七）。但袁崇煥流露了對毛文龍不滿的端倪，他在給朝鮮的咨文中，語及毛都督「移鎭之事」（註一八），即爲隱例。

其三為毛文龍部。先是天啓元年（一六二一年），毛文龍爲遼東巡撫王化貞標下遊擊，率兵至鎭江，內應外合，遂克取之。尋復失，走朝鮮，據皮島。翌年，以「文龍滅敵則不足，牽敵則有餘」（註一九），晉其爲總兵。毛文龍嘗以大言娛朝廷：天啓三年（一六二三年）具呈部云，「得餉百萬，明年可以滅奴」；天啓五年（一六二五年）又云，「二年之間有不平遼滅奴、復三韓之舊業，甘治欺君誑上之罪」（註二〇）。他自稱「有精兵十七萬」、遼民男婦數十萬口。誠然，後金初據河東，遼民趨之若鶩。後他「不修兵器，不練軍士，少無討虜之意。一不交戰，而謂之十八大捷；僅獲六胡，而謂之六萬級」（註二一）。兵不練不戰，餉斷而無繼；民不屯不耕，糧絕而無續。値久旱大饑，島民至食草根，或有餓死者，「毛兵相聚爭鬻」（註二二）。餓死兵民遍野，「皮島白骨如山」（註二三）。毛文龍開鎭皮島八年，遼東寸土未復，遼民還鄉望絕。他們棲滯島上，無室、無地、無衣、無食，對毛文龍不滿。

最後，毛文龍糜耗糧餉，虛張聲勢，毫無進取，擅自通款，「不敢窺賊左足，而只以日獻僞捷厚罔天朝」（註二四），從而引起朝廷內的不滿。

綜上，平遼總兵毛文龍身居皮島，在其時「三國五方」關係中，上爲朝廷，下爲軍民，前爲後金，後爲寧遠，左爲朝鮮，右爲蒙古，六合之內，俱所不滿。但是，對毛文龍於何地、在何時、由何人、以何法而措置之？歷史終於做出答案。

選擇

崇禎元年（一六二八年）二月，命袁崇煥爲兵部尚書兼右副都御史，督師薊、遼、登、萊、天津，移駐關門（註二五），後駐寧遠。七月十四日，袁督師在宮城建極殿之后右門平臺受召。崇禎帝問：「邊關何日可定？」袁崇煥答：「臣期五年，爲陛下肅清邊陲」（註二六）。袁督師平臺受召二日後，奏言恢復遼事之策：「以遼人守遼土，以遼土養遼人，以守爲正著、戰爲奇著、款爲旁著」（註二七），受到旨獎。尋受賜尚方劍。「五年肅清邊陲」是個繁巨的任務，此目標是否切實，本文不作討論。他爲著實現上述戰略任務和復遼之策，還必須統籌處理同朝鮮、後金、蒙古和東江的關係，並採取相應的謀策，制定切實的措施。

對朝鮮之策，袁崇煥與毛文龍不同。袁督師從復遼靖邊總戰略目標出發，尊重朝鮮，不相擾犯，彼此聯合，共禦後金：「煥當執橐鞬與王東西犄角，海陸並進，首尾合攻」（註二八）。然他出任督師與初任巡撫時不同，朝鮮發生重大變化。天啓七年（一六二七年），皇太極派兵攻入朝鮮。朝鮮國王李倧與後金結盟，定議罷兵。但後金留滿洲兵一千、蒙古兵二千駐防義州（註二九）。這就爲袁崇煥禦後金、復全遼在東翼增添了困難。

對蒙古之策，袁崇煥與王化貞不同。袁督師對漠南蒙古的狀況，作了認眞的分析，別於王化貞的浪言，而提出相應的策略（註三〇）。第一，撫西備東。明有事於東，必修好於西，使其爲己用，無左顧之憂。第二，親自曉諭。他同道臣郭廣親諭朵顏三十六家，體察其情，洞悉其勢，曉之以利害，恤之以厚賞。第三，急修邊備。東自薊鎭，西至宣府，可虞之處，重防嚴守。第四，市易布米。哈喇愼等地逢荒旱，室如懸罄。有的投入後金，東不的等求袁督師開市易米。袁崇煥題請「許其關外高臺堡通市度命，但只許布米易柴薪，如違禁之物，俱肅法嚴禁，業責其無與奴通」（註三一）。第五，相機攻逐。對個別不聽約束零部，適當驅逐，令其自戚，無路則歸，收而撫之。第六，東西勿合。將粆花五大營與虎墩兔八大營餘部，收置於錦州邊外，賞其物，籌其糧，「戰守從中界斷，令東無得與西合。」總之，袁崇煥採取「外戰東夷，內撫西虜」（註三二）的政策，這就爲其禦後金、復全遼，在西翼準備了條件。

對後金之策，袁崇煥與王之臣不同。王之臣阿附閹黨，後麗逆案（註三三），二人相左。袁崇煥任督師後，閹黨受到沉重打擊。他以寧遠爲主體，對後金採取「守爲正著、戰爲奇著、款爲旁著」的策略（註三四），並協調左翼蒙古與右翼東江的力量。左翼蒙古，前已論及；右翼東江，夾於後金和朝鮮之間。朝鮮已同後金議盟，後金又兵駐鎮江與義州，於是東江成爲袁崇煥面前一個棘手的難題。

對東江之策，袁崇煥有四種選擇：收附而用，爲上策；驅之投敵，爲下策；易將馭軍，爲中策；任其所爲，爲庸策。但是，袁督師對毛總兵用何種謀策，並不完全取決於自己的主觀願望，而是多種因素相互交錯的一個結果。

毛文龍開鎮皮島，不受節制。他於天啓二年（一六二二年）六月，爲署都督僉事、平遼總兵官（註三五）。在袁崇煥任督師之前，幾易經略、總督和巡撫，毛總兵幾乎未受節制，猶如「海外天子」。他於明廷、後金和朝鮮之間，利用矛盾，虛張聲勢，謊報軍情，冒功糜餉。袁崇煥任督師薊、遼、天津、登、萊軍務後，毛文龍身爲平遼總兵，理應受其節制。袁督師先擬移鎮，後改餉道，以制約其師，合力禦敵。但毛文龍對此不滿，上疏奏言：臣讀督師尙書畫策東江餉道事宜疏畢，「愁煩慷慨，計無所出；忽聞哭聲四起，合島鼎沸。」且云：「攔喉切我一刀，必定立死！」又言「督臣爲臣上司，臣辨駁其疏。臣亦自覺非體、非理，聽皇上或撤、或留，臣隨親抱敕印，竟進登州，候旨逮臣進京」（註三六）。應當說，總兵對督師的策畫，可以奏言異議。昔時兵備僉事袁崇煥對遼東經略王在晉築關外八里鋪重城之議相左，先極力陳諫，繼具揭首輔，後納其議，史稱頌之。但毛文龍稱覽督師疏畢，即「合島鼎沸」，似有煽惑之嫌。這表明總兵毛文龍對督師袁崇煥節制之議，以兵變相脅，以逮死相嚇。可見袁督師無法節制毛總兵，以同心協力、抗禦後金。

毛文龍通款後金，謀降有迹。自後金同朝鮮與盟後，後金在鎮江和義州駐紮重兵，既防範東江，又監視朝鮮。明朝崇禎帝登極後，逮治閹黨，勵精圖治；毛文龍前附魏閹，揭其疏牘，屢至京師。朝鮮備邊司啓其王曰：「毛將不得志於天朝，則必投於虜；既投於虜，則必且求逞於我」（註三七）。毛文龍在朝廷、後金、朝鮮之間，難以久立，形勢危殆。他試圖降附後金，以脫窘境。朝鮮國王得報：「西來狀啓中，或云投虜」（註三八）。毛文龍通好後金，上背朝廷旨意，下違遼民之心，只能進行「秘密通好」（註三九）。這對寧遠來說，是相當危險的。袁崇煥實現「五年肅清邊陲」的目標，協調右翼東江力量，對毛文龍諭以大義，委曲求全，爭取其能受節制，共禦後金。但是，毛文龍同皇太極「密通」的信息，通過各種渠道，傳至寧遠督署。《滿文老檔》記載，毛文龍致金國汗書云：「若你取山海關，我取山東，從兩方面來攻，則大事可立定」（註四〇）。雖沒有資料證明袁督師當時探知上述書簡內容，但他已明顯地察覺到毛文龍通款後金的危險性。所以，袁督師既無法節制其師旅，又不能坐視其通敵，也不能聽任其所爲，只有選擇「易將馭軍」之策。

毛文龍已成贅疣，應當割除。談遷肯定毛文龍之初功：「島帥初陷鎮江，開皮島，人俱以爲功」（註四一）。崇禎初翰林院編修姜曰廣至皮島閱視後曰：「其言牽制，非也。鞭長不及馬腹也」（註四二）。袁崇煥則認爲毛文龍已爲東江之包袱：「文龍譾才無當，小器易盈。以海島爲夜郎，曰『惟予大』；棄國憲若弁髦，曰『莫誰何』。餉饋之供億若流，牽制之實事安在？十年開鎮，不聞復寸土於遼東；一味欺君，徒見私多官於毛氏。擄子女，擄金帛，明明御人國中；殺降夷，殺亂民，日日功報司馬。要挾無已，居奇貨於東奴；誅索非時，設外府於句麗。不特目無朝廷，抑恐戕及屬國。既成不掉之勢，詎緩無將之誅」（註四三）。所以，袁督師對皮島採取易其將而馭其軍之策。

但是，東江易將之法，四途可供選擇。其一，奏請朝廷，調任他鎮。但朝廷是否旨準，新將是否得當，均難預料。其二，勸諭解甲，歸老西湖。毛文龍對袁崇煥的規勸，不加考慮，斷然拒絕；且稱「朝鮮文弱可襲」，預爲日後榮華之計。第三，縛之入朝，仰祈旨定；但恐其兵嘩變，事有不測。第四，尚方殺之，撫綏其軍。督師袁崇煥採取了最後一種抉擇——計斬平遼總兵毛文龍。

督師袁崇煥計斬毛文龍，雖了結一大懸局，卻引起諸多爭議。

辨議

崇禎二年（一六二九年）六月，薊遼督師袁崇煥計斬平遼總兵毛文龍。朝鮮回帖評論毛文龍之死曰：「在中國爲先去腹心之疾，在遼民爲脫虎口歸慈母，在三韓爲決癰潰疽而延命回生」（註四四）。

毛文龍爲「五方」所不滿，至此算了結一局。但袁崇煥落獄，毛文龍之死爭議迭起。孟森先生言：「《天啓朝實錄》中，多有毛文龍之罪狀；至歸惡崇煥以後，反以文龍爲賢」（註四五）。這是因爲，毛文龍的被斬，袁崇煥的磔死，都是啓禎時期黨爭的一個題目。人們持門戶之見，議斷其功過是非。三個多世紀以來，對於毛文龍之死，見仁見智，諸多歧議。

「功大過小不當殺」。毛文龍開鎮八載，其功其過，不可概論。天啓初，後金軍佔河東，文龍陷鎮江；後金軍佔河西，文龍又陷金州。數百里內，遼東難民，扶老携幼，望風歸附。儘管兩城得而即失，卻予後金軍迎頭兩擊。天啓中，後金鞏固遼左，東江虛張聲勢，他既不能重擊後金，也未能撫育遼民，空言相娛，大失民望。寧遠之戰時，後金精兵盡出，毛文龍稱防守緊去攻不得（註四六）；寧錦之戰時，後金精銳悉出，毛文龍又稱「臣計難分臂而應」（註四七）——均未積極牽制敵師，以遙相配合。崇禎初，虛兵，冒餉，不練伍，不修械，私通款，殺難民，日獻僞捷，寸土未復。袁崇煥列其罪十二，當不爲過。直隸巡撫方大任分析毛文龍之變化言：「自毛文龍之縱鐵山而獲佟養眞也，人皆壯之。進出入於東江，報功解級，而曾無尺寸之恢復也，人皆嘆之。及潛形於皮島，袁崇煥索糧疾呼謾罵也，人又皆駭之」（註四八）。「壯之」、「嘆之」和「駭之」，正說明毛文龍開鎮八年的衍變。歷史上的人物，應該獎功、責過、罰罪，毛文龍亦該如此。

「收撫為用不該殺」。吳國華在《東江客問》中設想：「假使煥能和於毛，戮力岩疆，共圖實際，結西虜爲聲援，連朝鮮爲犄角，何事不可爲」（註四九）？袁督師亦嘗如此畫策。他議設文臣以監之，嚴海禁以羈之，親面語以諭之，勸歸老以警之；但其「狼子野心，終不可制。」毛文龍嘗以「五不平」，直嘖心血，具奏哀告，筆訴所指，寧遠崇煥，可見結怨已深。前引方大任疏又云：「職奉命視師至榆關，特閱邸報，見文龍海運一疏，凌厲咆哮，其心目中豈直無崇煥哉！」所以，袁督師「收撫」毛總兵，需要袁崇煥願收，而毛文龍願附，兩個因素，缺一不可。前者欲收，後者拒附，一廂情願，不能成事。袁崇煥未能收撫毛文龍，有他們內在因素——如性格、素質、氣度、韜略的反差，也有他們外在因素——如門戶、歷史、社區、利益的反差。二者差距太大，難以協調合力。他們合力的共同點是抗禦後金、匡復遼東，但毛文龍「私自通款，無心抗虜」。因此，在袁督師「五年肅清邊陲」的戰略目標下，毛文龍受其內在與外在的因素驅使，拒絕受撫共同抗禦後金，只能落得個悲劇的下場。

「未經請旨不該殺」。御史高捷倡先疏言：「夫文龍當斬，事關軍機，崇煥入朝奏對，何不預請密旨？崇煥出海閱視，何不飛馳蠟封」（註五〇）？這是在問袁崇煥專殺之罪。但其時輿情帖服，「崇禎時列傳涉東江事凡數十處，不曰跋扈，即曰冒餉」（註五一）。毛文龍不僅跋扈冒餉，而且暗通後金。《舊滿洲檔》載毛文龍致後金汗書云：

> 我先前曾派姓周的人，去向汗與諸王訴說：「你率兵來，我在這裡從裡面接應。這樣，就好像反掌一般地易取」。然而，汗與諸王一點也不採納我的話（註五二）。

由於皇太極對毛文龍的書簡半信半疑，致使其「內應」的政治交易暫未拍定。僅此一點，毛文龍對明廷而言，已是「十惡不赦」之人。像毛文龍這種人，先奏後斬，實行不通。陳玉樹《後樂堂集》

載：

或曰：崇煥請命而後誅，不亦可乎？不知黃梨洲有言：「文龍官至都督，掛平遼將軍印，索餉歲百二十萬緡，不應則跋扈恐喝曰：『臣當解劍歸朝鮮矣』。則其內懷異志非一日也」。梨洲又云：「參、貂之賂貴近者，使者相望於道。」史亦云：「帝令所司捕其爪牙伏京師者，則其密結朝士爲心腹，潛佈耳目於輦轂之間，偵伺朝廷動靜非一日也。崇煥朝請，文龍夕知，朝命未下，已得預爲之備。請之而從，固擁兵不肯就逮；請之而不從，益反側內不自安，速其叛而樹之敵。非計之得也。」此其所以不請而誅，甘受專殺之罪而不辭者也（註五三）。

文責袁崇煥計斬毛文龍爲專殺者：或閹黨餘孽，借題目做文章；或受蒙蔽者，臆其「斬帥納款」；或書生之見，以常理視軍機。閹黨餘孽之攻刺，拙文《論袁崇煥》已作評述；受蒙蔽者之憤怨，拙文《袁崇煥「謀款」辨》也已作駁論；而書生之見，重大歷史事件已爲鏡鑑。歷史上的許多重大事件，常使儒生震驚。秦王玄武門之變，史未譏其何不請旨；燕王靖難奪位之役，史亦未譏其何不先奏？史家按唐太宗、明成祖對歷史的貢獻而評價其歷史地位。因此，對袁崇煥計斬毛文龍，拔掉割據軍閥，消除內部隱患，整頓東江部伍，圖復全遼大業，應作公正評價，似宜無可非議。

「三將降清證錯殺」。袁崇煥死後，毛文龍原部屬孔定南等降清，論者以此斷定毛文龍被錯殺。昭槤在《毛文龍之殺》文中云：「使留之以拒大兵，不無少補。崇煥仍不計其大事，冒昧誅之，自失其助。遂使孔定南諸將陰懷二心，反爲本朝所用，此明代亡國之大機」（註五四）。上引昭槤所言，多與史實不合。第一，「留之以拒大兵」。毛文龍在天啓後期，已「徒享富貴，無意進取」（註五五）；「與虜交通，必叛中朝」（註五六）。前引他與皇太極的書簡也表示「從裡面接應」云云。可證留之難以拒後金兵。第二，「誅之自失其助」。天啓七年（一六二七年），後金兵攻寧、錦，袁巡撫處境艱難，毛總兵未能相助。《東江疏揭塘報節抄》載錄，同年其《具奏》五件，《具啓》一件，《塘報》六件，共十二件。其中，《具啓》一件，爲啓報信息；《塘報》六件，俱報後金兵東攻西突態勢，與寧錦之戰無直接關係；《具奏》五件中，請餉、請封四件，寧錦之戰一件且言「臣計難分臂而應，義當先時而告」。毛文龍卻咨牌文朝鮮稱：「逆奴突麗未退，反戈西犯，本鎮親統官兵，直抵海州、遼、瀋地方，一搗巢穴，大展奇功。捉活夷無數，斬首級萬餘，海外孤軍，一朝快捷」（註五七）。這似爲子虛烏有。第三，「遂使孔定南諸將降清」。

孔有德、耿仲明、尚可喜降清，同袁崇煥殺毛文龍沒有必然的聯繫。崇禎五年（一六三二年），孔有德在耿仲明內應下據登州，俘巡撫御史孫元化，自稱都元帥，後被圍困，無路可走，翌年北降後金。後尚可喜亦降。他們投降後金在袁崇煥殺毛文龍四年之後，其責任不能由袁督師負。第四，「明代亡國之大機」不在毛文龍被殺。其原因之一是，毛文龍在明朝與後金對峙中，不具有舉足輕重的地位。明朝之覆亡，關內爲李自成起義，明亡於大順軍而不是大清軍；關外爲袁崇煥被殺，自毀長城——《明史・袁崇煥傳》說得是：「自崇煥死，邊事益無人，明亡徵決矣」（註五八）！

但是，袁督師計斬毛文龍，似有餘論之處。袁崇煥起自縣令，後駐寧遠，戎馬倥偬，疏於機權。

這裡舉一史例。崇禎帝於平臺召見五朝元老、督師王象乾。崇禎帝問及款事，王象乾言所上條奏中，因「事關機密，不敢具載」（註五九）。崇禎帝喜曰：「這才是！」當然，袁崇煥與王象乾，其資歷、年齒、地位、聲望俱不同。如他機栝圓熟，得到「密旨」，或可杜塞譏刺其「專殺」者之口。這自然屬於題外贅言。

【附註】

註一　《明史·朝鮮傳》卷三二〇。

註二　王世貞：《弇山堂別集》卷十八。

註三　《李朝仁祖實錄》卷十三，四年六月丙戌。

註四　吳騫：《東江遺事》卷上。

註五　《李朝仁祖實錄》卷四，二年正月壬戌。

註六　《李朝仁祖實錄》卷十四，四年八月乙巳。

註七　《李朝仁祖實錄》卷十二，四年三月己巳。

註八　《舊滿洲檔譯註》（太宗朝一），天聰元年正月初八日。

註九　《李朝仁祖實錄》卷二一，七年七月辛亥。

註一〇　《舊滿洲檔譯註》（太宗朝一），天聰二年五月。

註一一　《舊滿洲檔譯註》（太宗朝一），天聰二年五月。
註一二　《舊滿洲檔譯註》（太宗朝一），天聰二年五月。
註一三　《東江疏揭塘報節抄》卷七。
註一四　《明史·韃靼傳》卷三二七。
註一五　《東江疏揭塘報節抄》卷三。
註一六　《舊滿洲檔譯註》（太宗朝一），天聰元年二月。
註一七　沈國元：《兩朝從信錄》卷三一，天啓六年八月。
註一八　《李朝仁祖實錄》卷十四，四年八月甲辰。
註一九　《明史紀事本末補遺》卷四。
註二〇　《明熹宗實錄》卷六六，天啓五年十二月乙亥朔。
註二一　《李朝仁祖實錄》卷九，三年五月己未。
註二二　《李朝仁祖實錄》卷六，二年五月戊寅。
註二三　《崇禎長編》卷二三，崇禎二年六月戊午。
註二四　《李朝仁祖實錄》卷十六，五年七月丁卯。
註二五　《崇禎實錄》卷一，崇禎元年二月甲辰。
註二六　《崇禎實錄》卷一，崇禎元年七月癸未。

註二七　《崇禎長編》卷十一，崇禎元年七月乙亥。

註二八　《李朝仁祖實錄》卷二一，七年七月辛亥。

註二九　《滿文老檔・太宗》卷二，天聰元年三月乙酉。

註三〇　《崇禎長編》卷十四，崇禎元年十月壬辰。

註三一　《明清史料》甲編，第八本，頁七〇七。

註三二　佚名：《今史》卷四，崇禎元年七月二十三日。

註三三　《明史・周延儒傳》卷三〇八。

註三四　神田信夫：《袁崇煥書簡》（日）駿台史學。一九六二年第十二號。

註三五　《明熹宗實錄》卷二三，天啓二年六月戊辰；但《明史紀事本末・毛帥東江》作：天啓二年五月「授參將毛文龍總兵」，「秋八月、平遼副總兵毛文龍遣部將……」，似後二載述既牴牾、又疏誤。

註三六　《崇禎長編》卷二〇，崇禎二年四月甲辰。

註三七　《李朝仁祖實錄》卷十四，四年八月癸丑。

註三八　《李朝仁祖實錄》卷十四，四年八月丙辰。

註三九　《滿文老檔・太宗》卷十二，天聰二年五月。

註四〇　《舊滿洲檔譯註》（太宗朝一），天聰二年五月。

註四一　談遷：《國榷》卷九〇，崇禎二年六月戊午。

註四二　談遷：《國榷》卷九〇，崇禎二年六月戊午。
註四三　《李朝仁祖實錄》卷二一，七年七月辛亥。
註四四　《李朝仁祖實錄》卷二一，七年九月丁亥。
註四五　孟森：《明清史論著集刊》冊上，頁二〇。
註四六　《東江疏揭塘報節抄》卷五。
註四七　《東江疏揭塘報節抄》卷六。
註四八　《東江遺事》卷上。
註四九　《東江客問》不分卷。
註五〇　《崇禎長編》卷二九，崇禎二年十二月乙卯。
註五一　《東江遺事》卷下。
註五二　《舊滿洲檔譯註》（太宗朝一），天聰二年五月。
註五三　《袁崇煥資料集錄》（下），頁七三。
註五四　昭槤：《嘯亭雜錄》卷一〇。
註五五　《李朝仁祖實錄》卷三，元年閏十月辛亥。
註五六　《李朝仁祖實錄》卷十三，四年閏六月丁未。
註五七　《李朝仁祖實錄》卷十六，五年七月乙丑朔。

註五八　《明史・袁崇煥傳》卷二五九。

註五九　佚名：《今史》卷四，崇禎元年九月二十四日。

袁崇煥「死因」辨

袁督師之死因，是袁崇煥研究中至爲重要又不可迴避的問題。近年以來，專論袁崇煥死因的文章達十餘篇，其他文中專論之節尚未計入，可見這個問題是袁崇煥研究中的一個焦點。袁崇煥之死因，明末清初的文人，蓋從袁崇煥個人責任去找答案；民元以來的學者，則從崇禎帝、明奸臣和天聰汗的個人恩怨去找答案。無疑，前者爲非，後者爲是；後者比起前者，是歷史的進步。但是，本文在肯定前此研究的基礎上，試從袁崇煥獨立品格與明王朝皇權專制之矛盾的視角，剖析袁崇煥悲劇之原因。

一

袁崇煥之死因，明末清初的學者，從袁督師個人「罪責」而加以解釋。此說蓋源自崇禎帝給袁督師的諭加之罪。《崇禎實錄》記載：

> 諭曰：袁崇煥付托不效，專恃欺隱，市粟、謀款、不戰，遣散援兵，潛移喇嘛僧入城，卿等已知之，自當依律正法。今特流其妻子、兄弟，餘不問（註一）。

《崇禎長編》載述袁督師「罪狀」，較《崇禎實錄》爲詳：

諭以袁崇煥付托不效，專恃欺隱，以市米則資盜，以謀款則斬師（帥），縱敵長驅，頓兵不戰，援兵四集，盡行遣散，及兵薄城下，又潛攜喇嘛，堅請入城，種種罪惡。命刑部會官磔示，依律家屬十六以上處斬、十五以下給功臣家爲奴，今止流其妻妾、子女及同產兄弟于二千里外，餘俱釋不問（註二）。

崇禎帝諭加給袁崇煥的「罪狀」是：「專恃欺隱」、「市粟資盜」、「謀款誘敵」、「斬帥踐約」、「縱敵長驅」、「遣散援兵」、「攜僧入城」和「付托不效」八條。上上八條，多文已作分析，茲再略作評判。

所謂「專恃欺隱」。袁督師是一位光明磊落、剛正耿直之士。崇禎帝責其「專恃欺隱」，或頤指下述事實：崇禎元年即天聰二年（一六二八年），崇禎帝在宮城平臺（註三）召見袁崇煥時，問「邊關何日可定？」崇煥應曰：「臣期五年，爲陛下肅清邊陲。」召見完畢，出至午門，給事中許譽卿問以五年之略，崇煥答云：「上期望甚迫，故以五年慰聖心耳」（註四）！朝臣鄭重地提醒他，崇煥始「撫然自失」。平心而論，「五年邊靖」或「五年復遼」，都是失言。但是，崇禎帝若以此事責袁崇煥「專恃欺隱」實屬不妥。因爲：第一，袁崇煥處處務實，事事責效，偶有失言之舉，不宜以斑概豹。第二，從袁崇煥許諾五年之期，至其被下詔獄，才一年多的時間，五年期限未到，不應以此相責。第三，即使袁崇煥有失言之過，亦不至於以磔示相懲處。所以，袁督師「專恃欺隱」之罪名，「莫須有」矣！

所謂「市米資盜」。明自隆慶以降撫綏蒙古之策，雖時斷時續，卻沿襲不變。寧遠之戰後，後金汗加強了對漢南蒙古東部諸部的攻撫。由是袁崇煥提出：「今日之計，我方有事於東，不得不修好西虜，即未必可用，然不爲我害，即已爲我用矣。歲費金錢數十萬，其亦不虛擲乎！西款不壞，我得一意防奴」（註五）。天啓末，旨許明兵部分設山海關和寧遠兩撫司，分由閻鳴泰和袁崇煥主持，目的在於「撫西部以拒東夷」（註六）。崇禎帝登極後，在平臺召見兵部尚書王之臣，之臣詳陳撫賞蒙古之策。尋崇禎帝以王之臣請歲兩市、重撫賞，令「傳示袁崇煥確察以聞」（註七）。不久，袁崇煥疏言：粆、虎兩部，窘於「無食之窮、淩弱之虎」，故應「以其賞物，爲其糧餉」，恤存西部，對抗後金。「帝是之」（註八）。翌年，漢南蒙古東部凶饑：「夷地荒旱，糧食無資，人俱相食，且將爲變」（註九）。蒙古哈喇愼等部，室如懸罄，聚高臺堡，哀求備至，乞請市粟。袁崇煥先言：「人歸我而不收，委以資敵，臣不敢也」（註一〇）。由是，袁督師疏言：「臣以是招之來，許其關外高臺堡，通市度命，但只許布米易柴薪」。疏入，奉旨：「著該督、撫，嚴行禁止」（註一一）。先是，各部首領，聞將市粟，指天立誓，不忘朝恩；至是，奉旨嚴禁，皆失所望，歸己不收，遂圖自固。哈喇愼諸部，背離明朝，紛投後金。可見，蒙古諸部台吉，附己不納，委以資彼，其責在崇禎帝。所以，袁督師「市粟資盜」之罪名，「莫須有」矣！

所謂「謀款誘敵」。「謀款」一事，所加之罪如「擅權主款」，帝謂：袁崇煥「逞私謀款，致敵欺藐君父，失誤封疆」（註一二）。並以此罪及輔臣錢龍錫、樞臣王洽等。其實，謀款即議和之事，袁崇煥任薊遼督師後明確疏言「和爲旁著」，目的在於緩其兵而爭取時間以固邊防，崇禎帝對此「悉聽便宜從事」（註一三），或「優旨許之」（註一四）。何以「擅主」！又如「謀款誘敵」，拙文《袁崇煥「謀款」辨》已析之。其實，崇禎二年即天聰三年（一六二九年），袁崇煥與皇太極往來書簡凡十封，其中皇太極致袁崇煥六封（註一五），袁崇煥致皇太極四封（註一六）。袁崇煥的第一封復信指出：我皇帝繼位以來，明哲果斷，整飭邊事，若不確鑿，不便奏上；且印璽之事，未降封號，不能妄行（註一七）。第二封復信又指出：遼東原爲明朝土地，且有漢人墳墓，則不應歸其佔有（註一八）。第三封復信解釋：「使者來時，因在海上航行，而讓期久居」（註一九），即赴雙島斬毛文龍而未在寧遠。第四封復信明確表示：戰爭長達十年，不能一朝停止，不是數人所能爲，數語所能定（註二〇）。這封信表明，經過半年多的交涉，和議毫無結果。如果議和有所進展，或可延緩爭戰爆發。皇太極意識到議和沒有結果，不久便率軍越過長城攻打北京。可見不是謀款誘敵長驅，而是拒和促其內犯。總之，袁崇煥的復信表明：他既未擅主和議，又未藉款誘敵，而是堅守信則，忠於明廷。神田信夫教授在分析袁崇煥書簡滿譯文和皇太極滿文書信後指出：「它強烈地反映出袁崇煥在與皇太極交涉中忠於明廷的責任感，他強烈地主張議和必須按照中國即明朝所提送的典制方案，並嚴戒其未經降封，不準隨意用印」（註二一）。所以，袁督師「謀款誘敵」之罪名，「莫須有」矣！

所謂「斬帥踐約」。袁督師計斬毛文龍，爲其時，爲至今，爭議甚多的一個題目。拙著《袁崇煥「斬帥」辨》（註二二），對爭議的幾個主要論點做了析辨。袁崇煥下詔獄，此爲其一大「罪由」：崇禎帝以議餉爲名，將袁督師紿至平臺，「上問以殺毛文龍」（註二三）云云，即下詔獄。袁崇煥遭非刑，此亦爲其一大「罪由」：諸如「斬帥以踐虜約」（註二四）；「文龍不殺，建虜不敢深入」（註二五）；「擅殺毛文龍，朝議紛紛，以致殺身」（註二六）等等。總之，將殺毛文龍同後金議和、同皇太極入犯相聯繫。史料已經證明，袁崇煥與皇太極書信往來，完全站在明廷立場，既無默契，更無議約。倒是毛文龍通款後金，謀降有迹（註二七）。毛文龍被殺，後金軍才敢南犯之言，實則誇大毛文龍的作用。至於對毛文龍先斬後奏，因而受到「擅殺」之詰，則應做具體分析。崇煥遇事，必先奏問，崇禎帝或褒獎，或旨允。惟殺毛文龍事先斬後奏，但實萬不得已，且崇禎帝「優褒答之」（註二八）。於袁崇煥計斬毛文龍的「席藁待誅」之奏，崇禎帝諭旨：

> 毛文龍懸踞海上，糜餉冒功，朝命頻違，節制不受。近復提兵進登，索餉要挾，跋扈叵測。且通夷有迹，犄角無資，掣肘兼礙。卿能周慮猝圖，聲罪正法。事關封疆安危，閫外原不中制，不必引罪。一切處置事宜，遵照敕諭行，仍聽相機行（註二九）。

堂堂諭旨，皇皇典冊，何出爾反爾，且翻雲覆雨？所以，袁督師「斬帥踐約」之罪名，「莫須有」矣！

所謂「縱敵長驅」。後金軍破塞，長驅直入，攻圍京師。崇禎帝責袁督師「縱」敵入犯，罪莫大焉。其實，早在天啓六年即天命十一年（一六二六年）四月，遼東巡撫袁崇煥疏陳戰守佈置大局，強調應防禦後金軍從寧、錦以西虛怯之處南犯：「寧遠成一金湯，彼即捨寧而西向，中一百七十里，空無所掠；前屯有總兵趙率教，出精兵而綴其後，奴必卻而不敢前。惟有從寧、錦之後溢出以西，此爲我之虛怯，然臣早已慮及此」（註三〇）。兩個月後，袁崇煥再疏：「慮其席捲西虜，遂越遼而攻山海、喜峰諸處」（註三一）。及至崇禎元年即天聰二年（一六二八年）十月，袁崇煥被重新啓用、陞任督師後不久，再疏奏喜峰、古北關隘可虞：蒙古哈喇慎等部「處於我邊外，經道慣熟，若仍誘入犯，則東至寧前，西自喜峰、古北，處處可虞，其爲紂更烈」（註三二）。翌年三月，袁督師憂慮後金軍避堅乘瑕，從長城薄弱隘口入犯，便及時上疏：「惟薊門陵京肩背，而兵力不加，萬一夷爲向導，通奴入犯，禍有不可知者」（註三三）。他一面諫議——「薊門單弱，宜宿重兵」（註三四）；一面具疏——濟其市粟糊口，免其導誘入犯。崇禎帝對袁崇煥的諫疏，或拖延因循，或嚴行禁止。己巳事變發生，不出崇煥所料。所以，袁督師「縱敵長驅」之罪名，「莫須有」矣！

所謂「遣散援兵」。後金軍破牆而入後，袁崇煥聞警，率九千騎兵，「心焚膽裂，憤不顧死，士不傳餐，馬不再秣」（註三五），日夜兼程，馳援京師。初四日，發山海關，「奉上論，令公調度各鎭援兵，相機進止」（註三六）。初十日（註三七），入薊州，議戰守。十四日，疏奏分兵協守方略。翌日，論兵部：「各路援兵，俱令聽督師袁崇煥調度」（註三八）。十七日，袁崇煥上疏引咎，得旨：「關內疏虞，責有分任。既統兵前來，其一意調度，務收全勝，不必引咎」（註三九）。翌日，袁軍抵京師廣渠門外。二十日，袁崇煥軍與皇太極軍大戰，馬頸相交，矢如驟雨，袁督師身先士卒，「兩脅如蝟，賴有重甲不透」（註四〇），大獲全勝，京師稍安。至於遣散援兵一節，遍查官私冊籍載錄，毫無史實根據，純屬無稽之言（註四一）。所以，袁督師「遣散援兵」之罪名，「莫須有」矣！

所謂「攜僧入城」。袁崇煥軍中，有否喇嘛，未做考證。督師率軍入京，屯駐廣渠門外，時值嚴冬，河水冰封，遼軍將士，露宿荒郊。袁崇煥「力請援兵入城，不許」（註四二）。督師又「求外城屯兵，如滿桂例，並請輔臣出援；不許」（註四三）。甚至平臺召見，督師「縋城以入」（註四四）。堂堂大明帝國，竟怕幾個喇嘛，崇禎帝之猜疑、惶懼到了何等程度，明朝廷之虛弱、窳敗到了何等地步。而且，祖大壽沉痛疏言：二十日和二十七日，廣渠、左安等門，「兩戰皆捷，城上萬目共見，何敢言功？露宿城濠者半月，何敢言苦？……京師城門口大戰堵截，人所共見，反將督師拿問，有功者不蒙陞賞，陣亡者暴露無棺，帶傷者呻吟冰地，立功何用」（註四五）？所以，袁督師「攜僧入城」之罪名，「莫須有」矣！

所謂「付托不效」。袁崇煥受明帝付托，誠心竭力，任事封疆。前有寧遠、寧錦二捷，後有寧錦固防，且不顧個人之安危，率軍千里回援京師。如程本直言：「千里赴援，餐霜宿露，萬兵百將，苦死無言。而且忍餒茹疲，背城血戰，則崇煥之心迹，與諸將之用命，亦概可知矣」（註四六）！廣渠門與左安門之戰，挫敵銳氣，捍禦京師：「謂十五年來未嘗有此勁敵也，於是乎膽落也，於是乎不復逼京師而惟出沒於海子、采囿之間以觀我動靜也」（註四七）！袁崇煥於朱明社稷，可謂「義氣貫天，忠心捧日」（註四八）。崇禎帝之「付托不效」，冀圖將後金入犯京師之全部責任，推卸到袁督師一人身上，從而免負其咎，顯示主上聖明。所以，袁督師「付托不效」之罪名，「莫須有」矣！

由上，崇禎帝強加於袁督師八款「罪狀」，並無事實依據，顯係蓄意編造。八款論定「罪名」，已被歷史否定。

袁崇煥之死因，民元以來的學者，或從天聰汗、明奸臣、崇禎帝的個人恩怨而加以解釋。這雖有其合理因素，卻有其探究之處。

一

天聰汗的反間。天命汗與天聰汗父子，先寧遠之戰、後寧錦之戰，皆敗於袁崇煥堅城洋炮之下，而對袁都堂深啣大恨。在已巳京師之役，又於廣渠門與左安門兩敗於袁軍。天聰汗既在軍事上不能戰勝袁督師，便在政治上施反間計以除之。由此而產生了袁督師死於皇太極反間計之說。鑑此，先對後金反間計略作考查。

皇太極反間計的最早文獻記載爲《舊滿洲檔》。《舊滿洲檔》天聰三年即崇禎二年（一六二九年）十一月二十九日記載：

派楊太監去明崇禎帝宮。楊太監去後，將高鴻中、鮑承先的話，都告訴了崇禎帝，遂殺袁都堂（註四九）。

上文中的「遂殺袁都堂」，顯係後記；應作「遂下袁都堂獄」。《舊滿洲檔》經重新整理之《滿文老檔》，亦加載錄（註五〇）。然《舊滿洲檔》和《滿文老檔》庋藏秘府，且爲滿文，外人難得而知。順治間修《清太宗文皇帝實錄》，於天聰三年即崇禎二年（一六二九年）十一月二十七日記載：

先是，獲明太監二人，令副將高鴻中，參將鮑承先、寧完我，巴克什達海監守之。至是還兵，高鴻中、鮑承先遵上所授密計，坐近二太監，故作耳語云：「今日撤兵，乃上計也。頃見上單騎向敵，敵有二人來見上，語良久乃去。意袁巡撫有密約，此事可立就矣。」時楊太監者，佯臥竊聽，悉記其言（註五一）。

同月二十九日記載：

縱楊太監歸。後聞楊太監將高鴻中、鮑承先之言，詳奏明主。明主遂執袁崇煥入城，磔之（註五二）。

《清太宗實錄》較《舊滿洲檔》載述更詳，並載明：定計者爲皇太極；施計者爲高鴻中和鮑承先，故《清史稿．鮑承先傳》詳載此事；中計者爲崇禎帝；但獻計者爲誰？李霨撰文載記獻計者爲范文程。康熙五年（一六六六年），范文程死，大學士李霨撰《內秘書院大學士范文肅公墓誌銘》云：「天聰三年冬，從蹕入薊門，克遵化；將偏師，諭降潘家口、馬蘭峪、三屯營、馬欄關、大安口凡五城，皆下之。是時，明寧遠總制某，將重兵居前。公進秘謀，縱反間，總制獲罪去」（註五三）。此爲今見皇太極縱反間去袁崇煥的最早私人漢文公開記載，亦爲范文程獻反間計之最早記載。爾後，康熙三十年（一六九一年），黃宗羲撰《大學士機山錢公神道碑銘》，碑文將范文程向後金汗獻反間計事，做了詳細記述：

己巳之冬，大安口失守，兵鋒直指闕下，崇煥提援師至。先是，崇煥守寧遠，大兵屢攻不得志，太祖患之。范相國文程時爲章京，謂太祖曰：「昔漢王用陳平之計，間楚君臣，使項羽卒疑范增，而去楚。今獨不可踵其故智乎？」太祖善之，使人掠得小奄數人，置之帳後，佯欲殺之。范相（國）乃曰：「袁督師既許獻城，則此輩皆吾臣子，不必殺也！」陰縱之去。奄人得是語，密聞於上。上頷之，而舉朝不知也。崇煥戰東便門，頗得利，然兵已疲甚，約束諸將不妄戰，且請入城少憩。上大疑焉，復召對，縋城以入，下之詔獄（註五四）。

錢機山即龍錫，《神道碑銘》作太祖時；范文肅即文程，《墓誌銘》作某總制。論者以爲係范文程監修《清太宗文皇帝實錄》，「蓋其子孫及撰文者懼悖於《清太宗實錄》而罹與上爭功之重罪，故意用隱晦曲筆而述之」（註五五）。筆者謂：李蔚時爲大學士，故諱袁督師之姓；黃宗羲時爲布衣，或據傳聞而著文，或懼觸諱而曲晦，且左安門誤作東便門。總之，李蔚和黃宗羲是私人撰述中，較早披露范文程爲獻反間計者。至乾隆初《明史》定稿付梓，《明史·袁崇煥傳》記載：

會我大清設間，謂崇煥密有成約，令所獲宦官知之，陰縱使去。其人奔告於帝，帝信之不疑。十二月朔，再召對，遂縛下詔獄（註五六）。

此先纂修之《清太宗實錄》，雖有滿、蒙、漢三種文本，但藏之秘閣，外人難得見。故《明史》雕梓後，皇太極縱反間去崇煥事才廣布於衆。

由上可見，袁督師死於皇太極反間計之說，始於《舊滿洲檔》，襲於《滿文老檔》。此說意在表明天聰汗反間計之成功。但是，《明史·袁崇煥傳》未將後金反間與崇煥磔死相聯繫，卻以「擅主和議、專戮大帥」兩端爲其死因，亦未載其因通敵致死；崇禎帝諭定其罪八款，並無「通敵」之詞。由是可證：天聰汗反間計是袁督師落獄之由，而不是其磔死之因。明廷小人的群喙誣陷，則是袁崇煥罹難的一個原因。

衆小人的誣陷。袁崇煥的每個勝利，都把小人召喚到自己的周圍，而受其攻訐與誣謗。後金騎兵南犯京師，小人攻訐達於頂點。在小人之中，有舊時同僚，有朝廷中貴，更有閹黨餘孽。同僚中的兵部尚書楊廷棟和大同總兵滿桂，爲藉機陷害袁督師之尤。梁廷棟「曾與煥共事於遼，亦有私隙」（註五七），袁落獄後，投石下井，上《請斬袁崇煥疏》（註五八）。滿桂先在寧遠戰前怯敵拒守，戰後與崇煥不協。袁崇煥「請移之它鎮，乃召桂還」（註五九）。滿桂在己巳之役中兵敗德勝門，卻在崇禎帝於平臺召對袁督師時站在御側，詐稱中袁軍箭射；「上命解衣驗示，著錦衣拿擲殿下」（註六〇），遂擢滿桂爲武經略。同僚之外，還有中貴。後金兵犯京師，「郊外徹侯中貴之園囿墳墓，爲□兵踐踏毀拆，各中貴因環訴督師賣好，不肯力戰，上已心動疑矣」（註六一）。至於中官，袁「於大璫少所結好，毀言日至，竟罹極刑」（註六二）。皇太極的反間計，也由中官傳送，爲一明顯例證。

閹黨餘孽，蠱惑尤甚。攻訐袁督師的小人，不僅有個人，而且有群體。朝廷官員多不是孤立的，而是結成一定的集團或派別。閹黨、浙黨、東林黨等即是幾個重要的政治派別。袁崇煥因其爲人正直、忠於職事，雖不屬於東林，卻傾向於東林。他由東林黨人侯恂舉薦而被擢陞爲兵部職方司主事，又由東林黨人、大學士孫承宗支持而築守寧遠，且其座師韓爌亦爲東林黨魁。崇禎初政，閹黨受到打擊，冀圖東山再起。己巳之變，爲閹黨翻局提供了機會。閹黨餘孽尚書王永光和御史高捷、袁弘勳、史𡑍等相鳩合，拼力誣陷袁崇煥。高捷誣奏袁督師稱：「其遣弟通好，遠在數年之前；其斬將剪忌，近在數月之內。唯別一機關，故另一作用」（註六三）。高以通款、斬帥二事，欲置其於死地。史𡎺則在袁督師刑前十日誣奏之曰：「兵倡爲款，議以信五年成功之說，賣國欺君，秦檜莫過」（註六四）。浙黨溫體仁與毛文龍同鄉，同閹黨合謀，攻訐袁督師，自稱：「崇煥之擒，吾密疏，實啓其端」（註六五）。及袁督師下獄，「體仁五疏，請殺崇煥」（註六六）。他們以袁崇煥爲題目，「起大獄，翻逆案」（註六七）。果然，東林黨依恃之長城被毀，東林朝臣或辭職，或降謫，或下獄，或遣戍。故梁啓超引曰：「古未有奸臣在內，而名將立功於外者」（註六八），實爲肯綮之言。

「逢君之惡，讒譖而成。」朝中奸臣小人，各出自不同目的，群起而搆讒督師。但是，明代崇禎皇帝，君權高於一切，口含天憲，太阿獨操。群小誣陷，崇禎偏信，旨定磔殺袁崇煥，鑄成千古大冤案。

由上可見，袁督師之死，要對中後金反間計與聽信群小誣陷的崇禎帝做深入分析。

崇禎帝的昏暴。後金的反間，廷臣的讒陷，只有昏暴之君聽信才能得逞。其實，早在天啓帝時，袁崇煥已就間讒具疏：

凡勇猛圖敵，敵必仇；振刷立功，眾必忌。況任勞之必任怨，蒙罪始可有功。怨不深，勞不厚；罪不大，功不成。謗書盈篋，毀言日至，從來如此。惟皇上與廷臣始終之。

得旨：「朕念切封疆，委任責成，不啻推心置腹，安有謗書可間？著殫心防禦，一意滅奴，毋以瞻顧分心」（註六九）。時天啓帝荒於政事，由魏忠賢總攬朝綱。袁崇煥外受強敵威逼，內懼間謗威脅。魏忠賢終以其「暮氣難鼓，物議滋至」爲名，准其引疾歸里，卻未給予加害。天啓帝死，崇禎帝立。崇禎帝啓用袁崇煥，擢陞爲薊遼督師，賜尚方劍。袁督師又就間讒具疏：

> 遼事恢復之計，不外前之以遼人守遼土，以遼土養遼人，以守爲正著，戰爲奇著，款爲旁著，法在漸不在驟，在實不在虛。此皆臣與在邊文武諸臣所能爲，而無煩聖慮者。至用人之人與爲人用之人，俱於皇上司其鑰，何以任而勿二，信而不疑，皆非用人者與爲人用者所得與。夫馭邊臣者與他臣異，軍中可驚可疑者殊多，故當論邊臣成敗之大局，不必過求於一言一行之微瑕。蓋著著作實，爲怨則多。凡有利於封疆者，俱不利於此身者也。況圖敵之急，敵又從外而間之，是以爲邊臣者甚難。我皇上愛臣至、而知臣深，臣何必過爲不必然之懼，但衷有所危，不敢不告。

疏上，得旨：「嘉其忠勞久著，戰守機宜，悉聽便宜從事。浮言朕自有鑑別，切勿瞻顧」（註七〇）。崇禎帝年方十八，銳意中興，既嘉許其忠與勞，又允鑑其間與讒。但是，一年多之後，崇禎帝自食其言——既中後金之間，將袁督師下獄；又信奸臣之讒，將袁督師磔死。崇禎帝殺袁崇煥，既不是「誤殺」，也不是「忌殺」，而是「必殺」。何以「必殺」？拙文《論袁崇煥》作過如下淺析：

> 本來，後金軍入犯京師是明廷腐敗政治的一個必然結果，但崇禎帝把責任完全推給袁崇煥，稱袁崇煥付托不效、縱敵長驅，致「廟社震驚，生靈塗炭，神人共忿，重辟何辭」（註七一）！

因此，崇禎帝將後金的設間，都人的怨懟，朝士的憤懣，中貴的環訴，閹孽的誣謗，自身的愧赧，都集中到袁崇煥身上，命殺崇煥以「慰」廟社，磔崇煥以「謝」天下。袁崇煥成爲都門受辱的替罪羊，明末黨爭的犧牲品（註七二）。

但是，正統己巳之變，保衛京師的兵部尚書、民族英雄于謙，後受到朱祁鎮的殺害；崇禎己巳之變，保衛京師的兵部尙書、民族英雄袁崇煥，又受到朱由檢的殺害——事隔三個甲子，何其相似乃爾！其間有一條相互聯繫之隱線，應對袁崇煥死因做深層剖析。

三

袁崇煥之死因，從袁督師孤耿廉直品格與崇禎帝剛愎暴戾個性的矛盾，可以找到其內在的解釋。有的學者就袁崇煥之死，試圖從其主觀上找根因，即從其主觀認識上、戰略思想上、人際關係上找答案，但未涉及袁督師獨立性格與明王朝皇權至上的衝突。袁崇煥品格具有兩極性：一極爲忠君，另一極爲個性；二者既相統一，又相對撞。他三十五歲中進士前，受到系統的儒家教育，以綱常倫理作爲思想與行爲的規範。他在《三乞給假疏》中言：「生殺去留，惟皇上所命。皇上綱常名教主，尊皇上即所以重倫常」（註七三）。所以，君爲臣綱，絕對忠君，這是袁崇煥性格的一極。他出身於商人家庭，嘗順溯西江而往來兩粵，珠江流域受西方文化影響較早，因而家世、閱歷和社會又陶冶了他的獨立性格。他在《咏獨秀峰》詩中云：「玉笋瑤簪里，茲山獨出群。南天撐一柱，其上有青雲」（註七四）。他又以榕樹自喻詩曰：「縱斧摧爲薪，一任後人事」（註七五）。前者表現其卓異的心態，後者則表現其寡合的性情。所以，剛毅卓立，不相苟合，這是袁崇煥性格的另一極。袁崇煥這一獨立品格，是其區別於同時代諸多官員的一個明顯的性格特徵。由是，他具有獨立心態、獨立意志、獨立性格和獨立行爲。這是袁督師鑄成英雄塑像與扮演悲劇角色的性格因素。袁崇煥的獨立品格，主要表現在：

第一，敢走險路。袁崇煥中進士之年，明軍薩爾滸大敗；朝覲之年，明軍失陷廣寧。其時關外形勢，經略王在晉認爲已無局可守。但是，袁崇煥不與同僚、家人商量，單騎出閱關內外。回京後，具言關上形勢，曰：「予我軍馬錢穀，我一人足守此」（註七六）。而當時的「京師各官，言及遼事，皆縮朒不敢任，崇煥獨攘臂請行」（註七七）。廷臣稱其才，遂超擢僉事，監關外軍，從此袁崇煥與遼事結下終生不解之緣。時袁崇煥從八閩而至京都，由縣令而陞主事，他可選走筆直平坦之道，卻擇行崎嶇危險之路。有文於此論曰：

> 作爲一位年幾不惑之年而又初供職於京的下層官員來說，在上述的抉擇以前，存在多種選擇的可能性，他完全可以行某種平穩之計而不冒此風險，擔此重任，特別是在那樣艱難的局面之下。而他卻不畏困難，擇險而行（註七八）。

袁崇煥選走險路是由其價值取向與性格特徵所決定的。他出關之後，繼續擇險而行。如受命赴前屯安集流散遼民，史載：「崇煥即夜行荊棘虎豹中，以四鼓入城，將士莫不壯其膽」（註七九）。又如寧遠以缺餉四月而兵嘩，巡撫畢自肅、總兵朱梅等被縛於譙樓上，尋自肅自經死。督師袁崇煥於到任次日，「單騎出關，至寧遠，未入署即馳入營」（註八〇），迅即平息之，表現了超凡的膽魄。先是，袁崇煥任邵武令時，縣衙旁著火，他「素趫捷有力，嘗出救火，著靴上牆屋，如履平地」（註八一）。一位縣令，登牆上屋，奮力救火，實屬非凡。袁崇煥令邵武時，童試之後，他絕不閱卷，卻「日呼一老兵習遼事者，與之談兵」（註八二），亦屬超越常規，奇異行為。以上說明，袁崇煥脫常軌、走險路之性格特徵。

第二，敢犯上司。袁崇煥善待同僚（後同滿桂關係例外）；體恤下屬，「煥得大將風，士卒同甘苦」（註八三）。但是，袁崇煥不善於「應對」上司。或謂：「舉世所不得避之嫌疑，袁公直不避之而獨行也」（註八四）！他不愛錢，不惜死，不辭勞怨，不避嫌疑，而秉性耿直，忠於朝廷，是其所是，非其所非。他於經略王在晉：深受其倚重，並被題為兵備僉事；但是，「崇煥薄在晉無遠略，不盡遵其令。及在晉議築重城八里鋪，崇煥以為非策，爭不得，奏記首輔葉向高」（註八五）。袁崇煥以區區小官，在唯諾成風的官場中，冒犯上司，徑直奏記，是何等剛直，又何等膽魄。他於大學士孫承宗：深受其器重，並被委任築守寧遠；但是，「崇煥嘗核虛伍，立斬一校。承宗怒曰：『監軍可專殺耶』？」（註八六）又如孫承宗、馬世龍出擊後金，兵敗柳河。他不顧及孫承宗之情面而揭斥道：「前柳河之失，皆緣若輩貪功，自為送死。乃因此而撤城堡，動居民，錦、右動搖，寧、前震驚」（註八七）。他於經略高第：高第代承宗後，謂關外必不可守，令盡撤錦、右將士入關，崇煥力爭不可，第撤意愈堅，並欲撤寧、前二城。崇煥抗曰：「我寧前道也，官此，當死此，我必不去」（註八八）！

高第無以難，聽其守寧遠。他於督師王之臣：先是袁崇煥請移滿桂往它鎮，桂被召還，王之臣又奏留桂。「崇煥以之臣奏留桂，又與不協」（註八九）。他於廠臣魏忠賢：天啓六年即天命十一年（一六二六年），明廷「內外大權，一歸忠賢」，魏忠賢「矯詔遣其黨太監劉應坤、陶文、紀用鎮山海關，收攬兵柄」（註九〇）。袁崇煥具抗疏言：

> 兵，陰謀而詭道也，從來無數人談兵之理。臣故疏裁總兵，心苦矣。戰守之總兵且恐其多，況內臣而六員乎？又所轄之隨行，軍法不得問者，不知幾許乎？昨部臣崔呈秀疏諫廠臣魏忠賢，約束內官，不干與部事。部事且不令干與，況呼吸存亡之兵事乎（註九一）？

疏上，拒納。崇煥雖盡力與忠賢委蛇，卻終不爲其所喜，而引疾辭職歸里。袁崇煥一心忠君，以社稷爲重，竭力抗禦後金，圖復遼東失地，因而敢於冒犯上司，不太注意對上級的人際關係。正如《天啓朝袁崇煥人際關係的變化》文中論道：「他並不重視向上看的聯繫上級的人際關係，他重視的是同僚關係，以及與將下屬的人際關係。他向下看多過向上看，他不急於陞官」（註九二）。袁崇煥自賦詩句：「杖策只因圖雪恥，橫戈原不爲封侯」（註九三），是其價值取向，也是其孤迂性格的詩詞表徵。

第三，敢違聖顏。在帝制時代，君威至高，皇權至上。袁崇煥不僅犯上司，而且違聖顏。後者，僅舉講款與斬帥二例。講款，爲廟堂之大事。天啓末講款，袁巡撫首疏。遼東巡撫袁崇煥以傳聞後金汗努爾哈赤死，遣使吊喪，探其虛實。此事雖由內臣主持，卻未先行奏請聖旨。天啓六年即天命十一年（一六二六年）九月二十八日，《明熹宗實錄》載督師王之臣和巡撫袁崇煥奏報：「奴酋哈赤死於瀋陽，四子與長子爭繼未定」（註九四）。第二天即二十九日，袁崇煥復奏：「臣敕內原許便宜行事，嗣有的音，方與在事諸臣會奏」（註九五）。可見，此奏上報之時，李喇嘛已派出。十二月十三日，《明熹宗實錄》載：李喇嘛返回，袁崇煥奏報，得旨：「夷在，無急款以失中國之體」（註九六）。此奏報雖優旨許之，後爭議卻頻旨戒諭。「崇煥欲藉是修故疆，持愈力」（註九七）。而朝鮮被兵，言官謂款議所致。御史智鋌、劉徽、李應薦等交章奏劾，甚至王之臣與袁崇煥緣此而「意見異同，遂成水火」（註九八）。袁崇煥具疏抗辯（註九九），無濟於事，寧錦捷後，引疾歸里。右副都御史霍維華爲其疏鳴不平，卻得到「袁崇煥講款一節，所誤非小」（註一〇〇）的罪名。崇禎初講款，袁督師又議。但是，僅崇禎二年即天聰三年（一六二九年）間，皇太極與袁崇煥往來書簡十二封（註一〇一），《崇禎實錄》和《崇禎長編》均闕載袁督師向崇禎帝奏報此事。斬帥，亦爲廟堂之大事。拙文《袁崇煥「斬帥」辨》（註一〇二），已做討論。袁督師計斬總兵毛文龍，雖同輔臣錢龍錫私商過，卻未先請旨，斬爾後奏，致留下「擅殺」的罪名。錢龍錫「悉封上崇煥原書及所答書」（註一〇三），得減死，遣謫戍。

袁崇煥在奏疏中，陳述自已的性格稱：「臣孤迂耿僻，原不合於邊臣舊格」（註一〇四）。孤迂、廉直、耿僻——是袁崇煥重要的性格特徵。因其孤迂，則是其所是，而行險路；因其廉直，則非其所非，而冒犯上司；因其耿僻，則不工阿附，而觸違聖顏。由是，袁崇煥的孤迂耿僻性格與崇禎帝的剛愎暴戾性格發生衝突。袁督師的歷史悲劇，從某種意義上來說，從心理史學視角看，是崇煥孤迂耿僻性格與崇禎剛愎暴戾性格衝撞的結果。在帝制時代，正人君子，名節清流，仕途坎坷，難得通達，主昏政闇，尤其如是。檢《明史》宦官、閹黨、佞倖、奸臣諸傳，其奸佞之臣，或憸邪，或陰狡，或善伺旨意、或惡正醜直。閹黨如魏廣微「曲奉忠賢，如奴役然」（註一〇五）；閻鳴泰則「專事諂諛，虛詞罔上」（註一〇六）。奸臣如周延儒「善伺意指」（註一〇七）；溫體仁則「機深刺骨」（註一〇八）。至於嚴嵩，「嵩無他才略，惟一意媚上，竊權罔利」（註一〇九）。伺旨、諂諛、結納、通賄和陰險，這是歷史上一切奸佞之臣的共性。袁崇煥剛正、孤迂、不黨、清廉（註一一〇）和忠耿的品格，自爲明季昏君和奸臣所不容。在明末官場中，君子之清流與小人之渾濁，涇渭分明，勢同水火。但是，小人必逢君惡，方能讒構售奸，這就是《明史．宦官傳》的「逢君作奸」（註一一一）。所以，袁崇煥孤耿剛廉的品格，不僅同諸奸臣諂附媚上的奴性相衝突，而且與崇禎帝剛愎昏暴的個性相衝突。在君爲臣綱、君視臣如草芥的帝制時代，袁崇煥性格與崇禎帝個性相對撞的結局，袁督師只能以悲劇結束自己的一生。

綜上所辨，袁崇煥之死，有著多層面的、極複雜的原因，可謂多因而一果。後金設間是其誘因，閹黨排搆是其外因，崇禎昏暴則是其主因。袁崇煥之死，是個人的悲劇；是社會的悲劇；是歷史的悲劇——「自崇煥死，邊事益無人，明亡徵決矣」（註一一二）；更是文明的悲劇——「衣冠塡於狴犴，善類殞於刀鋸」（註一一三），正義被褻瀆，文明遭玷污！袁崇煥之死，就心理史學而言，崇禎帝剛愎暴戾的個性，袁崇煥孤耿剛廉的性格，矛盾衝突，君爲臣綱，演出了袁督師的歷史悲劇。

【附註】

註一　《崇禎實錄》卷三，崇禎三年八月癸亥。

註二　《崇禎長編》卷三七，崇禎三年八月癸亥，汪楫本。

註三　孫承澤《春明夢餘錄》（光緒刻本）卷六、頁十：「建極殿後曰雲臺門，東曰後左門，西曰後右門、亦名曰平臺。」

註四　《崇禎實錄》卷一，崇禎元年七月癸酉。

註五　《明熹宗實錄》卷七一，天啓六年六月戊子。

註六　沈國元：《兩朝從信錄》卷三一，天啓六年八月丁巳。

註七　《崇禎實錄》卷一，崇禎元年九月庚辰。

註八　《崇禎長編》卷十四，崇禎元年十月壬辰。

註九　《明清史料》甲編，第八本，頁七〇七。

註一〇　《明熹宗實錄》卷七一，天啓六年六月戊子。

註一一　《明清史料》甲編，第八本，頁七〇七。

註一二　《崇禎長編》卷三七，崇禎三年八月癸丑。

註一三　《崇禎長編》卷十一，崇禎元年七月乙亥。

註一四　《明史・袁崇煥傳》卷二五九。

註一五　皇太極致袁崇煥六書爲：天聰三年正月十三日、閏四月二十五日、六月二十日、六月二十七日、七月十日和七月十日。另有二封爲皇太極致明執政諸大臣書，未計入。

註一六　袁崇煥致皇太極四書爲：崇禎二年閏四月初二日、七月初三日、七月初三日和七月十六日。

註一七　《滿文老檔·太宗》卷十六，天聰三年閏四月初二日。

註一八　《滿文老檔·太宗》卷十六，天聰三年七月初三日。

註一九　《滿文老檔·太宗》卷十六，天聰三年七月初三日。

註二〇　《滿文老檔·太宗》卷十七，天聰三年七月十六日。

註二一　神田信夫：《袁崇煥與皇太極的往來書信》，載《袁崇煥學術論文集》，廣西人民出版社，一九八九年。

註二二　閻崇年：《袁崇煥「斬帥」辨》，載《燕步集》，北京燕山出版社，一九八九年。

註二三　《明懷宗實錄》卷二，崇禎二年十二月辛亥朔。

註二四　談遷：《國榷》卷九一，崇禎三年八月癸亥。

註二五　《崇禎長編》卷九〇，崇禎二年十二月丙寅。

註二六　《崇禎實錄》卷三，崇禎三年八月癸亥。

註二七　《舊滿洲檔譯註》（太宗朝一）天聰二年五月。

註二八　《明史·袁崇煥傳》卷二五九。

註二九　《明清史料》甲編，第八本，頁七二一。

註三〇　《明熹宗實錄》卷七〇，天啓六年四月己亥。
註三一　《明熹宗實錄》卷七二，天啓六年六月戊子。
註三二　《崇禎長編》卷十四，崇禎元年十月壬辰。
註三三　《兵部行督師袁崇煥題稿》，《明清史料》甲編，第八本，頁七〇七。
註三四　余大成：《剖肝錄》，《袁督師事蹟》。
註三五　程本直：《白冤疏》，《袁督師事蹟》。
註三六　周文郁：《邊事小紀》卷一。
註三七　袁督師入薊之日，周文郁《邊事小紀》作「初九日，入薊料理戰守」；《崇禎長編》著錄《崇煥揭帖》：
「初四日，發山海；初十日，抵薊州。」應以後者爲是。
註三八　《崇禎長編》卷二八，崇禎二年十一月丙申。
註三九　《崇禎長編》卷二八，崇禎二年十一月戊戌。
註四〇　周文郁：《邊事小紀》卷一。
註四一　程本直：《漩聲記》，《袁督師事蹟》。
註四二　《崇禎實錄》卷二，崇禎二年十一月甲辰。
註四三　《崇禎實錄》卷二，崇禎二年十一月丙午。
註四四　黃宗羲：《南雷文約》卷一，清鈔本。

註四五　《崇禎長編》卷二九，崇禎二年十二月甲戌。

註四六　程本直：《磯聲記》，《袁督師事蹟》。

註四七　余大成：《剖肝錄》，《袁督師事蹟》。

註四八　錢家修：《白冤疏》，《袁督師事蹟》。

註四九　《舊滿洲檔譯註》（太宗朝一）天聰三年十一月。

註五〇　《滿文老檔．太宗》卷十九，天聰三年十一月二十九日。

註五一　《清太宗實錄》卷五，天聰三年十一月戊申。

註五二　《清太宗實錄》卷五，天聰三年十一月庚戌。

註五三　李霨：《內秘書院大學士范文肅公墓誌銘》，《碑傳集》卷四，頁二九，上海古籍出版社，一九八七年。

註五四　黃宗羲：《大學士機山錢公神道碑銘》，《南雷文約》卷一，清刻本。

註五五　于德金、于德源：《後金皇太極反間計考實》，《袁崇煥學術論文集》，廣西人民出版社，一九八九年。

註五六　《明史．袁崇煥傳》卷二五九。

註五七　余大成：《剖肝錄》，《袁督師事蹟》。

註五八　梁廷棟：《請斬袁崇煥疏》，中國第一歷史檔案館藏。

註五九　《明史．袁崇煥傳》卷二五九。

註六〇　計六奇：《明季北略．逮袁崇煥》卷五。

註六一　李遜之：《崇禎朝記事》卷一。
註六二　楊士聰：《玉堂薈記》卷上。
註六三　《崇禎長編》卷二九，崇禎二年十二月乙卯。
註六四　《崇禎長編》卷三七，崇禎三年八月癸丑。
註六五　葉廷琯：《鷗陂漁話》卷四《溫體仁家書》。
註六六　余大成：《剖肝錄》，《袁督師事蹟》。
註六七　文秉：《烈皇小識》卷二。
註六八　梁啓超：《飲冰室全集》卷七。梁氏此引語，出自《宋史．岳飛傳》卷三六五，頁一一三九一，中華書局標點本。
註六九　《明熹宗實錄》卷七五，天啓六年八月丁巳。
註七〇　《崇禎長編》卷十一，崇禎元年七月乙亥。
註七一　談遷：《國榷》卷九一。
註七二　閻崇年：《論袁崇煥》，《袁崇煥研究論文集》，廣西民族出版社，一九八四年。
註七三　袁崇煥：《三乞給假疏》，《袁督師事蹟》。
註七四　維元：《咏獨秀峰》，《北京日報》一九八六年七月十九日。
註七五　《袁崇煥詩》（六十六首），梁章鉅輯《三管英靈集》。

註七六　《明史．袁崇煥傳》卷二五九。

註七七　張岱：《石匱書後集》卷十一《袁崇煥列傳》。

註七八　李寶臣：《論袁崇煥的個性》，《袁崇煥學術論文集》，廣西人民版出社，一九八九年。

註七九　《明史．袁崇煥傳》卷二五九。

註八〇　《崇禎長編》卷十二，崇禎元年八月癸卯。

註八一　乾隆《邵武府志》卷十五。

註八二　夏允彝：《幸存錄》卷上。

註八三　錢家修：《白冤疏》，《袁督師事蹟》。

註八四　程本直，《磯聲記》，《袁督師事蹟》。

註八五　《明史．袁崇煥傳》卷二五九。

註八六　《明史．袁崇煥傳》卷二五九。

註八七　王在晉：《三朝遼事實錄》卷十五，天啓五年十月。

註八八　《明史．袁崇煥傳》卷二五九。

註八九　《明史．袁崇煥傳》卷二五九。

註九〇　《明史．魏忠賢傳》卷三〇五。

註九一　《明熹宗實錄》卷六九，天啓六年三月癸亥。

註　九二　羅炳綿：《天啓朝袁崇煥人際關係的變化》，《明末清初華南地區歷史人物功業研討會論文集》，香港中文大學歷史系，一九九三年。

註　九三　袁崇煥：《邊中送別》，《袁督師事蹟》。

註　九四　《明熹宗實錄》卷七六，天啓六年九月丁酉。

註　九五　《明熹宗實錄》卷七六，天啓六年九月戊戌。

註　九六　《明熹宗實錄》卷七九，天啓六年十二月辛亥。

註　九七　《明史·袁崇煥傳》卷二五九。

註　九八　《明熹宗實錄》卷八〇，天啓七年正月庚寅。

註　九九　《明熹宗實錄》卷八四，天啓七年五月庚寅。

註一〇〇　《明熹宗實錄》卷八七，天啓七年八月壬寅。

註一〇一　神田信夫：《袁崇煥與皇太極的往來書信》，《袁崇煥學術論文集》，廣西人民出版社，一九八九年。

註一〇二　閻崇年：《袁崇煥「斬帥」辨》，《燕步集》，北京燕山出版社，一九八九年。

註一〇三　孟森：《明本兵粱廷棟請斬袁崇煥原疏附跋》，《明清史論著集刊》，中華書局。

註一〇四　《明熹宗實錄》卷七二，天啓六年六月戊子。

註一〇五　《明史·顧秉謙傳》卷三〇六。

註一〇六　《明史·閻鳴泰傳》卷三〇六。

註一〇七　《明史．周延儒傳》卷三〇八。

註一〇八　《明史．溫體仁傳》卷三〇八。

註一〇九　《明史．嚴嵩傳》卷三〇八。

註一一〇　錢家修《白冤疏》載：「臣查袁崇煥自握兵以來，第宅蕭然，衣食如故。」程本直《漩聲記》載：「舉世最愛者錢，袁公不知愛錢也。」《明史．袁崇煥傳》亦載：「三年八月，遂磔崇煥於市，兄弟妻子流三千里，籍其家。崇煥無子，家亦無餘貲，天下冤之。」

註一一一　《明史．宦官一》卷三〇四。

註一一二　《明史．袁崇煥傳》卷二五九。

註一一三　《明史．閹黨傳》卷三〇六。

袁崇煥籍貫考

袁崇煥的籍貫，自《明史・袁崇煥傳》以降，有廣東東莞、廣西平南和藤縣三說鼎稱。茲據袁氏家譜和墓碑等新資料，徵以文獻記載與文物遺蹟，對袁崇煥的籍貫略作考辨。

袁崇煥祖籍在廣東東莞

據所見明代官私記載，袁崇煥爲廣西藤縣籍。但清初官修《明史・袁崇煥傳》卻載：「袁崇煥，字元素，東莞人。」爾後，《清高宗實錄》載乾隆四十七年十二月丙寅《上諭》踵其說（註一）。至廣東人康有爲《袁督師廟記》、梁啓超《袁督師傳》、張伯楨《明薊遼督師袁崇煥傳》和張江裁《東莞袁督師遺事》等均作東莞籍，影響較大。民國《東莞縣志》記載有關袁督師的三地重要文物，似更佐證袁崇煥爲東莞籍，如：

莞城鎮曾建有袁督師祠，過去香火很盛，每年在袁崇煥生日的四月二十八日，袁氏後代祭祀他。建有牌坊，刻「薊遼柱石」四字。現均已無存。

溫塘是袁崇煥族叔袁玉佩的家鄉。袁玉佩於明萬曆四十四年（一六一六年）成進士，後隨袁崇煥監軍山海關（註二）。袁崇煥青少年時經常乘船順溯西江，往來兩粵，到過溫塘（今附城公社溫塘大隊）。在溫塘曾有袁督師祠和袁大司馬祠。袁督師祠現已無存，據文物調查記載：袁督師祠——建築形式：面闊三間，深三進，祠宇建築，樑架屋頂；建築年代：清代；文物情況：正額石刻「鄉賢袁督師祠」及木匾「薊遼柱石」（註三）。袁大司馬祠，寬三間，深三進，稜石廊柱，黃瓦屋頂，正脊有琉璃螭吻，重脊飾琉璃獅吻，規制肅穆，建築雅麗。現基本保存。

水南是袁崇煥的祖籍。水南（今石碣公社水南大隊）的袁祠，據記載：「崇禎三年袁崇煥歿後，鄉人陳日昌等憫其冤，懸其生前《待漏圖》於三界廟後堂爲祭奠地」（註四）。過去每年三月三，當地民衆抬著一幀五尺多高的袁崇煥像遊會，以示志念。但廟宇已毀，袁崇煥畫像無存。水南還有清道光間建袁大司馬祠，今亦無存。經實地勘察採訪，水南沒有袁督師籍居遺蹟。

由上，東莞雖有莞城鎭、溫塘和水南三地祭祀袁崇煥的祠宇，但並無其故籍遺址。因其祖父袁世祥（字西堂）早在嘉靖初年就徙居廣西，袁崇煥又在廣西藤縣小試獲選、廣西桂林鄉試中式，故崇禎《東莞縣志》、崇禎《梧州府志》與明代乙部史書，皆載其爲廣西籍。清初修《明史》本傳中袁崇煥爲東莞籍的記載，在明代，經查核，乙部無徵，方志無據。至於同年宴賦，詩人唱和，援緣祖籍，不爲史證。

袁崇煥父袁子鵬墓在平南

袁崇煥落籍不在廣東而在廣西。但廣西藤縣和平南縣出於對民族英雄的尊崇，爭說袁崇煥爲本縣籍。

誠然，袁崇煥父祖經商，泛舟兩江，往來兩粵，江岸樞要，或有棧房。瀕江平南白馬，袁氏有屋，崇煥住過。平南修縣志，忝其爲鄉賢，理所宜然，亦當讚許。如定其籍，尚須考酌。

力主袁崇煥爲平南籍者，雖列舉三條理由，但均不足徵。如其一，清乾隆帝曾命「廣西巡撫查出袁崇煥後裔，量材錄用。」查《清高宗實錄》所載，乾隆帝命廣東巡撫尚安訪查袁崇煥後裔，後尚安奏報查出袁崇煥五世繼嗣孫袁炳（註五）。按袁炳爲袁崇煥族內五世繼嗣孫，其受職時離袁崇煥蒙冤已一百五十三年。他的後裔四處流散，不能以其後裔嗣孫居址定其先世籍貫。其二，袁崇煥之父袁子鵬墓在平南。平南與藤縣各有一個白馬，被藤江（西江）阻隔，隔江相望，約距里許。袁崇煥故里在藤縣白馬，其父墓地在平南白馬。在習慣上，墓地並不限定縣界、省界或國界，因此，不能單純而孤立地以袁崇煥之父袁子鵬的墳墓屬地而定其籍。其三，縣志記載。乾隆《平南縣志》記載：白馬有「總制三邊坊」（註六）。此坊爲袁督師在平南的遺蹟，但不能據以定其籍，如不宜以北京、東莞有袁督師祠坊而定其籍然。同志書卷四又載：「崇煥由藤縣籍中式舉人，己未成進士。」但道光、光緒《平南縣志》和民國《平南縣鑑》，據袁子鵬墓地在平南而稱其爲平南籍。其實，袁子鵬墓碑恰恰證明袁子鵬不是平南人。

袁子鵬墓碑高六十六厘米，寬四十四厘米，碑身正中文書：「明誥封光祿大夫恩錫封碑諱子朋袁府老太公之墓」。碑文云：

二世祖，西堂公之子。西堂公由廣東東莞於嘉靖初年，至廣西梧州府藤縣四十三都白馬汛地。子朋公妣氏何，葬於唐埇土，名袁屋平。坐巽向乾。公生三子六孫，長崇煥（註七），賜進士出身，拜三邊總制。當朝□請恩錫封碑。次崇燦，三崇煜。公自明季卜葬於此，坐乙向辛兼辰戌。□年泥溶碑陷，是□□等衆意重修而光祖墓，雖不能繼志於先人，亦可從新而不朽也（註八）。

碑文列「頓首敬序」的名字爲：「男崇燦、崇煥、崇煜，孫兆埍、兆填、兆□、兆勛、兆始、兆□……」。

上述碑文不見於著錄，筆者錄自廣西平南縣丹竹公社白馬大隊袁子鵬墓碑，並以拓片校對。它記載袁崇煥祖父袁西堂，早在明世宗嘉靖初年，就已落籍廣西梧州藤縣。因此，袁子鵬墓碑文是袁崇煥爲藤縣籍的一個力證。

袁崇煥落籍廣西藤縣

袁崇煥爲廣西藤縣白馬（今天平公社新馬大隊）籍，主要根據列下：

第一，白馬遺蹟。

——袁崇煥祖墓。袁崇煥祖父袁西堂的墳墓在白馬圩外犁頭嶺。這與《藤縣志》記載的「南墳祖墓犁頭山」相印證。墳前曾有墓碑，現已無存。

——袁崇煥故居遺址。袁督師故居坐落在西江（藤江）畔白馬村，臨江興築，傍倶古榕，基址壯廓，規模宏偉。今僅存赭紅蓮花石柱墩四個。當地耆老何克夫先生言：袁崇煥故居舊址在「今新馬大隊第一生產隊曬場，現在房屋雖已毀歿，但還遺留有一人合抱不過的紅砂石大廊柱座四個，實物尤在。如從故址下挖，部分牆基腳尚可看到」（註九）。

——袁崇煥妻跳江石。袁崇煥蒙難後，相傳其妻（或妾）在住宅後江岸飛鼠岩石臺上，縱身投江，屍浮赤水（註一〇）。

——袁崇煥故里紀念碑。碑立於白馬圩尾江邊，呈方形，尖頂，東向。碑身正面鐫書：「明督師袁公崇煥故里」。碑側鐫有何杞題書聯句：「一塔表孤忠，白馬江邊留勝蹟；千秋傳信史，幽燕城下想英風」（註一一）。碑陰鐫蒙民偉撰、歐壽松書《袁督師略》（註一二）。

第二，文物證據。北京孔廟內矗立著明清進士題名碑。明萬曆己未科進士題名碑記三甲第四十名鐫：「袁崇煥，廣西藤縣」（註一三）。

第三，文獻記載。明末清初乙部和方志，如《明懷宗實錄》、《崇禎實錄》、《崇禎長編》、《國榷》、《明季北略》與崇禎《東莞縣志》、崇禎《梧州府志》等，均記載袁崇煥爲廣西藤縣籍。當時人記當時事，似更可信。

第四，珉石鐫記。前引袁子鵬墓碑文，記袁崇煥祖父「西堂公由廣東東莞，於嘉靖初年至廣西梧州府藤縣四十三都白馬汎地」，是知自袁西堂至袁崇煥，其家已落籍藤縣三代矣。

第五，遺集自述。袁崇煥在《袁督師事蹟．天啓二年擢僉事監軍奏方略疏》中，稱「臣籍已屬西江」（註一四），西江即藤江，其故居在藤江邊，似自認爲是藤縣籍。

第六，譜牒載錄。在袁崇煥兄崇燦後裔家中，保存有《袁氏家譜》。《袁氏家譜》雖經轉抄，偶有舛誤，但它的首次發現，爲研究袁崇煥籍貫提供了珍貴的第一手資料。茲摘錄如下：

始祖，字西堂。公自廣東省東莞縣水南鄉茶園村，（於）明正德（嘉靖）元年，自粵東貿易廣西梧州府蒼梧縣絨圩。居住數年，遷居藤縣五都白馬汎。受業建藉（籍），立袁最賢戶。西堂公葬於犁頭嶺。妣謝氏葬於平南西村後背泥墳。

二世祖，諱子鵬。生於年月日時。葬於白馬舊圩白沙村寶鴨落蓮塘，大磚墳，坐乙向辛兼辰戌。奉旨立有誥封碑。妣何氏，葬於濛江墒袁屋坪，大泥墳。

三世祖，諱崇燦。生於年月日時。妣□氏。次諱崇煥，字元素，號自如，生於年月日時。榮拔萬曆甲戌（己未）科莊際昌榜進士。後官至三邊總督、遼東等督師、太子太保，欽賜龍旗、戟夾、蟒袍、玉帶等物。終於崇禎三年，被奸臣斃命。生三子，被奸臣奏准，將袁氏抄家。三子思（私）走廣東東莞縣。妣葉氏（註一五）。

《袁氏家譜》（家藏本）表明，袁崇煥之祖父袁西堂，明嘉靖年間由粵往桂貿易，溯西江而上，先在梧州蒼梧絨圩居住，後至「居八桂上流、當三江要會」（註一六）的藤縣，因「慕白馬山川之勝」，遂於藤縣白馬圩落籍。

綜上，袁崇煥故里的遺蹟與文物，歷史文獻載述與進士題名碑記，袁子鵬墓碑文與《袁氏家譜》，都爲近三百年來袁崇煥籍貫之爭作出結論：袁崇煥的落籍是廣西藤縣白馬，廣西平南舊白馬爲其父墓所在地及其曾居地，廣東東莞水南則爲其祖籍。

附記：《袁崇煥籍貫考》在一九八二年第一期《歷史研究》發表後，見清梁章鉅輯《三管英靈集》卷七《袁崇煥詩》六十六首中《遊雁洲》一詩。詩云：「雁信連宵至，洲邊與往還。陣遙鵬欲化，隊整鷺同班。煙水家何在，風云影未閑。登科聞有兆，愧我獨緣慳。」詩註曰：「予居平南，初應童子試，被人訐。今改籍藤縣，故云。」《三管英靈集》收袁崇煥詩六十六首，《南還別陳翼所總戎》與《袁督師事蹟》所載之詩題同文異外，餘俱不同。故此六十六首詩之流傳、眞僞待考。姑以此詩及註出自袁崇煥之手，尚需反思如下諸點。

其一，明代科試，首察籍貫。《明史・選舉志》載：「試卷之首，書三代姓名及其籍貫、年甲，所習本經，所司印記」（註一七）。明洪武十五年（一三八二年），臥碑文第六條規定：「各省廩膳科貢，各省定額南北舉人，名數亦有定制。近來奸徒，利他處人材寡少，詐冒籍貫，……訪出拿問」（註一八）。正統年間，申嚴其制：「受贓、奸盜、冒籍、宿娼、居喪娶妻妾所犯事理重者，直隸發充國子監膳夫，各省發充附近儒學膳夫、齋夫，滿日爲民，俱追廩米」（註一九）。上述可見明待諸生察籍之嚴。

其二，科規森嚴，冒籍攻訐。明制童子應試，必有廩保，即在學之廩膳生爲保。具保項目之一，爲非冒籍。所謂「冒籍者，非本縣之人而冒稱本縣來參加考試也」（註二〇）。其時，每縣學有定額，外籍之人多取一名，本籍之人即少取一名。明萬曆時，張居正當國，核減生員，督學官奉行太過，童生入學，有一州縣僅錄一人者。故如有廩保賣情或受賄保送非本籍者，准考生或他人檢舉，稱作「攻冒籍」。清沿明制，規定童生考試冒籍入場者杖八十，知情廩生同罪。

其三，屢填籍貫，難以濫冒。定制試卷格式，第一開前半頁填寫姓名、籍貫、年歲、三代履歷等。童生之縣試、府試、院試，鄉試之試卷，登科錄，同年錄，以及會試、殿試、朝考等，皆書姓名、籍貫、年歲、三代履歷等，規制嚴，考試頻，時間長，過眼人多，累次換保，很難冒籍。

其四，袁籍藤縣，添一新證。《遊雁洲》（註二二）一詩，似可解釋爲：袁崇煥及其祖、父三代，落籍藤縣，故可應藤縣童子試。但其家在平南白馬（藤江對岸），或有房產，亦曾住過。因平南雁洲雁多有兆，故冒籍平南應童子試，而爲人訐告，遂改回原籍藤縣，事才得息。後以藤縣籍應小試、鄉試、會試、殿試皆中。此詩及註恰爲袁崇煥藤縣籍增加一證。

【附　註】

註　一　《清高宗實錄》卷一一七〇，乾隆四十七年十二月丙寅。

註　二　張伯楨《袁崇煥傳附錄》，《東風》半月刊卷一，期十九。

註三　《調查袁崇煥材料》，廣東東莞縣博物館藏。

註四　民國《東莞縣志》卷十八。

註五　《清高宗實錄》卷一一八一，乾隆四十八年五月戊申。

註六　乾隆《平南縣志》卷三。

註七　《袁督師遺集·三乞給假疏》云：「臣自萬曆四十六年以公車出，幸叨一第，即授令之閩，離家今七年矣。七年中，臣之嫡兄崇燦喪矣」。又《袁子朋墓碑文》末署「男崇燦、崇煥、崇煜」。據上，知袁子鵬三子：伯崇燦、仲崇煥、季崇煜。

註八　筆者錄自「袁子朋墓碑」，並以所藏拓片參校。

註九　《何克夫先生關於袁崇煥籍貫的信》，原件。

註一〇　光緒《藤縣志》卷二三。

註一一　《袁氏家譜》，家藏本。

註一二　民國《藤縣志》稿本。

註一三　《明進士題名碑記》萬曆己未科，首都博物館藏；又見《明清進士題名碑錄索引》冊中。

註一四　《袁督師事蹟》，清道光伍氏刻本，不分卷。

註一五　《袁氏家譜》有袁驥紹、袁驥永等多種家藏鈔本，文字大同而小異，略有參差。

註一六　同治《藤縣志》卷三。

註一七 《明史·選舉志二》卷七〇。

註一八 《臥碑文》，引自《清代科舉考試述錄》。

註一九 《明史·選舉志二》卷六九。

註二〇 鍾毓龍：《科場回憶錄》甲《小試》。

註二一 梁章鉅輯：《三管英靈集》卷七。

袁崇煥京華故蹟考*

在明末清初華南諸多歷史人物中，「關係國家之安危，民族之隆替者」（註一），唯袁崇煥。他督師薊遼，抵抗後金，捍禦關門，拱衛京師，使明末頹廢殘破的局面爲之一振，延緩了明朝滅亡、清朝入關的進程。正由於此，曾偏居嶺南一隅的袁崇煥，其進退、浮沉、死生，竟與國都京師緊密相聯，並在北京留下其故往遺蹟，供後人瞻仰、紀念。

袁崇煥與北京

袁崇煥，字元素，號自如，明萬曆十二年（一五八四年）出生於山明水秀之廣西藤縣（註二）。自萬曆四十七年（一六一九年）進京赴考，至崇禎三年（一六三〇年）遭磔身死（註三），袁崇煥曾先後五次來到北京。

第一次於萬曆四十七年（一六一九年）。袁崇煥屆三十五歲之中年，萬里赴京，殿試得中（註四）。

*此文爲解立紅女士所著。蒙賜錄入本集，以填補筆者袁崇煥研究中的一個空白。

現北京首都博物館藏「明進士題名碑記」，尚鐫刻萬曆己未科進士題名記：三甲第四十名：「袁崇煥，廣西藤縣」（註五）。此次進京，袁崇煥結束了由鄉試、會試、而殿試的寒窗生涯，得以步入仕途，不久便官邵武縣令。袁崇煥身居八閩，心繫遼塞，「少好談兵，見人輒拜爲同盟，肝腸頗熱。爲閩中縣令，分校闈中，日呼一老兵習遼事者，與之談兵，絕不閱卷」（註六）。因而袁崇煥「曉其阨塞情形，以邊才自許」（註七）。

第二次於天啓二年（一六二二年），袁崇煥赴京朝覲。此時適逢遼事大壞，朝野震驚，努爾哈赤率鐵騎連下撫順、清河、開原、鐵嶺、瀋陽、遼陽、廣寧諸城後，覬覦山海。御史侯恂請破格用袁崇煥，遂擢爲兵部職方主事（註八）。「崇煥即單騎出閱關內外。部中失袁主事，訝之，家人亦莫知所往。已，還朝，具言關上形勢。曰：『予我軍馬錢穀，我一人足守此』。廷臣益稱其才」（註九），旋陞爲山東按察司僉事山海監軍，不久便赴任關外。袁崇煥此次在京逾月，完成其人生之又一轉折──棄文就武，投筆從戎。從此領兵戰守，建功關塞。

於關外，袁崇煥在積極防御戰略思想指導下，募練了一支以遼人爲主體，含騎、步、車、炮、水多兵種的新遼軍，屯田、治城、修械、訓練，成爲當時明軍中唯一之勁旅；袁崇煥苦心孤詣，逐步建成了堅固的寧錦防線：縱向，以山海關、寧遠、錦州爲支撐；横向，爭取蒙古，結好朝鮮。袁崇煥率遼軍守寧、錦，京師晏然，朝野振奮，後金老汗努爾哈赤、新汗皇太極均曾被戰敗，史稱「寧遠大捷」、「寧錦大捷」。

第三次於天啓七年（一六二七年）七月。袁崇煥先擢右僉都御史、遼東巡撫、兵部右侍郎（註一〇）；後遭閹黨劾罷，離遼還鄉（註一一），途經北京。此爲袁崇煥第一次宦海降沉，蒙屈被辱。

第四次於崇禎元年（一六二八年）七月。袁崇煥回鄉不久，熹宗崩殂，懷宗即位，閹首魏忠賢伏誅。「廷臣爭請召崇煥，其年十一月擢右都御史，視兵部添注左侍郎事。崇禎元年（一六二八年）四月命以兵部尚書兼右副都御史，督師薊、遼，兼督登、萊、天津軍務，所司敦促上道」（註一二）。七月，袁崇煥衣錦還京。「帝召見平臺，慰勞甚至，咨以方略。」袁崇煥言五年復遼之決心，專闕內外之督師，定復遼東之謀略（註一三）。此次居京月餘，袁崇煥東山再起，身負重任，然其悲劇之結局已見端倪。

八月初，袁崇煥疾馳抵關，先平寧遠兵變，安定軍心；繼撫哈喇愼蒙古，增強其左翼聯盟。隨之，便斬帥、謀款。斬帥，指計斬明平遼總兵毛文龍。其時毛文龍擁兵皮島，糜耗糧餉，欺君通款，已成贅疣。袁崇煥藉尙方劍，計斬毛文龍，整頓皮島，將其卒伍收至麾下（註一四）。四個月後，崇禎帝「加袁崇煥太子太保」（註一五）。謀款，指與後金議和之舉。袁崇煥採取款中有備，備而能戰，爾和我議，爾攻我守，戰、守、款相佐之策略，使皇太極無可乘之機。對此，崇禎帝亦優旨許之。但斬帥、謀款後皆爲袁崇煥遭磔身死之罪名。

崇禎二年（一六二九年）十月，皇太極繞開袁崇煥防守的寧遠、錦州、山海關，假道蒙古，破牆而入，直撲京師。袁督師聞警，「心焚膽裂，憤不顧死，士不傳餐，馬不再秣」（註一六），日夜兼程，捍禦京師。此爲袁崇煥第五次進京。

第五次於崇禎二年（一六二九年）十一月十七日至崇禎三年（一六三〇年）八月十六日。袁崇煥於十月二十八日聞警，即檄調諸遼將祖大壽、何可綱等入衛京師，親率遼師於十一月初十日馳至薊州，十二日於馬伸橋敗清軍。清軍繞開袁部，直薄京師。袁崇煥欲徑趨北京，副總兵周文郁謂：「外鎮之兵，未奉明旨，而徑至城下，可乎？」袁督師斬釘截鐵地說：「君父有急，何遑他恤？苟得濟事，雖死無憾」（註一七）！袁崇煥率九千騎兵披星戴月，三百里路二日便到，於十一月十七日到達京師，屯兵左安門外，忍餒茹疲，背城接敵。於廣渠門外、左安門外連獲兩捷，後金將領阿巴泰、阿濟格、恩格德爾三軍皆潰。皇太極謂十五年來未嘗有此勁敵，便設反間計，假言與袁有密約（註一八）。袁崇煥十二月初一日平臺召對時，被下詔獄；翌年八月十六日，遭磔於市。袁崇煥此次在京九月餘，是其人生中居京時間最長的一次，經歷了由擁兵入衛的袁督師，到蒙冤受誣的階下囚，再到「萬人爭啖」的刀下鬼，這一直線下落的過程。崇禎此舉，自毀長城，「自崇煥死，邊事益無人，明亡徵決矣」（註一九）。袁崇煥雖籍華南，亦非久居京師，然其命運懸於北京。自三十五歲起，他進京凡五次，或步入仕途，或從戎出關，或宦海降沉，或擢陞督師，或磔身寸斷，其命運之大起大落，功績之大德大昭，身負之大冤大憾，爲千古罕見。緣此，當乾隆年間《明史》刊布，其冤白於世，國人益發敬重他，紀念他。中國歷來有睹物思人之傳統，於是袁督師之遺物、遺作被搜集，袁督師在京華之故蹟也得到重修和保護。現北京尚有袁崇煥故蹟兩處：袁大將軍墓及祠堂；袁督師廟。

袁大將軍墓及祠堂

袁大將軍墓及祠堂位於今北京市崇文區廣渠門內東花市斜街五十二號，是現存北京城內唯一之中國人墓葬。

佚名《燕京雜記》載：「相傳督師殺後，無人敢收其屍者。其僕潮州人佘某藁葬於此，守墓終身，遂附葬其右，迄今守莊者，皆佘某氏子孫，代十餘人，卒無回嶺南者」（註二〇）。道光十一年（一八三一年）二月，袁氏同鄉吳榮光題「有明袁大將軍墓」，樹碑於墓前。同治七年（一八六八年）旅京粵人曾集資修葺。民國三年（一九一四年）東莞張伯楨出面營護，砌墓冢爲圓臺拱頂，墓前增設供桌，葺墓道，植松樹。「築佘冢，又樹碑，志佘氏之忠義」（註二一）。一九五二年北京市政府決定將城內所有墓葬遷出城外，以規劃市政。葉恭綽、柳亞子、李濟深、章士釗四人聯名上書毛澤東，並以「北京市廣東省會館財產管理委員會」之名義上書北京市長彭眞，籲請保護袁崇煥墓，「表揚英烈，借以激發人民愛國心情，以收同愾之效」（註二二）。五月二十四日毛澤東致信葉恭綽：「近日又接先生等四人來信，說明末愛國領袖人物袁崇煥先生祠廟事，已告彭眞市長，如無大礙，應予保存」（註二三）。袁崇煥墓不僅未遷，而且由北京市政府撥款崇飾。次年清明，李濟深等在京兩粵人士百餘人於袁墓隆重公祭。一九五四年又起一波，北京市徵用袁墓所在的廣東舊義園土地，興建中學。經廣東會館管委會多方努力，又一次保住了袁墓，且將廣東舊義園門樓依原料原樣遷建於袁墓祠堂，以充袁墓南門，墓門、祠堂油飾一新，增添了額碑等物，形成一完整祠墓（註二四）。袁墓在經歷了私人守墓、會館代管之後，至此移交崇文區文化局保管。一九八四年一月北京市崇文區人民政府公佈袁崇煥祠和墓爲北京市崇文區文物保護單位。一九八四年五月二十四日北京市人民政府公佈袁崇煥祠、墓和廟爲北京市文物保護單位。

據考，袁墓規模最大爲一九一四年張伯楨集資修葺之後，包括三部分：祠堂、墓冢與墓碑、佘氏住宅及家廟，並有花牆圍築，面積一萬二千平方米左右。現東鄰白橋西里，南界東花市斜街，西接白橋西巷，北抵白橋三條，爲四條街道所圍。袁墓陳設最豐爲五十年代北京市人民政府撥款崇飾之後，此時雖將佘氏住宅院落大部劃歸新建之中學，圍牆亦隨之部分拆除，但祠堂有較多充實。袁祠坐北朝南，以三十二級石階爲起點，拾級而上，大門爲原廣東舊義園遷建，門楣懸「明代民族先烈袁崇煥墓」匾額，沿中間甬道裏行，爲一排六間祠室，中間是一對開柵欄式紅油漆木門，旁臥石獅一對，門額爲「袁督師墓堂」。此二門額均爲葉恭綽手書。門道兩側牆壁各嵌石刻一方，一爲相傳袁崇煥手蹟〈聽雨〉，一爲康有爲手書〈袁督師故宅記〉。此兩件石刻均爲袁督師故居（待考）之物，一九四八年軍駐袁氏故居，二物僥倖劫後餘存，被張伯楨收藏，轉嵌於此。由門道內行，爲一較大庭院，植樹。正中甬道直通享堂。享堂高大寬深，正廳三間，左右側廳各一間，有門相通。懸堂額「明代粵先烈袁督師墓堂」，亦係葉恭綽書。正廳廊柱懸康有爲書「自壞長城慨今古，永留毅魄壯山河」楹聯，正中供奉袁崇煥刻石遺像。牆壁遍嵌石刻，有清同治七年（一八六八年）〈重修廣東舊義園記〉；康有爲撰書〈明袁督師廟記〉；張伯楨撰、宋伯魯書〈佘義士墓志銘〉；李濟深撰、葉恭綽書〈重修明督師袁崇煥祠墓碑〉等。出享堂北門，可見袁崇煥墓冢，甬道直通其前，道旁植馬尾松。墓區由磚牆圍拱，正中爲一石供桌，後爲墓碑，高丈許，刻「有明袁大將軍墓」，上款「大清道光十一年二月」，下署「鄉後進吳榮光拜題」。碑後爲袁冢，圓形，高約二米，漆白色。西側爲佘義士墓，亦有墓碑（註二五）。

近二十餘年，袁墓及祠堂先遭「文革」浩劫，後又陸續被蠶食侵佔，面目皆非。現袁祠的白石臺階、義園舊門、門額、堂額、石獅、樹木皆無存。祠室、享堂被隔爲民居。紅漆木門被拆靠於門樓下。石像、碑刻有的被封砌於民居牆壁，無從查考。供桌、袁冢、佘冢、佘墓碑皆無存，只餘袁崇煥墓碑矗立，無漫漶，字清晰。

袁大將軍墓自崇禎三年（一六三〇年）佘義士安葬遺骨，至今已歷三百六十一年整，其間草稗榮衰，歷盡滄桑。因其缺清光緒年前之記載，佚守墓人佘義士之名，且佘君又有「順德馬江」與「潮州」兩籍之說，故時有人疑之。但其自民國以來蒙兩粵名人康有爲、梁啓超輩以及政府要員毛澤東、李濟深等關注，尤其是有佘家十五代人之相沿守護，已成爲世所公認之袁氏故蹟。

袁督師廟

袁督師廟位於今北京市崇文區龍潭湖公園內西側。民國五年（一九一六年）由張伯楨等捐資興建，翌年五月落成，遂「爲旅京鄉人入歲時薦享（督師）之所」（註二六）。一九五二年由北京市政府撥款，與袁墓同時修繕。依原式翻建已破壞之廟頂；廟周新砌四尺高之磚圍牆；廟門前土坡改建爲石階；廟內外加以粉飾。「文革」中袁廟被闢爲辦公室及工具倉庫，幸得園林工人用報紙糊裱鑲嵌牆內之石碑，廟內文物得以保護。現袁廟基本恢復原貌，對瞻禮者開放。

袁督師廟坐西朝東，廟堂三楹，爲樑木磚砌硬山式建築。它築於二十餘級臺階之上，且有磚牆拱護，肅穆莊嚴。廟額爲康有爲手書「袁督師廟」四字，字大尺餘。廟門兩側牆上嵌石刻，爲康有爲撰書長聯：「其身世繫中夏存亡，千秋享廟，死重泰山，當時乃蒙大難；聞鼙鼓思東遼將帥，一夫當關，隱若敵國，何處更得先生。」上款爲「孔子二千四百六十八年丁巳（一九一七年）五月夏立」，下款爲「鄉後學南海康有爲撰並書」。額聯字迹渾厚，博大赫然盈目。正廳西牆嵌袁督師石刻像（石刻像原豎於廳正中），像中袁崇煥身著官服，手持笏版。像石附刻袁督師手蹟：「心術不可得罪於天地，言行要留好樣與兒孫。壬申庚月袁崇煥。」按壬申年爲崇禎五年，其時袁氏已死兩年，故存疑。北牆有石刻兩方：東邊一方爲康有爲撰書〈明袁督師廟記〉；西邊一方爲康有爲撰書〈題袁督師祠墓二章〉，以及王樹楠撰、宋伯魯書〈張篁溪意釣亭題辭〉。南牆也有石刻兩方。東邊一方爲王樹楠撰、宋伯魯書〈袁督師廟碑記〉、袁督師遺詩八首及張伯楨撰、宋伯魯書〈佘義士墓志銘附錄〉；西邊一方刻康有爲丁巳（一九一七年）閏二月二日撰書之五言八句詩一首。南北二廳爲張伯楨亡妻之紀念室，其南廳正面有鄭沅書「意釣亭」石刻；其北廳正面爲其書「悼亡亭」石刻，並刻梁啓超集之詩句：「門前學種先生柳」（唐・王維〈老將行〉）；「日暮聊爲梁父吟」（唐・杜甫〈登樓〉），概取其悼亡、諷帝之意，以爲紀念。全廟刻石皆出自民國初年北京刻石名家高學鴻之手，堪稱鐫石精品。

袁督師廟爲後人紀念督師袁崇煥而建，本無疑可考，但張伯楨之子張次溪數言廟之地址與袁督師有直接關聯，如係袁督師曾駐兵之地、督師當年點將臺，云云。考袁崇煥從戎八年，率兵進京只有一次，即崇禎二年「一六二九年」十一月入衛京師，且只屯兵廣渠門外，戰於廣渠門與左安門外，並未進城，即使平臺召對，亦皆縋城而入。故張氏之說不可取。

更加牽強附會的，是張伯楨於民國七年（一九一八年）「修復」的袁崇煥故居。此地位於袁督師廟西南約一公里處，爲今北京市左安門內左安西里三號。張伯楨興建袁廟後，在此購地三畝，原擬營建生壙及宗祠，以爲開族發祥，子孫永久佔籍北京之所」（註二七）。第二年於該地「發現」相傳爲督師手書「聽雨」樓額，遂「修復」其爲「袁督師故居」，並將其旁闢爲「張園」，以爲讀書之所。民國三十七年（一九四八年）軍駐張園，這所園林式建築被破壞。一九五八年張次溪兄弟將其捐獻給龍潭湖植物園。現張園只餘小院一處，爲民居，原面西之正門已堵砌，而另由北面開一門。其周爲民居所圍，只西北面尚有一塊空地，松樹寥疏，當年風致依稀。此處袁崇煥故居疑惑頗多，主要繫之「聽雨」匾額。其一，是否確繫袁督師親筆爲居所題寫，無從考據；其二，匾額何處、何時所得，張氏並無交待；其三，並無史載袁崇煥有故居在此。鑑此，現北京市政府未將其列爲文物保護單位。

綜上，京華袁崇煥之故蹟，有祠墓和廟宇兩處，集中於北京城東南隅，恰毗鄰袁督師當年背城血戰之廣渠門、左安門，尤使後人感慨萬千。而其三百餘年之命運，或偷藏於世，或興修祭奠，或劫後餘存，或政令保護，亦反映世態炎涼，國祚興衰。

古都北京人傑地靈，五朝之都，名勝古蹟，不勝枚數。然似袁崇煥故蹟這般錯落集中、凝血鑄憾，這般發人深省、激勵後輩者，並不多見。因而，華南人傑袁崇煥不僅以熱血捍衛京師功勳卓著，而且其故蹟留居京華世代生輝。

【附註】

註一　梁啓超：〈袁督師傳〉，閻崇年編《袁崇煥資料集錄》下冊第七四頁，廣西民族出版社，一九八四年出版。

註二　閻崇年：〈袁崇煥籍貫考〉，閻崇年者：《燕步集》，北京燕山出版社，一九八九年出版，第六三頁。

註三　《明史．袁崇煥傳》卷二五九，中華書局出版。

註四　同註三。此前袁是否赴京會試，資料無徵，故未統計。

註五　碑今藏北京首都博物館。

註六　夏允彝：《幸存錄．遼事雜志》，《明季稗史初編》卷十四，第三頁。

註七　同註三。

註八　《明熹宗實錄》卷十八，天啓二年正月甲子，中研院歷史語言研究所校印。

註九　同註三。

註一〇　《明熹宗實錄》卷六九，天啓六年三月壬子，中研院歷史語言研究所校印。
註一一　同註三。
註一二　同註三。
註一三　同註三。
註一四　毛承斗輯：《東江疏揭塘報節抄》，卷七，第一〇五頁，浙江古籍出版社，一九八六年出版。
註一五　汪楫本《崇禎長編》卷二七，崇禎二年十月丁巳。閻崇年編《袁崇煥資料集錄》上冊，第一〇五頁，廣西民族出版社，一九八四年出版。
註一六　程本直：〈白冤疏〉，《袁督師事蹟》，道光伍氏刻本。
註一七　周文郁：《邊事小記》卷一。閻崇年編《袁崇煥資料集錄》下冊，第十一頁，廣西民族出版社，一九八四年出版。
註一八　《清太宗實錄》卷五，天聰三年十一月戊申，中華書局出版。
註一九　同註三。
註二〇　佚名：《燕京雜記》。閻崇年編《袁崇煥資料集錄》下冊，第七〇頁，廣西民族出版社，一九八四年出版。
註二一　張江裁：〈袁督師墓記〉。閻崇年編《袁崇煥資料集錄》下冊，第一七五頁，廣西民族出版社，一九八四年出版。

註二二　張江裁：〈崇飾袁督師祠墓經過〉。
註二三　《毛澤東書信選集》第四三三頁，人民出版社，一九八四年出版。
註二四　同註二二。
註二五　同註二二。
註二六　王樹楠：〈袁督師廟記〉，原碑存袁督師廟（北京龍潭湖公園內西北隅）。
註二七　《篁溪年譜》，稿本。

附錄

重修明督師袁崇煥祠墓碑

李濟深撰　葉恭綽書

明崇禎二年，滿清兵大舉入寇京師。薊遼督師袁崇煥率大軍馳救，方戰，明帝朱由檢遽縛袁下獄，尋磔殺之。滿清欲圖中原久矣，所畏惟袁。袁死滿清益肆，越十餘年甲申之變，吳三桂爲之倀，遂入關爲帝，享祚二百數十年。袁之死，繫於明清之興亡亦重矣。然其是非功罪，以門戶水火故，初無正論。至乾隆帝自承當時用間殺袁事，謂明實自壞其長城。於是是非功罪始定。比年神州解放，眞理日昌，論明清間事者，僉以爲督師不死，滿清不能入主中原。三百年後奇冤大白。督師其亦可以瞑目矣。督師死時，家族幾殄，遺骸莫收。其僕佘君，潛瘞之於廣渠門廣東義園，載在志乘。其後，鄉人復立祠於左安門內龍潭，祭吊不絕。今北京市方整飭城郊文物，百廢具舉，同人乃請之市人民政府，崇飾祠與墓，以彰正義。此僅存之遺蹟，將蔚爲首都名勝，與文文山祠並垂不朽。督師爲廣東東莞人，而以廣西藤縣通籍。兩粵人士感今懷古，用紀其事於石，以諗來者。佘君即葬督師墓旁故地，名佘家館。今度與斯役者，廣西李濟深，江蘇柳亞子，湖南章士釗，廣東葉恭綽、蔣光鼐、蔡廷鍇，又廣東會館財產委員會楊晶華、張次溪、沈太閒，咸任籌策奔走之勞，合並志焉。公元一九五二年八月立石。（據北京圖書館善本部藏拓片著錄）

佘義士墓志銘（附錄）

張伯楨撰　宋伯魯書

大明袁督師之僕曰佘義士，粵順德馬江人也，執役於督師，督師出必挈之行。崇禎三年八月十六日，朝廷非罪殺督師，暴骨原野，鄉人懼禍不敢問。義士夜竊督師屍，葬北京廣渠門內廣東舊義園，終身守墓不去，死傍督師墓葬。中華民國五年，東莞張伯楨子錫遵死。伯楨以督師故，瘞子忠魂之側。佘淇涕泣曰：「我佘氏世世守督師墓，今將三百年，家本粵鄉，愴懷首丘，獨九不歸者，承祖志也。」伯楨曰：「自古中朝大官，範人形而立人國者，如蟻戢戢矣。一旦隨風易響，彼其受氣於未生之前，已純然褚淵、馮道遺種也。君臣之義亡以交，道衡之世無義士。天柱折，地維滅矣」。乃奠幽宮，伐石燕山，銘辭石上，銘曰：

是惟大明義士墳，厥名不傳傳佘君，藩溷之華胡紛紛，茲墳勁草千萬春。

丁巳五月吉日。（據原墓志著錄。原墓志藏袁督師廟）

袁督師廟記

康有爲撰書

嗟夫！明清之際，關於中國亦大矣，非止繫一朝之興亡也。觀夫袁督師之雄才大略，武棱蓋世，遂見忌於敵，以讒間死。雖曰天命，豈非人事哉！夫國非才不立，有國者臨觴聞鼙鼓，無不思人才而用之。然才愈奇，志愈大，人主未必能竟其用。即能倚畀信用，而內移於權奸女謁，外忧於敵國外患，左右讒慝之口，交構而並作，卒自壞長城，而國亦殄滅。嗚呼，古今殆同一揆，豈獨袁督師？吾十二歲侍先祖連州公讀督師傳，至其緯繣邊事，登長城，察形勢，奏對思宗以五年破敵而壯之。連州公曰：「是敵畏而間殺之者也！」後登長城，想公之雄風。門人東莞張伯楨，爲公表幽，刻公集，復築公祠於京師。今後人愛中國，思將才，庶公英靈武烈猶凜凜也。孔子二千四百六十八年，丁巳，七月，鄉後學南海康有爲撰書。（據原碑著錄，原碑藏袁督師廟）

明袁督師廟諱記

王樹楠撰　宋伯魯書

東莞張篁溪既刊其鄉先正袁元素督師遺集行世，又上書政府，籲請合祀關岳廟中，以奠忠魂，昭之萬世。今年八月，復創建督師廟於左安門內廣東新義園，以爲旅京鄉人歲時薦享之所。嗚呼，古今之以忠死國者衆矣。篁溪獨惓惓於督師若此，此豈私其一鄉之見哉！誠以督師之生死，爲明清興滅之所由關，而種族之見，遂釀爲四千餘年世局之大變，而不可收拾。此尤篁溪所痛心疾首者也。或謂督師之死，死於清人之間，溫體仁、梁廷棟、滿桂之私嫌，固也。余獨竊謂此不足以死督師，死督師者，中官耳。楊太監之言入，而督師死；魏忠賢遺黨高捷、袁宏勳、史𡐓輩之疏入，而督師死。東江歲饟，毛文龍藉以賄中官者也。文龍死而中官之賂絕矣。圍城之役，遂乘機庥起而浸潤之，於是督師不得不死矣。嗟呼，中官之禍，明二百七十年幾如一轍之覆，率以此殞其國而亡其身。其可異者，當時之僇辱忠良，曾孟子所謂土芥犬馬之不若，而明社一屋，懷忠抱節以死國難者，若蟻趨而鱗萃也。清無有明之一失，逮其末也，而嬰城效死者，百無一二焉，斯則可悲者矣。八月望日，廟既落成，篁溪屬余爲之記，余又益嘆督師之死之繫於國運者大也。丁巳，八月，新城王樹柟記。（據原碑著錄，原碑藏袁督師廟）

葉恭綽、柳亞子、李濟深、章士釗給毛澤東的信

主席賜鑑，茲有陳者：北京市府因計劃關係，將城內各義冢飭遷出城；其中廣東新舊兩義園有前明薊遼督師袁崇煥遺墓和祠宇，歷見載籍，數百年來祭掃不絕。明末滿洲久爲邊患，能捍禦者以袁崇煥爲最。滿酋後施反間，崇煥竟以冤死，天下痛之。今日新史學家亦僉稱爲民族英雄，但或不知其祠、墓即在咫尺。茲當提倡民族氣節和愛國主義之際，擬乞飭所司於該兩處袁崇煥祠墓，特予保全，並加崇飾，以資觀感。不勝企幸，謹致崇禮。

袁督師遺詩八首

葉恭綽、柳亞子、李濟深、章夫釗上

一九五二・五・十四

邊中送別

五載離家別路悠，送君寒浸寶刀頭。欲知肺腑同生死，何用安危問去留。
杖策必因圖雪恥，橫戈原不為封侯。故園親侶如相問，愧我邊塵尚未收。

山海關送季弟南還

公車猶記昔年情，萬里從戎塞上征。牧圉此時猶捍禦，馳驅何日慰昇平。
由來友愛鍾吾輩，肯把鬚眉負此生？去住安危俱莫問，燕然曾勒古人名。
弟兄於汝倍關情，此日臨歧感慨生。磊落丈夫誰好劍？牢騷男子爾能兵。
才堪逐電三驅捷，身上飛鵬一羽輕。行矣鄉邦重努力，莫耽疏懶墮時名。

偕諸將遊海島

戰守逶迤不自由，偏因勝地重深愁。榮華我已知莊夢，忠憤人將謂杞憂。
邊釁久開終是定，室戈方操幾時休。片雲孤月應腸斷，椿樹凋零又一秋。

話別秦六郎

海鱷波鯨夜不啾，故人談劍剡溪頭。言深夜半猶疑晝，酒冷涼生始覺秋。
水國芙蓉低睡月，江湄楊柳軟維舟。自憐作賦非王粲，戛玉鳴金有少游。

南還別陳翼所總戎

慷慨同仇日，間關百戰時。功高明主眷，心苦後人知。
麋鹿還山便，麒麟繪閣宜。去留都莫訝，秋草正離離。

度庾嶺

客路過庾嶺，鄉關漸已違。江山原不改，世事近來非。
瑟豈齊門慣，人寧狗監稀。驅車從此去，莫作舊時歸。

歸度庾嶺步前韻

功名勞十載，心迹漸依違。忍說還山是，難言出塞非。
主恩天地重，臣遇古今稀。數卷封章外，渾然舊日歸。

過訶林寺口占

四十年來過半身，望中祇樹隔紅塵。如今著足空王地，多了從前學殺人。

（據袁督師廟碑刻）

袁大將軍祠墓示意圖

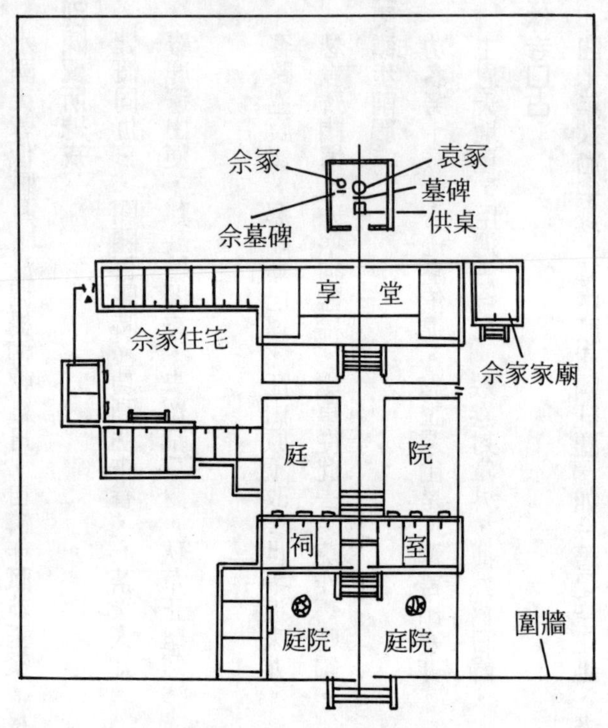

袁督師廟示意圖

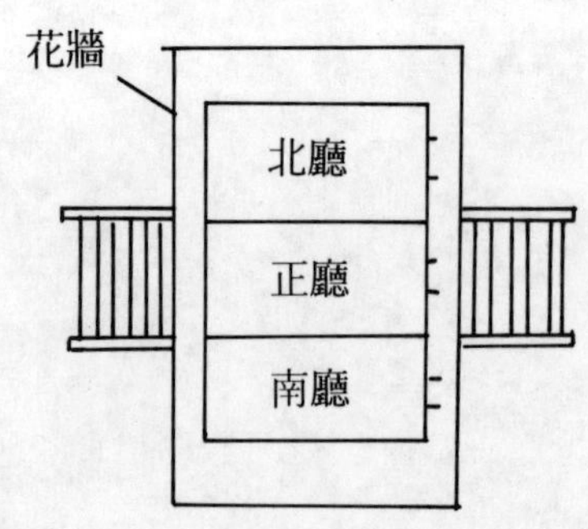

抗禦後金名將袁崇煥*

袁崇煥是明末抗禦後金的著名將領和民族英雄。袁督師一生最高尚的精神是「愛國」，最可貴的性格是「打拼」。袁崇煥含冤磔死已經三百六十二年，但其「愛國」與「打拼」的精神風華，超越了時間與空間，民族與政治，震人心弦，盪人魂魄，永遠值得學習，永世不會泯滅。

一

袁崇煥（一五八四至一六三〇年），字元素，祖籍廣東東莞，落籍廣西藤縣。他從求學時起，就關心國家大事；雖身居嶺表南國，卻心念遼東失地。有一個民間故事，說他上學的路上，有一座土地廟，廟裡的土地神，不去關外守護土地，卻在南國廟裡坐享百姓的香火。袁崇煥每當放學回家路經土地廟時，總要在廟前駐足，面對著土地神，念念有辭地說：

---

* 本文是筆者於一九九二年九月二十五日，應臺灣淡江大學歷史系主任鄭樑生教授的邀請，爲歷史系師生所做《抗禦後金名將袁崇煥》的演講稿，收入本集時做了修改。

土地公，

土地公，

爲何不去守遼東！

這個故事，只有民間傳說，沒有史料根據。袁崇煥讀書的童年時代，明朝尚未失陷遼東土地。但是，上面故事說明：袁崇煥在早年讀書時，便關心天下大事，並下定報國之心。他讀書很用功，也很有志氣。他在秋闈應試之後寫的《秋闈賞月》詩中寫道：

戰罷文場筆陣收，客途不覺遇中秋。

月明銀漢三千里，歌碎金風十二樓。

竹葉喜添豪士志，桂花香插少年頭。

嫦娥必定知人意，不鑰蟾宮任我遊。

青年時期的袁崇煥，奮苦讀書，豪情滿懷，立下誓願：蟾宮折桂。果然，萬曆三十四年（一六〇六年），袁崇煥在二十二歲那年考中舉人。他考舉人的鄉試在桂林，試後遊覽「甲於天下」的桂林山水。袁崇煥後來在《募修羅浮諸名勝疏》中說：「余生平有山水之癖，即一丘一壑，俱低徊不忍去。」他遊覽景勝，賞心悅目，陶冶性情。袁崇煥賞悅桂林山水，賦《咏獨秀峰》詩，抒言志向：

玉筝瑤簪裡，茲山獨出群。

南天撐一柱，其上有青雲。

他把獨秀峰寫得卓然兀立，實際上隱喻和融匯了自己的性格與志向，後來他成為明朝的「薊遼柱石」，正是這種豪邁愛國志向的自我實現。

愛國必親民。萬曆四十七年（一六一九年），袁崇煥中進士，這年他三十五歲。中進士後，他任福建邵武縣令。袁崇煥讀書是好學生，做官又是個清官。他初任縣令，便理政親民，以「撫字」（註一）自緘。他在《初至邵武》詩中寫道：

為政原非易，親民慎厥初。
山川今若此，風俗更何如。
訟少容調鶴，身閒即讀書。
催科與撫字，二者我安居。

他詩中這樣寫，實際也這樣做。乾隆《邵武府志》記載袁崇煥為官：「明決有膽略，盡心民事，冤抑無不伸。」又記載他親自登牆上房救火：「素趫捷有力，嘗出救火，著靴上牆屋，如履平地。」這不要說在帝制時代，就是在民主時代，一縣之父母官——縣令，也難得親自上房去救火。但是，袁崇煥只做了一任知縣，便投筆從戎，參與了戰火紛飛的遼東戰事，並為此而流盡了最後一滴血。

二

袁崇煥中進士的萬曆四十七年（一六一九年）三月，發生了一件影響歷史進程和袁崇煥命運的重大事件——薩爾滸之戰。先是，滿族首領努爾哈赤（一五五九至一六二六年），藉報「父祖之仇」爲名，於萬曆十一年（一五八三年），以十三副遺甲起兵。他採取「順者以德服，逆者以兵臨」的策略，後來逐漸統一建州女眞和海西女眞。萬曆四十四年（一六一六年），努爾哈赤在赫圖阿拉（今遼寧新賓老城村）稱汗，建立後金，年號天命。兩年後，他發佈「七大恨」告天，向明進軍，攻陷撫順。萬曆四十七年（一六一九年），明廷派楊鎬爲經略，率軍十二萬，號稱四十七萬，兵分四路，分進合擊，會攻赫圖阿拉。努爾哈赤率六萬八旗軍，採取「憑你幾路來，我只一路去」的戰術，集中優勢兵力，逐路擊破明軍，清稱「薩爾滸大捷」。從此，明遼軍轉攻爲守，後金軍則轉守爲攻。明軍四路喪師的敗報傳到北京，對剛中進士的袁崇煥是一個巨大的震動。

袁崇煥雖身在八閩的邵武，卻心繫關外的戰局。他身爲縣令，不去批閱縣裡考試的試卷，而同退伍的校卒談論關塞軍情。《明史》本傳說他「爲人慷慨負膽略，好談兵。遇老校退卒，輒與論塞上事，曉其阨塞情形，以邊才自許。」

天啓元年（一六二一年），後金軍攻佔瀋陽、遼陽。翌年正月，袁崇煥在京朝覲以政績卓著，英風偉略，而被破格留用爲兵部職方司主事。恰在這時後金又奪佔廣寧（今遼寧北鎮）。從此，明在關外的兩座鎮城——遼東的遼陽和遼西的廣寧俱失。敗報馳京，京師戒嚴，九門晝閉。他不顧京城戒嚴，單騎出閱關內外。袁崇煥還京後，暢談山海關防守形勢，說：「予我軍馬錢穀，我一人足守此！」這時京師各官，凡是言及遼事，「皆縮朒不敢任，崇煥獨攘臂請行。」這件事充分地表現了袁崇煥熱愛社稷、膽識過人、敢作敢爲、敢打敢拼的精神風貌。朝廷超擢他爲僉事，去山海關外監軍。他到山海關後，又受命出關收撫遼西流民。袁崇煥受命當即出發，馳往前屯衛，「崇煥即夜行荊棘虎豹中，以四鼓入城，將士莫不壯其膽。」經略王在晉很器重他，題他爲管寧遠和前屯二衛的兵備僉事。

遼東經略王在晉畏敵如虎，懦弱無爲，認爲山海關外無局可守，而竭力主張在關城外的八里鋪，再築一座關城，以便保護關門。袁崇煥以爲非策，建議在關外二百餘里的寧遠（今遼寧興城）築城，禦守關門。但他人微言輕，力爭不得。袁崇煥不怕犯下越級呈報的官場大忌，而奏記首輔葉向高。首輔葉向高同大學士孫承宗相議而不能決，孫承宗行邊山海關，做實地考察。孫承宗親查形勢，聆聽衆謀；駁築重城之議，並同王在晉「推心告語，凡七晝夜」。因在晉冥頑不化，朝廷命孫承宗取代王在晉爲遼東經略。

袁崇煥主守寧遠的建議，得到經略孫承宗的支持。天啓三年（一六二三年），往寧遠築城，明年竣工。袁崇煥忠於職，勤於責，撫恤將士，安集流民，由是寧遠「商旅輻輳，流移駢集，遠近望爲樂土」，遂爲關外重鎭。他偕大將馬世龍等東巡廣寧，泛舟三岔河，巡歷諸海島，作《偕諸將遊海島》詩：

戰守逶迤不自由，偏因勝地重深愁。
榮華我已知莊夢，忠憤人將謂杞憂。
邊衅久開終是定，室戈方操幾時休。

片雲孤月應腸斷，椿樹凋零又一秋。

詩中道出了袁崇煥澹泊榮華、愁思關山的情懷。東巡後第二年，孫承宗與袁崇煥計議，遣將繕治錦州、松山、杏山、右屯、大凌河、小凌河諸城，並派兵據守。於是寧遠成爲內地，關外開疆復土四百餘里。

在袁崇煥國而忘家、公而忘私地勤職時，他的父親袁子鵬過世。後他三上請假疏，連遭拒絕。他在《三乞給假疏》中說：「臣自萬曆四十六年以公車出，幸叨一第，授令之閩，離家今七年矣。七年中，臣之嫡兄崇燦喪矣，嫡叔子騰喪矣，堂兄崇茂育於臣父爲猶子者今亦喪矣。諸喪暴露，各有家口，俱待食於臣父。臣父非有厚產，不過終歲拮据。今臣父已矣。止一幼弟崇煜，少不諳事，諸一切生待養而死待葬者，俱靠臣一人。臣自爲令至今，未嘗餘一錢，以負陛下。昨聞訃之日，諸臣憐臣之不能爲行李，自閣、督、撫以下，俱鏤金爲賻。臣擇而受之，束裝遄歸，以襄臣父大事。」疏上，以「瀆擾」，受旨斥。袁崇煥父死，不能奔喪；奔喪，又沒有盤錢。甚至在他死後，「家亦無餘貲」。他就是這樣一位不愛錢、不顧家的愛國將領。

三

袁崇煥的「愛國」與「打拼」精神，在寧遠之戰中得到進一步的展現。

明朝遼東的兵事勝敗與官將榮辱，同朝廷爭局密切相關。明朝之亡，主要不是亡於「內亂」與「外患」，而是亡於皇帝昏庸與廷臣室戈。明熹宗喜歡做木匠，但不會做皇帝。太監魏忠賢總是乘他做木工最興致之時，請他批答奏疏。明熹宗便令魏忠賢自己處置之。天啓五年（一六二五年），朝廷中以魏忠賢爲首的閹黨勢力日盛，東林黨人受到排擠。孫承宗去職，閹黨分子高第代爲經略。高第懦弱無能，認爲關外必不可守，下令全撤錦州、右屯諸城的軍馬兵械，官兵移到關內。袁崇煥以錦州、右屯、大凌河三城爲關外前鋒要地，已得到的封疆不可自動撤守；如錦州、右屯動搖，則寧遠、前屯震驚，關門便失去保障。高第不僅拒聽規勸，而且決意併撤寧遠、前屯二城。袁崇煥曾頂撞過經略王在晉，現又頂撞起經略高第。寧前道袁崇煥斬釘截鐵地拒命道：

寧前道當與寧、前爲存亡！如撤寧、前兵，寧前道必不入，獨臥孤城以當虜耳！

袁崇煥以一個下級軍官，敢於違抗自己的頂頭上司，命而不從，令而不行，堅守寧遠，絕不撤兵，這是何等的膽略，又是何等的豪氣！高第無奈，除寧、前二城外，命盡撤錦州等七城守城炮械，拋棄糧料十餘萬石，盡驅屯兵入山海關，史稱其狀是「死亡載途，哭聲震野！」

後金汗努爾哈赤佔領廣寧後，蟄伏四年，未做大舉。他得到明經略易人，棄城撤兵的探報後，決定攻打寧遠。努爾哈赤是傑出的軍事家、優秀的統帥。他締造和指揮的八旗軍，是當時世界上最強大的騎兵部隊，攻無不克，堅無不摧。努爾哈赤統帥這支軍隊，先後取得古勒山之役、哈達之役、輝發之役、烏拉之役、撫清之役、薩爾滸之役、葉赫之役、開鐵之役、瀋遼之役和廣寧之役等十次大捷。善於捕捉時機的後金汗努爾哈赤，終於等到了向明孤城寧遠進攻的機會，便統率屢勝不敗之師進攻寧遠。

天啓六年（一六二六年）正月，後金汗努爾哈赤率領六萬八旗軍，號稱二十萬，出瀋陽，渡遼河，大軍所向，如入無人之境，徑直來到寧遠城郊。這時袁崇煥的守城軍隊只有一萬人，前無鋒塞，後無援兵，朝廷以爲寧遠定守不住。袁崇煥在強敵攻城危難時刻，偕滿桂、左輔、朱梅、祖大壽、何可綱等諸將，分城四面，畫地死守。他「刺血爲書，激以忠義，爲之下拜，將士咸請效死。」他命將銀一萬餘兩，放在城上，對能殺敵和不畏難險者，即時賞銀一錠。他坐鎮城中心鐘鼓樓上，統帥全局，督軍固守。袁崇煥部署剛定，努爾哈赤率領大軍圍城。後金汗先勸降，但遭到袁崇煥的嚴辭拒絕。努爾哈赤命官兵擁雲梯、推楯車蜂湧攻城。城堞箭鏃如雨注，懸牌似蝟皮。城上用矢石、炮彈下擊。後金軍又冒死鑿挖城牆，鑿開高二丈多的大洞三、四處，寧遠城受到嚴重威脅。袁崇煥在緊急關頭，身先士卒，不幸負傷。他臨危不懼，自裂戰袍，裹紮傷處，奮戰益力。將士受袁崇煥英雄行爲激勵，奮勇爭先，殺敵蔽城。他一面選派健丁縋下，用棉花火藥做燃燒物；一面親自「縛柴燒油，並攙火藥，用鐵繩繫下」——燒殺挖城的後金兵，城下敵屍，狼藉堆積。袁崇煥又命城上十一門紅夷大炮猛轟，「炮過處，打死北騎無算。」後金汗努爾哈赤也在督軍攻城中被紅夷大炮擊傷。後金軍攻城三日，死傷慘重，兵敗城下。努爾哈赤馳騁沙場，四十四年，身歷百陣，未打敗仗。後金汗努爾哈赤一生只有過一次大敗仗，這就是寧遠之敗；他一生也只輸給過一個人，這就是袁崇煥。袁崇煥在寧遠之戰中贏了努爾哈赤的原因，固然有「憑堅城」、「用大炮」的法寶，而且有「愛國家」、「敢打拼」的精神。

《明史》本傳總結寧遠之役道：「我大清舉兵，所向無不摧破，諸將罔敢議戰守。議戰守，自崇煥始。」有人說：「其前有熊廷弼、孫承宗等多人，　爲何從袁崇煥始議戰守？」我以爲：袁崇煥固守寧遠的要略，有別於馬林之守而不防，袁應泰之守而不固，熊廷弼之守而不成，王在晉之守而不當，孫承宗之守而不穩；更不同於李永芳之通敵失守，李如楨之玩忽於守，賀世賢之出城疏守，王化貞之攻而拒守，高第之棄而不守。所以，《明史》對袁崇煥的上述評論，符合歷史，恰如其分。

四

袁崇煥的「愛國」與「打拼」精神，在寧錦之戰中又得到進一步的展現。他提出「守爲正著，戰爲奇著，款爲旁著」，就是敢守、敢戰、敢和——

第一，敢守。明廷官員和遼東經略，打了敗仗，認爲無局可守，主張後退；得了小勝，又忘忽所以，力主進攻。但袁崇煥既不畏敵撤守，又不冒險出兵。寧遠一戰，明朝由「寧遠被圍，舉國洶洶」；到捷報傳京，空巷相慶。袁崇煥因寧遠獲捷而陞爲遼東巡撫。但這時魏忠賢實攬乾綱，權勢傾朝，派太監劉應坤、紀用等到關外監軍。袁崇煥繼拒從經略王在晉和高第後，抗疏內臣出鎮，遭到嚴斥，只得屈從。這件事他得罪了魏忠賢，埋下後來雖獲寧錦大捷而被迫辭職的因子。劉應坤、紀用到寧遠後，袁崇煥同內臣出巡錦州、廣寧一帶，親睹兵燹之餘的頽垣剩棟、殘冢白骨，取得共識，誓同禦敵。他乘敵喘息之機，搶修錦州等城，由紀用、趙率教統兵三萬駐守錦州。袁崇煥以錦州爲前茅、寧遠爲中堅、榆關爲後勁，聯絡諸城堡，組成縱深五百里的串珠式防禦體系，即寧錦防線，遏敵南進，保衛遼西，禦守關門，以固京師。

在後金方面，寧遠戰後政情、軍情都發生很大的變化。寧遠之敗，《清太祖武皇帝實錄》記載：「帝自二十五歲征伐以來，戰無不勝，攻無不剋，惟寧遠一城不下，遂大懷忿恨而回。」同年，清太祖努爾哈赤死去，由其第八子皇太極繼承汗位。皇太極對兵敗寧遠，頗不服輸。他征朝鮮，撫蒙古，調整內部，壯大力量，準備同袁崇煥寧錦一搏，洗雪其先父的遺恨。天啓七年（一六二七年）五月，皇太極率傾國之師，攻打錦州、寧遠，一場明清戰爭史上著名的寧錦大戰拉開了帷幕。

第二，敢戰。寧錦之戰，皇太極先率軍攻圍錦州，大戰三次，小戰二十五次，無日不戰，皆不克；轉攻寧遠，又不克；回攻錦州，也不克。是役，後金軍攻城，明遼軍守城，前後二十五天，寧遠與錦州，明以全城而結局。史稱「寧錦大捷」。袁巡撫在指揮寧錦保衛戰中，表現了敢戰敢勝，敢打敢拼的精神。首先表現在派兵援錦州。他募集敢死隊，出襲錦州，直衝敵營；佈置總兵滿桂、祖大壽率軍出寧遠往援錦州，在笊籬山同後金軍六個貝勒兵相遇，牽制圍城敵軍，殺其專向之勢。其次表現在寧遠出戰。皇太極率軍攻寧遠，袁崇煥除「憑堅城以用大炮」外，還佈兵列陣城外，同後金騎兵爭鋒。總兵滿桂、副將尤世威和祖大壽等率師出城結營，依城列陣，嚴整待敵。後金三位大貝勒諫止衝鋒，皇太極怒道：「昔皇考太祖攻寧遠，不克；今我攻錦州，又未克。似此野戰之兵，尙不能勝，其何以張我國威耶！」他身先帶兵進擊，諸貝勒隨後而進。兩軍在寧遠城外，矢鏃紛飛，馬頸相交。滿桂身中數箭，尤世威坐騎被創；濟爾哈朗等四位貝勒也都受傷。袁崇煥親臨城堞指揮，命城上發射紅夷炮等轟擊城下後金軍。後金兵敗，退向錦州。袁崇煥奏捷道；「十年來盡天下之兵，未嘗敢與奴戰，合馬交鋒。今始一刀一槍拚命，不知有夷之兇狠驃悍。職復憑堞大呼，分路進追，諸軍忿恨此賊，一戰挫之。」再次表現在錦州出擊。錦州城守軍乘後金軍主力南下，出城攻擊，殺死後金遊擊覺羅拜山等，撤回城內堅守。在寧錦之戰中，袁崇煥不僅敢戰，而且敢款即敢於議和。

第三，敢和。議和是朝廷大事，自宋金和議以降，諸朝大臣多諱言「議和」二字。原遼東經略王在晉疏劾袁崇煥，稱明朝同後議和，如宋金議和一樣誤國就是一例。但是，袁崇煥同後金議和，不避嫌疑，敢任謗怨。天啓六年（一六二六年）九月，他派人到瀋陽，弔老汗之喪，賀新汗登位，並探察虛實。爾後，皇太極也派使臣至寧遠回書。袁崇煥的議和，穩住對手，探知敵情，爭取時間，修城備戰。《明史》本傳記載他奏報朝廷：「乘敵有事東江，姑以和之說緩之。敵知，則三城已完，戰守又在關門四百里外，金湯益固矣！」果然，皇太極進攻錦州，城池修竣，兵械有備，取得寧錦大捷。梁啓超評論袁崇煥以和爲守、以守爲戰的兵略，如同戰國末李牧破胡、西晉初羊祜沼吳，是最上的謀略。袁崇煥同後金議和，既反歷史文化傳統，又反朝廷群臣輿論，實在是大智大勇之舉！但袁崇煥後來「莫須有」之罪，於此伏下事機。

雖然袁崇煥獲得寧錦大捷，卻因得罪了魏忠賢，只得辭職歸里。不久，天啓帝死，崇禎帝立。袁崇煥任薊遼督師，重任遼事，在京師保衛戰中，再現英雄的風華。

五

袁崇煥的「愛國」與「打拼」精神，在北京之戰中再得到進一步的展現。

崇禎元年（一六二八年）七月，崇禎帝在紫禁城平臺即建極殿後右門召見袁崇煥。袁崇煥奏陳方略，得到旨允，並受賜尚方劍。袁督師赴任，先平息寧遠兵變，又計斬毛帥文龍。毛文龍官東江總兵，拜魏忠賢爲父，糜餉冒功，彈章百數。第二年，袁督師以閱兵爲名，泛舟雙島，與毛文龍夜飲，規勸，文龍終不悔。袁督師又邀毛文龍觀射，文龍入帷幄，其部卒不得入。袁崇煥歷數毛文龍十二大罪，請尚方劍，斬於帳前。毛文龍將卒數萬，懼袁督師之威，無一人敢妄動。他命備棺裝斂文龍屍，淚奠道：「昨斬爾，朝廷大法；今祭爾，僚友私情。」遂收編東江部隊。袁督師計斬毛文龍，成算在胸，聲色不驚，手段霹靂，如探一觳，眞是奇智奇勇。他平息兵變，計殺文龍後，忙於整頓防務，冀圖復遼之際，皇太極率軍入塞，攻打北京。

崇禎二年（一六二九年）十月，後金汗皇太極統帥八旗軍，繞過袁督師堅守的寧錦防線，以蒙古騎兵作先導，從明薊鎮防禦虛脆的龍井關、大安口，破牆入塞，直趨遵化，京師戒嚴。時袁崇煥在從寧遠往山海關途中，得報八旗軍破長城，圍遵化。他一面令山海關總兵趙率教帶騎兵急援遵化，一面親簡遼兵準備入援。趙率教至遵化交戰，中矢陣亡，一軍全歿。遵化人內應縱火，巡撫王元雅自縊死，城陷。八旗軍西進，威逼北京。袁督師急率九千騎兵，士不傳餐，馬不再秣，日夜兼馳，軍至京東。袁崇煥召集諸將會議進取：一些將領主張徑趨京師，以先根本；另一些將領主張兵宜向敵，不宜入都。副總兵周文郁說：「外鎮之兵，未奉明旨，而徑至城下，可乎？」袁崇煥果斷地說：「君父有急，何遑他恤，苟得濟事，雖死無憾！」袁崇煥滿腔熱血，社稷爲重，決定直奔京師。

皇太極率八旗軍逼京師後，駐蹕北城外。時衛守北京城的重兵，一支由滿桂率領屯駐德勝門外，另一支由袁崇煥率領屯駐廣渠門外。十一月二十日，總兵滿桂同八旗軍大貝勒代善等激戰德勝門外，滿桂負傷，明軍大潰。滿桂帶百餘殘兵躺在關帝廟裡，後開甕城門屯納其餘兵。與德勝門激戰的同時，袁崇煥率遼軍和皇太極率八旗軍在廣渠門外展開鏖戰。

袁督師僅九千騎兵，屯駐城外，時値寒冬，夜間露宿，晝缺糧草，士馬凍餒，已經數日。二十日，皇太極率滿洲兵和蒙古兵向袁軍撲來。袁崇煥令祖大壽在南，王承胤在北，自率兵在西，組成「品」字形陣，士含枚，馬勒口，士氣激昂，嚴陣待敵。後金軍分六隊，衝向袁軍——先直撲祖大壽陣，受挫；又撲向王承胤陣，也受阻；再撲向袁崇煥陣，兩軍死戰。袁崇煥軍和皇太極軍，自巳至酉，刀揮矢發，激戰十小時，轉戰十餘里。袁督師身先士卒，躍馬橫刀，左右馳突，衝在陣前。他的副將周文郁在《邊事小紀》中記載：袁督師在奮戰中，中箭很多，「兩肋如蝟，賴有重甲不透」；袁督師與八旗兵搏鬥，馬頸相交，奮不顧死，「一賊輪刀砍値公，適傍有材官袁昇高以刀架隔，刃相對而折，公獲免」。身爲大明兵部尚書兼薊遼督師的袁崇煥，在京師廣渠門激戰中，指揮若定，騎先士卒，胸間中矢如蝟皮，頭上敵刀幾喪生，這是何等的愛國精神，又是何等的打拼精神！皇太極軍鋒受挫後退，袁崇煥軍乘勝追擊。追軍至通惠河邊，退軍擁渡，騎多冰陷，潰不成伍，敗回營去。袁督師奪取廣渠門大捷的當夜，親往受傷將士處所，逐一撫慰，直到天明。二十七日，袁崇煥軍與皇太極軍又激戰於左安門外，皇太極再敗於袁崇煥手下。

但是，十二月初一日，崇禎帝在平臺召見袁崇煥，將他下錦衣衛獄。十七日，明朝軍與後金軍在永定門外再次激戰，明四總兵中滿桂、孫祖壽陣亡，黑雲龍、麻登雲被擒。

京師之役，明朝軍與後金軍凡四戰，其中廣渠門和左安門兩戰因袁督師指揮而兩勝，德勝門和永定門兩戰非袁督師指揮竟兩敗。袁督師高揚「愛國」與「打拼」的精神，親率鐵騎，日夜兼馳，「應援京師，連戰大捷」，後金騎兵東撤，北京轉危爲安。孫承宗「恢疆五載承天語，卻虜三師傍帝城」的詩句，肯評了袁督師在北京保衛戰中的歷史功績。

六

袁督師和岳武穆一樣，是中國歷史上兩位悲劇式的偉大民族英雄。

袁崇煥獲捷反倒落獄的眞實原因，終明之世，不得其解。後金汗皇太極在軍事上——寧遠、寧錦、北京三敗於袁崇煥，便在政治上設圈套陷害他，這就是「反間計」。皇太極的「反間計」記載在《舊滿洲檔》裡，明人不得其詳。清初修《清太宗實錄》始爲人所知，康熙朝修《明史》才眞像大白。現已研究清楚，這個「反間計」的獻計者是范文程，定計者是皇太極，施計者是鮑承先，中計者則是崇禎帝。李光濤先生在《袁崇煥與明社》文中，推斷此計爲後金副將高鴻中所獻，不確（註二）。事實上，皇太極在左安門兵敗的第二天，佈置了「反間計」。《清史稿．鮑承先傳》記載：

翌日，上誡諸軍勿進攻，召承先及副將高鴻中授以秘計，使近陣獲明內監繫所併坐，故相耳語云：「今日撤兵，乃上計也。頃見上單騎向敵，有二人自敵中來，見上，語良久乃去。意袁經略有密約，此事可立就矣。」內監楊某佯臥竊聽。越日，縱之歸，以告明帝，遂殺崇煥。

楊太監縱歸明宮後，將在後金監所中的竊聞，詳奏崇禎帝。崇禎帝以議餉爲名，誆縋袁督師上城入宮下獄。

袁崇煥對自己可能發生的悲劇結局，似早有預感。天啓六年（一六二六年）八月十八日，他在奏疏中說：

凡勇猛圖敵，敵必仇；振刷立功，眾必忌。況任勞之必任怨，蒙罪始可有功。怨不深，勞不厚；罪不大，功不成。謗書盈篋，毀言日至，從來如此。惟皇上與臣始終之。

崇禎元年（一六二八年）七月十六日，袁督師出鎮行邊前又奏言：

蓋著著作實，爲怨則多。凡有利於封疆者，俱不利於此身者也。況圖敵之急，敵又從外而間之，是以爲邊臣者甚難。

崇禎帝答以「浮言朕自有鑑別」。但是，袁崇煥在軍事上的每一個勝利，把上下與左右、前後與內外的一切仇神，都召喚到自己的周圍。後金反間、閹孽忌恚、同僚舊怨、君上猜疑，都加到袁崇煥身上。崇禎三年（一六三〇年）八月十六日，崇禎帝命將袁崇煥在北京西市磔示，兄弟妻子流二千里。督師無罪，天下冤之。

袁崇煥之死，有論者說死於門戶，也有論者說死於誤殺。這都不是確論。在南宋，岳武穆之死，後人多歸罪於秦檜。秦檜固有其罪責，但眞正殺害岳武穆的，不是秦檜，而是宋高宗。在明末，袁督師之死，後人又多歸罪於閹孽。閹孽固有其罪責，但眞正殺死袁督師的，不是閹孽，而是崇禎帝。崇禎帝的昏暴，是袁崇煥悲劇的根因所在。當袁督師被縛時，年七十的大學士、禮部尙書成基命，跪在年十八的大明皇帝朱由儉的面前，「獨叩頭，請愼重者再」，不聽；又叩頭說：「敵在城下，非他時比」，也不聽。這位成基命一次諫言，跪在宮城會極門外，自辰至酉，長達十二小時未起，這就足以畫出崇禎帝的昏暴醜像。對於這位「義氣貫天，忠心捧日」的袁崇煥，尙且不能相容，必令淩遲處死，以快己意，自毀長城，表明崇禎帝新政破產，大明朝氣數已盡。

「杖策必因圖雪恥，橫戈原不爲封侯。」袁崇煥在《邊中送別》裡的金玉詩句，展示了他的崇高精神意境。程本直在《漩聲記》中，於袁督師的高尙精神，說了如下的一段話：

舉世皆巧人，而袁公一大癡漢也。惟其癡，故舉世最愛者錢，袁公不知愛也；惟其癡，故舉世最怕者死，袁公不知惜也。於是乎舉世所不敢任之勞怨，袁公直任之而弗辭也；於是乎舉世所不得避之嫌疑，袁公直不避之而獨行也；而且舉世所不能耐之饑寒，袁公直耐之以爲士卒先也；而且舉世所不肯破之體貌，袁公力破之以與諸將吏推心而置腹也。猶憶其言曰：「予何人哉？十年以來，父母不得以爲子，妻孥不得以爲夫，手足不得以爲兄弟，交遊不得以爲朋友。」……即今聖明在上，宵肝撫髀，無非思得一眞心實意之人，任此社稷封疆之事。予則謂：掀翻兩直隸，踏遍一十三省，求其渾身擔荷，徹裡承當如袁公者，正恐不可再得也！

程本直以血與淚的文字，評述了袁督師「愛國」與「打拼」的精神。

袁崇煥是中華文明史上光明的象徵。他像一道閃電，劃破了明季黑暗專制社會的天庭，照亮了歷史前進的道路。

【附　註】

註　一　《北齊書．封隆之傳》載：「隆之素得鄉里人情，頻爲本州，留心撫字。」此《初至邵武》詩，引自梁章鉅輯《三管英靈集》卷七《袁崇煥詩》（六十六首）。但此詩之眞僞待考。

註　二　參見閻崇年《袁崇煥「死因」辨》。

在「紀念袁崇煥誕辰四百週年學術討論會」閉幕式上的講話

在「紀念袁崇煥誕辰四百週年學術詩論會」即將閉幕的時候，我懷著激動的心情講幾句話。

我想，凡是研究、講授、編輯明清之際這段歷史時，都很重視明代傑出軍事家和民族英雄袁崇煥這個歷史人物，大家心底蘊藏著一個願望——能有機會，相聚一堂，互相砌磋，共同研究。袁崇煥誕生四百週年，恰恰提供了這樣一個機會。機不可失，時不再來。記得一九八一年春天，在廣西南寧市醞釀這個問題時，德高望重、學界賢達莫乃羣先生（註一）首先給予支持。幾天之後，中共藤縣縣委常委也就這個問題交換了意見，決定給予大力支持，並願提供會址，撥給經費。又過了幾天，廣東東莞縣領導也支持這個會，但表示在東莞舉辦有一定困難。一九八二年夏天在太原，同年冬天在北京，莫乃羣先生又兩次表示支持這個會，並同廣西史學界同仁交換了意見。一九八三年五月，莫乃羣先生在北京出席全國人代會期間，在莫老主持下，舉行了有中國社會科學院歷史研究所周遠廉教授、北京大學歷史系許大齡教授、中國人民大學清史研究所羅明教授和北京社會科學院歷史研究所（註二）閻崇年等參加的籌備組會，會議推舉莫乃羣教授爲籌備組組長。北京方面的籌備組會議就會期及籌備工作提出了原則性的建議，但會址及其他問題，待莫老回廣西後同有關方面商定。莫乃羣先生回南寧後，舉行了廣西方面的籌備組會，決定：於一九九四年六月二十一日至二十六日，在廣西藤縣，舉行「紀念袁崇煥誕辰四百週年學術討論會」。

這次「紀念袁崇煥誕辰四百週年學術討論會」，從醞釀到召開前後經過三年多的時間。我覺得這次學術會議之所以能夠順利召開並取得圓滿成功，首先要感謝這次會議自始至終的關懷者、支持者和組織者莫乃羣先生，也要感謝廣西歷史學會和廣西史學界的關懷與支持，特別要感謝藤縣縣委、縣人大、縣政府和縣政協的關懷與支持。藤縣領導的支持不但表現在會議本身，諸如承擔會務組織、負擔會議經費等；而且表現在會議之外，諸如建「袁崇煥紀念碑」、演出粵劇《袁崇煥》、舉辦紀念袁崇煥詩詞和書畫展覽，在幹部和學生中舉行學習袁崇煥愛國精神的演講和報告，《藤州史話》也出版了紀念專輯。我參加過的全國性學術討論會並不多，但與不少代表議論過，大家一致認爲：就我們出席過的全國學術會議來說，以藤縣工作做得最好。

我們這次學術討論會，是第一次全國性研究袁崇煥的學術研討會。它既是自一九四九年至今三十五年來袁崇煥研究成果的總展閱，也是袁崇煥研究的新起點。我覺得事物總是共性寓於個性之中，透過對個性廣泛多層面研究，有助於對共性的深入研究。所以，我們這次學術會議的意義，在於以研究袁崇煥爲主題，就明清之際和中國古代史一些重大學術理論問題展開討論，並取得可喜的成果。今後我願意做一名後學，在這方面繼續作些努力。

最後，我還要向大家說一點，就是《袁崇煥資料集錄》，編得急，很粗糙，疏漏和錯誤很多。但作爲資料集，曾定下一條原則，即可靠的或不可靠的材料兼收並蓄，不妄加取捨，讀者自會比編者高明，去其僞而存其眞。如所收錄袁崇煥詩肯定有僞托之作，但一概收入，以備考閱。我還有一個請求，大家在俯閱這個資料集時，對其中問題，望予函示，先爲感謝。謝謝大家。

【附　註】

註　一　莫乃羣先生，時任廣西自治區政府副主席、區政協副主席、區歷史學會會長。

註　二　北京社會科學院歷史研究所時稱北京社會科學研究所歷史研究室。

《袁崇煥資料集錄》前言

一九八四年六月六日，是明末優秀的軍事統帥、著名的民族英雄袁崇煥誕生四百週年。爲示紀念，並饗讀者，我們撰輯了《袁崇煥資料集錄》（註一）。

袁崇煥，字元素，廣西藤縣（祖籍廣東東莞）人。生於明萬曆十二年（一五八四年）四月二十八日（六月六日）。萬曆三十四年（一六〇六年）舉於鄉，萬曆四十七年（一六一九年）成進士。天啓初，官福建邵武縣令。天啓二年（一六二二年），朝覲至都，單騎出閱關內外，被擢爲兵部職方司主事，尋監軍關外，後任寧前道。他深爲大學士、薊遼督師孫承宗所倚重，力主營築寧遠、守關外以捍關內。袁崇煥統率遼軍，先後獲丙寅（一六二六年）寧遠之捷、丁卯（一六二七年）寧錦之捷和己巳（一六二九年）京師之捷。一掃明軍望敵而潰的暮氣，使久經疆場的後金汗努爾哈赤及其子皇太極屢受重挫。但是，明季社會矛盾、民族矛盾和廟堂矛盾盤根錯節與交互激化，導致了袁崇煥悲劇的結局。崇禎三年（一六三〇年），袁崇煥因閹孽誣陷、後金設間、崇禎昏庸而被含冤磔死。崇禎帝在自割股肱，自毀長城。

袁崇煥疏草詩文，刊後散佚。余大成於崇禎八年（一六三五年）至廣東電白戍所，「晤督師弟崇煜，將所彙前後奏疏十本，付煜藏之」（註二）。後曾爲袁督師幕賓的王子安見屈大均，曰：「大司馬袁公崇煥者，方其督師薊、遼，予以諸生居幕下。其爲國之忠勤，予獨知之。其不得死於封疆，而死於門戶，天下人更未必知之也。自大司馬死，而遼事遂不可爲。吾三十年以來，每一念至未嘗不痛心切齒於當日之權奸也。大司馬無子，其疏稿及余集生、程更生訟冤諸疏，予藏之笥中久矣。今將授子，以爲他日國史之採擇，其可乎」（註三）？袁崇煥疏稿詩文，經余大成、袁崇煜、王子安、屈大均等輾轉，雖遺失殆盡，但幸存十一。明亡清興，清人佚名輯《袁督師事蹟》一卷，收《明史·袁崇煥傳》、錢家修《白冤疏》、程本直《磯聲記》和《漩聲記》、余大成《剖肝錄》及袁崇煥文十三篇、詩十一首。道光年間，伍崇曜據其刊削，捐貲雕梓，名《袁督師事蹟》，後彙入《嶺南遺書》。崇曜及其刻書，梁啓超評論道：「乃至販鴉片起家之伍崇曜，亦有《粵雅堂叢書》之刻，而其書且以精審聞」（註四）。粵東有伍氏刻《袁督師事蹟》，粵西則有督師之《樂性堂遺稿》流傳（註五）。梁章鉅任廣西巡撫兼署廣西學政時，輯《三管英靈集》，因粵西爲唐桂、邕、容三管地，故以「三管」名其集，集之卷七收錄《袁崇煥詩》六十六首，道光年間由桂林唐日新堂刊刻。至清末民初，粵東尚留傳舊鈔本《袁督師事蹟》一卷，有李覺斯小引和蔡均《率性堂詩集序》，末附《督師行狀》（註六），惜未寓目。宣統年間，陳伯陶纂《東莞縣志》，對袁崇煥遺蹟採訪殊勤。爾後，張伯楨於民國二年（一九一三年）編《袁督師遺集》，其子張次溪（江裁）又於民國三十年（一九四一年）編《袁督師遺稿遺事彙輯》，張氏父子用心良苦，績不可泯。但因其囿於所限，未見之書甚多。如官書僅採《明史》、《

清朝開國方略》及《東華錄》等，而於《明實錄》、《清實錄》、《李朝實錄》、《舊滿洲檔》及《滿文老檔》等均未得見。又如私人著述佚名《今史》、周文郁《邊事小紀》、茅元儀《督師紀略》、孫承澤《畿輔人物略》、萬斯同《明史》、談遷《北游錄》及朝鮮李肯翊《燃藜室記述》等，也未見徵引。另如袁崇煥之父袁子鵬墓碑記、袁氏家譜及與其生平有關之明刻本志書，亦未及見。自《袁督師遺稿遺事彙輯》出版至今已逾四十年。爲了加強對明清之際歷史的探討，尤其是加深對袁崇煥的研究，亟須將有關袁崇煥的資料網羅搜集。茲在前人的基礎上，編纂《袁崇煥資料集錄》。

本書將搜羅的袁崇煥研究資料，分爲十集。第一集是官書中袁崇煥資料彙錄。從《明實錄》、《滿文老檔》、《清實錄》、《李朝實錄》和《八旗通志》等書中集錄袁崇煥資料十四萬餘字。其中《滿文老檔》中有關袁崇煥資料，由遼寧大學歷史系李林先生譯出，譯文力求忠於滿文原意，但因其首次譯爲漢文，待商之處，在所難免。《崇禎長編》雖爲汪楫所輯，因係鈔錄檔案邸報，亦歸入官書。第二集爲私人撰述中的袁崇煥資料彙錄。選取《今史》等三十八種，凡十四萬餘字。明末清初，私人著述冊籍浩繁，且有的存目無書，不見插架，深恐掛一漏萬；有的爲鈔本，衍誤頗多，未及逐一考釐。而所錄資料，其內容相同者，或併錄，或互見，以便讀者。第三集是《袁督師事蹟》，以伍氏雕梓爲底本，於它版本，略加參酌。第四集是採錄檔案與金石方面袁崇煥資料，其中《袁子朋墓碑記》，初次公諸於世。第五集是輯錄方志與譜乘中有關袁崇煥的資料。所錄通志、府志、縣志資料，以今存有關方志最早刻本或鈔本爲尚，但對《東莞縣志》、《藤縣志》和《平南縣志》，自崇禎以降各種版本，多酌予選錄。譜乘中《袁氏家譜》，亦照家藏原鈔本錄出。第六集選錄自崇禎元年（一六二八年）迄今三百五十餘年以來，對袁督師的頌悼詩賦。第七集爲雜錄，纂入程本直、余大成等撰記與袁崇煥關係至切的材料。第八集收錄《三管英靈集》中袁崇煥詩六十六首，訪求四方，殊爲難得。該集所輯袁崇煥詩出自袁玨。袁玨，字醴庭，廣西平南人，嘉慶七年（一八〇二年）進士，與梁章鉅會試同年。官廣西平樂鎮安教授，有《今是軒詩草》（註七）。梁章鉅撫桂，袁醴庭已死，其喆嗣以《五畝石山房文稿》乞序，並以《今是軒詩草》呈覽。梁章鉅云：「余嘗讀平南袁醴庭同年詩集，有修明薊遼督師家自如先生遺稿」之文。檢《袁督師事蹟》載錄《率性堂詩集》十一首，與《三管英靈集》載錄《樂性堂遺稿》詩六十六首斠對，除《南還別陳翼所總戎》一首題同文異外，餘俱不同。自袁崇煥蒙冤至梁章鉅撫桂近二百年，袁督師詩之流嬗待考，魚魯待辨。第九集爲補遺，收毛澤東、鹿繼善和全祖望等有關袁崇煥之文，並全錄莫乃羣先生重修「明督師袁崇煥故里紀念碑」文——《明督師袁公崇煥事略》（一九八三年九月三十日）。第十集是附錄。首列《袁崇煥疏文編年索引》，其中有的疏咨時間待考，依其內容暫附系年；有的存題闕文；有的詳略懸殊，文字迥異；也有的原無標題而由編者拙擬的。草就疏文索引，以更讀者經緯。次列《袁崇煥研究論著目錄》，儘量採輯近百年來海內外研究袁崇煥的論文與著述索引，以備考閱。復列《本書參考書目》一百種，註明本書徵引與參考書目及其版本，以便考證。

本書所收資料，均依原文照錄。取消臺頭空格。至若「虜」、「賊」等封建統治者對少數民族及其首領的誣稱，概不加引號，以存原貌。集錄原資料時，各書記載間有訛誤、異文之處，均仍其舊。但個別之處，或附按語，或予校訂，如努爾哈赤第八子、四貝勒皇太極誤作其第四子，佘大成《剖肝錄》崇禎二年（一六二九年）己巳誤刻作（乙巳），周文郁《邊事小紀》王楹誤作「王稐」，梁啓超《袁督師傳》犄角誤印作「粗角」，王在晉《三朝遼事實錄》宦官陶文誤爲「陶文佐」，《明熹宗實錄》祖大壽寫作「祖天壽」等，均隨手釐正。改正的錯字或補錄的闕字，另加〔 〕號列出。全書據原資料編排，加以分段標點，原文沒有標題的，酌加標題，以清眉目。

關於袁崇煥的資料，尤其是野史筆記，冊類繁多，限於見聞與篇幅，或搜錄不周，或忍痛割愛，故滄海遺珠，疏漏孔多。而對收入之資料，間有重複，亦有疏誤。編排處理，未必妥帖；校勘標點，亦多舛誤；排印校對，間或疏忽。凡諸失誤，均切望讀者不吝補充和教正。冀以後有機緣重修，再作增補與釐訂。

本書在編纂過程中，承蒙中國社會科學院歷史研究所謝國楨研究員，北京大學歷史系商鴻逵教授和許大齡教授，北京師範學院歷史系齊治平教授，中國歷史博物館史樹青研究員，以及北京師範大學歷史系顧誠、中華書局胡宜柔、中央民族學院歷史系陳梧桐、北京市社會科學研究所姜緯堂、北京圖書館善本部徐自強等師友，俯囑寶貴意見，提示資料照片，呂孟禧先生指正疏誤，莫乃羣先生爲本書題簽作序，謹致謝忱。

【附註】

註一 《袁崇煥資料集錄》廣西民族出版社，一九八四年出版。

註二 民國《東莞縣志》卷九七。

註三 屈大均：《翁山文鈔》卷一〇，清鈔本。

註四 梁啓超：《清代學術概論》十九。

註五 梁章鉅：《退庵詩話》，《三管英靈集》卷七。

註六 民國《東莞縣志》卷八五。

註七 道光《平南縣志》卷二〇。

《袁崇煥學術論文集》前言

《袁崇煥學術論文集》現在同讀者見面了。它的出版原委，在此略作說明。

《袁崇煥研究論文集》與《袁崇煥學術論文集》爲姊妹篇，故先從《袁崇煥研究論文集》的結輯與出版說起。

一九八〇年夏，我在撰寫《論明代保衛北京的民族英雄袁崇煥》時，見袁督師籍貫，各書記載殊異。查閱縣志，惑亦不解。一九八一年，我去兩粵進行有關袁崇煥的歷史文物與歷史遺蹟的實地考查。在廣西壯族自治區南寧市，我見到了自治區政府副主席、區政協副主席、區歷史學會會長莫乃羣教授。我向莫乃羣先生建議於明代傑出軍事家、民族英雄袁崇煥的研究做三件事：一是調查袁督師的遺蹟，二是編纂袁督師的資料與傳記，三是召開紀念袁崇煥誕生四百週年學術討論會。莫乃羣先生均表俯同，惠予支持。爾後，莫乃羣請李笑和呂孟禧先生陪我順西江而下，至梧州地區的藤縣和鬱林地區的平南縣。藤縣領導派盧圍先生陪我去藤縣和平南縣，實地考查了位於兩縣界河——藤江兩岸的新、舊白馬村。考察中訪耆老、探故居，尋遺蹟、拓碑文，查志書、閱譜乘。回到縣城後，縣委宣傳部李部長晚間到住處看我，提出他們正在修縣志，望我將袁督師的資料彙集成書，以便參閱。我高興地答應了此事，後編纂《袁崇煥資料集錄》，於一九八四年由廣西民族出版社出版。同時，我建議一九八四年六月在藤縣舉行紀念袁崇煥誕生四百週年學術討論會，李部長表示要研究一下。當天夜裡二時許，我正在翻閱縣志時，李部長敲門會我，說縣領導剛在會上決定，歡迎在藤縣舉行此會，會議費用由縣裡解決，並就有關事宜交換了意見。之後，盧圍和霍俊先生陪同我再順西江而下，至廣州、赴東莞，進行學術考查。我們在東莞縣（今東莞市）博物館有關先生陪同下，實地考察了莞鎭、溫塘和水南等地有關袁督師的文物遺蹟。爾後，我回到北京，撰寫了《袁崇煥籍貫考》（載《歷史研究》一九八二年第一期）。後來，在莫乃羣先生主持下，經過積極籌備，「紀念袁崇煥誕生四百週年學術討論會」於一九八四年六月在廣西藤縣舉行。提交大會的論文，遴選三十九篇，五十二萬餘字，編纂爲《袁崇煥研究論文集》，於同年由廣西民族出版社出版。

先是，在藤縣紀念袁崇煥誕生四百週年學術討論會臨近結束時，有的先生提議，鑑於袁督師一生的主要功業在寧遠即今遼寧興城，望能在興城舉行第二次袁崇煥研究學術討論會，並委我爲此作些學術聯絡工作。我雖願爲促成在興城召開這樣的學術會議而盡綿薄之力，但要尋找適當的機會，使上述建議能夠得到興城方面的贊同與支持。

一九八五年秋，我到長春市參加第三屆全國清史學術討論會後，回程時到興城進行學術考察。興城市（當時稱縣）委書記王恩福先生和宣傳部長李久林先生等和我會面時，提出要搞一部歷史電視連續劇《袁崇煥》，我表示支持。他們又要我擔任該劇歷史顧問，我也應允。同時，我建議在興城舉行袁崇煥研究學術討論會，他們即予支持。此後，便開始了籌備工作。一九八七年，我在日本東京東洋文庫清史研究室講學時，傳遞了將在中國興城舉行袁崇煥學術討論會的信息。日本明治大學神田信夫教授、日本大學松村潤教授、立教大學石橋秀雄教授、京都大學河內良弘教授、東北學院大學細谷良夫教授、關西大學松浦章教授、東京外國語大學亞非語言文化研究所中見立夫副教授、日本大學加藤直人專任講師和國士館大學石橋崇雄專任講師等，均對這次學術討論會表示很大興趣，並願意赴興城蒞會（後石橋秀雄教授和河內良弘教授因故未能與會）。同年底，電視劇《袁崇煥》在興城開機，我又到了興城。值此，就袁崇煥學術討論會的具體問題，同有關方面詳加商議。一九八八年八月，「興城國際袁崇煥學術討論會」舉行。莫乃羣先生原定蒞會，因故未能成行，派呂孟禧先生到會祝賀，並表示願意出版這次學術會議的論文集。

會後，經過研究，將擬入集的論文，請其作者加以修訂，嚴核史料，統一體例，約期彙齊。文稿彙集後，先由我統編，再由呂孟禧先生復稿，爾後定稿，交付出版。本集收論文二十一篇，綜述三篇，資料二篇，附錄一篇，分爲十組。集中論文就袁崇煥研究及與之有關諸問題，進行了廣泛而深入的探討，其論述之廣度與深度，都有所開掘，亦有所突破，是國內外袁崇煥研究學術成果的最新展閱。

本集神田信夫教授《袁崇煥與皇太極的往來書信》和松浦章教授《明末袁崇煥與朝鮮使臣》兩文，由吉林杜會科學院歷史研究所楊暘研究員譯出，論文集的編輯出版得到莫乃羣先生關懷，承蒙廣西人民出版社出版，謹並誌謝。

附錄一：袁督師在海外影響

袁崇煥與海外華人

『心術不可得罪於天地，言行要留好樣與兒孫。』袁崇煥的這句名言，不僅成爲中國大陸人民的精神財富，而且成爲海外各地華人的精神彩帶。在台灣、香港、澳門，在泰國、新加坡、馬來西亞，在美國的紐約、舊金山、洛杉磯，在加拿大的渥太華、多倫多等地華人裡，袁姓同奉袁督師崇煥爲共祖。

中華民族有著巨大的內聚力。以香港袁氏宗親總會爲例，那裡有會員七百餘人。他們雖身居海外，卻魂繫華夏。香港袁氏宗親共奉袁督師崇煥，設祠堂，掛畫像，擺供品，燃香燭，四時祭祀，經年不斷。每逢清明、寶誕、忌日、重陽等節日，合港袁氏宗親會衆，四面八方，匯聚一堂，舉行盛大而隆重的祭祀活動，出版紀念刊物，以『使我袁氏族源長流，使我中華文化永遠弘揚於世界。』

聯宗探訪，播遠四方。一九八四年，泰國『袁氏宗親總會』成立，香港『袁氏宗親總會』派團前往祝賀，加強了兩地袁氏宗親的聯誼。平時，海外各地的袁氏宗親會頗多交往。在海外，袁氏、陳氏、胡氏，都以其爲虞舜之系、黃顓之裔，同聯宗，共睦誼。他們以『休言天涯子孫遠，譜牒千春不斷流』的宗親情懷，召開世界性懇親大會。先後在香港、臺北、曼谷等地舉行，每隔三年，移址一埠，旨在維護同祖之情誼，促進祖國之福祉。這種懇親大會，成爲海外華人弘揚中華文化的盛大節日。

袁崇煥生活在明清之際動亂的年代，他爲國家統一與社會安定而獻出了生命。袁崇煥爲之獻身的一統安定，是海外華人的同願共識。香港、臺灣袁氏曾來北京瞻禮袁崇煥祠、墓、廟，並表示願意集資興建袁崇煥紀念館。而將袁督師祠墓所在地五十九中命名爲崇煥中學，會增輝於中華精神文明，以在海外『闡我聖祖嘉言懿行，揚我中華泱泱大國』。袁崇煥成爲海外華人魂繫中華的歷史紐帶和精神象徵。

香港「袁汝南堂宗親總會」與袁崇煥

一九一四年，香港袁氏宗親十餘人，以俱樂部式，爲敘談之所，取名「汝南別墅」。因相傳袁族係出汝南郡，故以其爲別墅之名。後改組爲宗親團體，申請立案，獲得特許。曾幾經起伏，興辦義學，至一九四七年，改名「袁汝南別墅宗親總會」，採理事制，會員日增。一九五七年，會改爲有限公司註冊，易名「袁汝南堂宗親總會」。一九六三年，舉辦新春燈會，宗人興趣濃厚。後開辦義校，編印特刊，購置樓宇，增加帛金，頒獎學金，籌組分會，逐漸得到發展。一九八二年初，決定在梅窩萬角咀興建「袁氏大宗祠」與袁崇煥紀念館。經過籌資、承建，於同年八月二十九日，「袁氏大宗祠」舉行開光典禮。但袁崇煥紀念館尚待各方籌款，啓工興建。爲此，「袁汝南堂宗親總會」表示：「期望各位宗親，發揚我袁氏宗族孝道精神，鼎力支持，踴躍捐獻，籌足款項，以繼續完成崇煥公紀念館工程。使我氏族源遠長流，使我中華文化永遠宏揚於世界。」

袁督師崇煥被廣東袁氏奉爲共祖，也被香港「袁汝南堂宗親總會」奉爲共宗。一九八二年六月，香港《華僑日報》和《香港時報》等，都對香港「袁汝南堂宗親總會」爲「先督師崇煥公三百九十八週年寶誕」的紀念活動作了報導。一九八四年爲袁崇煥誕生四百週年，「袁汝南堂宗親總會」特隆重舉行禮典，並出版紀念特刊——《先督師崇煥公四百週年千秋寶誕特輯》。刊中收袁督師畫像四幀，袁督師墓、廟照片各一幀，載《袁崇煥公英雄事蹟》長文。並載文介紹廣西重建袁崇煥紀念碑，「爲紀念明末愛國名將袁崇煥誕生四百週年，廣西藤縣人民政府在袁崇煥的故里——該縣天平公社白馬村，重建『明督師袁公崇煥故里』紀念碑。」「碑的正面上方是由自治區政協副主席、廣西歷史學會會長、著名書法家莫乃羣手書的『明督師袁公崇煥故里』碑文，下方鑲嵌著刻寫在大理石上的袁（崇）煥生平碑紀。」刊中還收錄泰國袁氏宗親總會袁經倫理事長、臺北市袁氏宗親會袁希光理事長、九龍袁汝南堂分會袁梓樑先生和香港袁汝南堂宗親總會袁偉熊監事長、袁一飛副監事長等詩文。刊中影印了袁崇煥給「子嘉吾兄」的墨迹，並稱之爲「先賢的眞迹，我們的瑰寶。」現任會長袁建華先生爲紀念特刊的編委會主任，現任理事長袁雄崑先生任紀念特刊的主編。並定今後兩年一刊，依期出版，以文會宗，揚先勵後。

香港「袁汝南堂宗親總會」有會員七百四十二人。總會在努力籌資，以興建袁崇煥紀念館；每年四月二十八日，慶祝袁崇煥誕辰；每屆清明、重陽，對袁督師等先祖舉行祭奠儀式。他們還進行友好探訪，同泰國、臺灣、美洲，澳門等袁氏宗親會密切往來。如一九八四年五月一日，泰國「袁氏宗親總會」成立，香港「袁汝南堂宗親總會」袁雄崑理事長率團前往祝賀，加強了兩地袁氏宗親的聯繫。香港、澳門、九龍、臺灣及美洲等地袁氏組織，都共同供奉袁督師崇煥，使「離祖先廬墓而寄食天涯者」，愼終而追遠，憂祖而流芳。

〔註〕蒙香港「袁汝南堂宗親總會」理事長袁雄崑先生寄贈《袁汝南堂宗親總會六十八週年暨袁崇煥公四百週年誕辰紀念特刊》，據刊撰文，僅作說明。

美國《世界日報》的一則報導

美國《世界日報》一九九一年十二月七日，以《本報香港訊》載：

以《大陸社科院滿學研究所所長閻崇年在港表示北京決撥款重修袁崇煥墓》爲標題

位於北京崇文區的明末愛國將領袁崇煥的墓祠，最近已獲北京當局重新重視，決定撥款重修，無需再面臨較早時傳聞被迫遷的命運。

訪港的袁崇煥研究專家、中國大陸社會科學院滿學研究所所長閻崇年，六日接受記者訪問表示，不久前北京市政府與北京市文物局開會，決定要將毀於文革的袁墓修復原狀，北京市文物局將撥款六萬元人民幣作修墓之用。而佔住袁祠的住戶，也將於稍後陸續搬走。

閻崇年並提出其他一些建議：一、在北京建袁崇煥紀念館；二、將袁墓所在地的一間中學改名爲崇煥中學，藉此培養學生愛國和保護文物的觀念；三、擬於一九九四年袁崇煥誕生四百一十週年時，在袁的家鄉東莞市召開學術研討會；四、出版一套袁崇煥的叢書，包括傳記、詩文集、論文集和資料集等。

閻崇年並希望能成立一個袁崇煥研究基金會，推動對袁崇煥的學術研究和紀念館的建設。不過，上述各項構思均有待將來籌集資金始能進行。

閻崇年此行是出席香港中文大學歷史系主辨的「明末清初華南地區歷史人物功業」研討會。六日晨研討會揭幕後，首節討論是以袁崇煥的生平與功績爲題。

是次研討會原本還邀請世代在北京爲袁崇煥守墓的佘家第十五代傳人佘幼芝出席，但佘幼芝（已退休）原任職的工廠不批准她訪港。

袁崇煥於崇禎三年被誣爲通敵含冤而死，當時無人敢收屍。他的一名姓佘部屬爲報恩，冒險把袁崇煥屍骨埋葬，並矚〔囑〕後人世代爲袁督師守墓。袁崇煥冤案至清朝乾隆時始獲昭雪。至民初，康有爲等支持籌款重建袁墓；毛澤東在五十年代也曾下令撥款修葺。

附錄二：袁崇煥研究綜述（三則）

袁崇煥學術討論會在廣西藤縣召開

一九八四年六月二十一日至二十六日，紀念明代傑出的軍事家、抗禦後金的著名將領袁崇煥誕生四百週年學術討論會，在廣西藤縣召開。這次會議是由中國社會科學院歷史所、廣西歷史學會、北京大學歷史系、中國人民大學清史所、北京市社會科學研究所和藤縣人大常委會等單位聯合發起的。參加這次會議的有自黑龍江畔至珠江之濱的全國一百二十餘名明清史的專家、教授、學者等，向大會提交論文五十篇。這次學術討論會，以研究袁崇煥爲中心，從不同角度就明清之際的社會矛盾、明末黨爭、明清（後金）關係、愛國主義、民族氣節，特別就袁崇煥的歷史地位與評價等問題，進行了熱烈討論和學術交流。

第一，袁崇煥與明末黨爭。明朝自萬曆以來分成的浙、楚、齊、宣、昆各黨，天啓時合而爲閹黨，與之對立的是東林黨。遼事是東林黨與閹黨鬥爭的一個重要題目。袁崇煥雖然不是東林黨，但他傾向於東林。袁的奧援師長大學士韓爌、孫承宗、錢龍錫都是東林黨人。閹黨與東林黨之爭直接關係到遼東經撫的任免與遼軍戰守的勝敗。崇禎初閹黨雖受到沉重打擊，但其餘焰未熄。許多人認爲閹孽與東林黨之爭，是釀成袁崇煥悲劇的重要原因；而明末黨爭對袁崇煥軍事成敗與含冤磔死，其影響之程度，認識並不完全一致。

第二，袁崇煥在抗清（後金）中的地位。一種意見認爲，以努爾哈赤、皇太極爲代表的滿洲興起，是對明廷民族壓迫與民族分裂政策的反抗，後來清入關統一了中國。以皇帝、宗室、宦官、戚畹、權臣和縉紳爲代表的明末大地主集團，是當時社會上最腐朽最反動的勢力。袁崇煥的行動實際上代表了後者的勢力。另一種意見認爲，在袁崇煥任遼職的天啓二年至崇禎二年間，滿洲軍事貴族屢次南犯掠奪的戰爭是不義之爭。袁崇煥抵禦後金的鬥爭，反映了中原和遼東漢人及其他少數民族的利益，因此，他是一位民族英雄。

第三，袁崇煥殺毛文龍的功過是非。一說毛文龍抗敵有功，袁崇煥誤中皇太極間計誅之，爲後金翦其所忌，自傷股肱，是袁一生中最大的錯誤。另說據《滿文老檔》和《李朝實錄》等資料，認爲毛文龍與後秘密通款，袁崇煥設計斬之，是其一大功績。還有一說，毛文龍有功有過；袁崇煥擅誅大將有不當之處，可謂其有功亦有錯。

第四，袁崇煥「謀款」評價。袁崇煥同皇太極「謀款」即議和，一種主張說袁崇煥與皇太極議和，促成其東攻朝鮮，西征蒙古，南犯京師。另一種主張說在當時歷史條件下，議和既符合明朝和後金的利益，也反映了長城內外中華各族人民的願望。天啓末袁崇煥同後金議和，借以使寧遠、錦州固若金湯，獲得寧錦大捷。崇禎初朱由檢未能採納袁崇煥「款爲旁著」的疏言，加速了明朝的覆亡。

第五，袁崇煥的籍貫。袁崇煥的籍貫有廣東東莞、廣西藤縣和平南三說。多數人認爲東莞爲袁崇煥的祖籍，其籍應屬廣西。有人據乾隆《平南縣志》和《三管英靈集》所輯袁崇煥《遊雁洲》詩自註，認爲袁崇煥爲平南縣籍。另有人主張袁崇煥爲藤縣籍，其論據除「明萬曆己未科進士題名碑記」、《崇禎實錄》、崇禎《梧州府志》、《國榷》和故居遺物等資料外，還對《遊雁洲》詩自註提出質疑，認爲它可能是一件贋品。

此外，有人對袁崇煥與皇太極、孫承宗、祖大壽等人的關係，對袁崇煥的軍事思想與民族觀，均提出新見。

會議時間雖短，但收獲很大。經商定將這次會議的論文選編爲《紀念袁崇煥誕生四百週年學術討論會論文集》，公開出版發行。

（載《清史研究通訊》一九八四年第三期）

國際袁崇煥學術討論會在遼寧興城舉行

一九八八年八月二十四日至二十七日，在遼寧省興城市舉行了國際袁崇煥學術討論會，中外專家教授共聚在當年袁崇煥營築並取得寧遠、寧錦大捷的寧遠城（今興城市），就明末——後金時期，對袁崇煥及其相關諸問題，進行了學術研討。先是，一九八四年六月二十一日至二十六日，在廣西藤縣召開了袁崇煥誕生四百週年紀念學術討論會。這是第一次全國性紀念袁崇煥誕生和進行學術討論的盛會，在會議期間，有的同志提議，鑑於袁督師主要業績在寧遠，應選擇適當時間，在寧遠——興城舉辦袁崇煥學術討論會。這個建議得到興城市領導同志的支持，經過兩年多的籌備，終於在興城召開了這次有中外學者共同參加的袁崇煥學術討論會。興城國際袁崇煥學術討論會的主要特點是：

一、中外學者聚會，共同砌磋學術。自一九〇三年《新民叢報》刊出《明季第一重要人物袁崇煥傳》至今八十五年以來，除中國大陸學者外，香港和臺灣的學者，發表和出版了許多有價值的袁崇煥研究論著。日本的學者對袁崇煥也作了深入的研究。一九二三年，日本泉廉治先生即在《滿蒙》上，發表《太祖與崇煥》的論文；一九六二年，日本神田信夫教授又在《駿臺史學》上，發表了《袁崇煥書簡》，文據《青丘學叢》第二十七號，載出《明督師袁崇煥答金國汗書》手書影印件，並作了考證。以上說明，關於袁崇煥的研究，已經引起國內外、海內外的明清史學者的注目，並取得研究碩果。這次學術討論會，日本明治大學神田信夫教授《袁崇煥與皇太極的往來書簡》、日本關西大學松浦章教授《明末袁崇煥與朝鮮使節》以及日本東北學院大學細谷良夫教授《明末清初遼東將軍的歷史資料——尚可喜〈元功垂範〉》、日東大學松村潤教授關於袁崇煥研究的學術報告等，就是國外袁崇煥研究最新成果的例證。此外，日本東京外國語大學亞非語言文化研究所研究員中見立夫副教授，日本東洋文庫研究員、日本大學加藤直人專任講師和國士館大學石橋崇雄專任講師等，在這方面都作了有益的研究。中外學者在學術報告、討論發言、閱讀論文、會下交談和實地考察中，相互學習，共同研討，交流信息，互勉共進。

二縱橫開拓探討，各抒研究新見。藤縣袁崇煥學術討論會後，編纂的《袁崇煥研究論文集》，收輯論文四十篇，五十二萬餘字，就袁崇煥及其有關問題，方方面面，多所觸及。但這次興城袁崇煥學術會比藤縣袁崇煥學術會，於袁督師的研討更爲新、細、深、廣：

新，即在資料與觀點上有新的拓展。在研討中，引述《舊滿洲檔》、《元功垂範》、《東江疏揭塘報節抄》、《家譜冊》、《袁崇煥答金國汗書》（手書影印件）、檔冊、譜乘、秘籍、筆記等，並轉述日本、韓國、香港和臺灣等同袁崇煥研究相關的學術動態，均於袁督師研究提供了新資料與新信息。同時，就袁崇煥及明末、清初社會研究提出許多新見解，從而將這一問題的研究向前推進了一步。

細，即在研究層次上更加細密。《袁崇煥與皇太極往來書簡》一文，據《滿文老檔》、《明朝實錄》和《李朝實錄》三方史料。依年月日，排比書簡，細緻考析，頗具新見。《明末袁崇煥與朝鮮史節》一文，則彙集中、日、韓三國史料，詳加闡析，作出新探。《後金皇太極反間計考實》一文，經過細密考證，斷定反間計初設者係范文程，而非寧完我，就此同李光濤先生遺論商兌。

深，即對爭議問題的研究更爲深入。袁崇煥的「斬帥」與「謀款」，是對其評價的兩個長期爭議的焦點。於前者，《袁崇煥「斬帥」辨》、《毛文龍與皮島》、《袁崇煥與劉興祚》等文，都作出新的分析，亮出新看法。於後者，《袁崇煥與明金議和》、《袁崇煥與皇太極》、《從袁崇煥到陳新甲——明與清議和評議》等文，都比上次袁會有更深入的研究。同時，《袁崇煥之死與明末黨爭》、《論袁毛關係與啓禎決策集團》等文，從袁崇煥決勝與磔死的社會背景，並從天啓、崇禎時期領導決策集團的政治體制與決策體制的弊端，分析了「毛文龍現象」和「袁崇煥奇冤」，由此導致明亡。

廣，即對袁崇煥研究作廣泛開掘。《袁督師遺詩稽實》一文，從袁督師遺詩的其地、其時、其人、其情、其事不合以及其內在矛盾等方面，論證一些所謂袁詩係出於他人之僞托。《西洋大炮的引進和袁崇煥指揮的寧錦保衛戰》一文，系統地考述了紅夷大炮的引進、製造、使用、功能和意義。《論袁崇煥的個性》和《寧遠大捷給後人的幾點啓示》等文，都不乏新見。

三實地考察史蹟，文獻史實互證。這次袁會邊學術研討，邊實地考察。與會中外學者在有關方面安排下，考察了從興城至山海關的明末清初重要史蹟，如沙後所、前所、威遠城和山海關等。前所高厚堅固的城垣，可證明代關外防禦的實力，沙後所城基條石鐫字，有重要史料價値。特別考察了袁崇煥守禦寧遠的史蹟，如登巡寧遠城垣、登臨首山烽火臺，察看努爾哈赤率軍進攻寧遠的首山隘口及其橫截山海大路駐營地的今曹莊形勝，又乘船登上覺華島（菊花島），這是與會的國內外明清史學者首次察勘覺華島。在島上踏勘了明囤糧城遺址，城位於島西北隅，略呈矩形，殘垣高厚，南北設門，北門瀕臨當年運輸糧料的港口。

四電視劇《袁崇煥》，引起學者興趣。前此，遼寧電視劇製作中心同興城市政府，廣泛集資，長期準備，拍攝了九集電視歷史悲劇《袁崇煥》。電視劇《袁崇煥》由蔣志杰、張明義、安德才編劇，陳家林執導，閻崇年、萬依爲歷史顧問。有關方面將電視劇《袁崇煥》（樣本）在會間試映，並分別邀請中外學者進行學術座談。中外學者一致肯定，電視劇《袁崇煥》基本忠於史實，藝術地再現了歷史上的袁崇煥，主題突出，個性鮮明，情節生動，催人淚下。大家認爲，電視劇《袁崇煥》是成功的，但也指出了它的不足與疏失。

這次袁崇煥學術討論會，論題集中，時間緊湊，議看結合，很有特色。會議的論文將結集正式出版。

（載《清史研究通訊》一九八八年第四期）

香港「明末清初華南地區歷史人物功業研討會」與袁崇煥

一九九〇年五月（註一），我到美國講學回國途經香港時，「香港袁汝南堂宗親總會」袁雄崑會長和袁雄民理事長等到機場迎接，並安排下榻賓館。其間，我參觀訪問了「香港袁汝南堂宗親總會」，並在廳內供奉的「袁督師像」前鞠躬致奠，留影誌念。我又出席了袁雄崑先生主持的袁氏宗親盛會，應邀在會上做了《袁督師功業永放光華》的演講，並出席了盛大的宴會。在宴飲間，我向袁雄崑先生等提議，在香港舉辦袁崇煥研究學術研討會事。袁雄崑、袁雄民等先生均極贊成，表示所需費用由袁氏宗親籌措，主辦事宜應請香港中文大學承擔。隨之，我到香港大學訪問，受到趙令揚教授的盛情宴待。宴席間我講了上述信息，令揚兄表示支持，並願積極參與（註二）。爾後，我又到香港中文大學歷史系參觀訪問，受到系主任吳倫霓霞教授和校學術交流主任倫熾標先生的熱情接待。在宴會間，我向二位主任轉達了袁雄崑和袁雄民先生的前述信息。吳倫霓霞教授和倫熾標主任當即表示贊同。隨之，我們三人就會議的具體籌畫、安排等交換了意見。香港中文大學參觀訪問之後，我又將信息反饋給袁雄崑與袁雄民先生等。此事，羅炳綿教授在《以文會友．以友輔仁（從舉辦研討會到出版論文集）》中說道：

> 當「明末清初華南地區歷史人物功業研討會」未籌辦前，北京社會科學院滿學研究所閻崇年教授到海外訪問路經香港，即本著「以文會友」之意主動的與我校歷史系接觸過，提及香港中文大學歷史系與「香港袁汝南堂宗親總會」聯合舉辦以袁崇煥爲主題的研討會，在香港舉辦，更有意義云云。此後，輾轉洽談，由香港及泰國兩地的袁氏宗親會贊助研討會的全部經費，並決定以抗清名將袁崇煥爲研討中心，而擴展到明清之際華南地其他重要歷史人物，名爲「明末清初華南地區歷史人物功業研討會」，其後洽談籌辦，雖屬我校歷史系與袁氏宗親會兩方面的事，但閻氏實爲促進此次研討會舉辦的中介人（註三）。

我只爲舉辦這次以袁崇煥爲主題的研討會恪盡微薄之力，而羅炳綿教授譽美言辭實受之含愧。

經過一年多的籌措，籌委會顧問許倬雲教授、主席吳倫霓霞教授、副主席羅炳綿教授和秘書劉健明博士等的學術籌備，香港袁汝南堂宗親總會袁雄崑會長和袁雄民理事長、臺灣袁氏宗親會袁希光理事長和袁治農副理事長兼秘書長、泰國袁氏宗親會袁經倫理事長等經費籌集，以袁崇煥爲主題的「明末清初華南地區歷史人物功業研討會」，於一九九一年十二月五日至八日，在香港中文大學舉行。出席會議的有中國大陸和臺灣、香港、澳門、美國、日本等教授、專家五十餘人。

六日上午，舉行會議開幕典禮後，即在祖堯會議室舉行第一節——「袁崇煥的生平與事功」討論會，孫國棟教授任主席。閻崇年（北京社會科學院）、馬楚堅（香港大學）、解立紅（中國軍事博物館）、譚世寶（澳門大學）和羅炳綿（香港中文大學）依次做學術報告，並進行提問與答辯。閻崇年在《袁崇煥固守寧遠之揚搉》論文中，就袁崇煥嬰城固守寧遠之情勢、過程、要略、得失做了闡述，對其守略、守地、守城、守器、守軍、守餉、守紀、守民做了分析，將袁崇煥守略異於馬林、袁應泰、熊廷弼、王在晉、孫承宗和李永芳、李如楨、賀世賢、王化貞、高第做了比較，於覺華島兵敗做了探討。馬楚堅在《西洋大炮對明金態勢的改變》論文中，詳細地縷述西洋大炮的引進過程，全面地論述明軍使用西洋大炮連獲寧遠與寧錦兩捷，使遼東戰爭舞臺編導者努爾哈赤兵敗後身死、其子皇太極懼於威懾而不敢再犯關外袁崇煥之防區，從而改變明朝與後金的遼東軍事態勢。並指出經兩次以大炮爲主擊退後金，一變挨打之態勢，全賴袁氏軍事視野異於時人，袁氏成爲中國軍事史上將西洋大炮推上戰場佔主導地位之第一人。解立紅在《袁崇煥京華故蹟考》論文中，詳考袁崇煥先後五次到北京之經過，論斷其命運——或步入仕途、或從戎出關、或宦海降沉、或擢陞督師、或磔身寸斷，皆懸於北京；考證袁督師在北京墓、祠、廟三處故蹟之歷史與現狀（附圖）；並據實地踏查與文獻資料論斷，張氏父子所謂「袁崇煥故居」（今北京左安西里三號）和「袁督師點將臺」俱不可信；文末附珍貴金石資料等。譚世寶先著《袁崇煥籍貫廣東東莞水南鄉考》和《袁崇煥籍貫再考辨》兩文；此著《袁崇煥的籍貫補辨》一文，先考辨袁崇煥籍貫之意義，再補辨袁崇煥非廣西說——道光《平南縣志》亂改聖旨、僞造事實，乾隆《平南縣志》揑造其官銜及遺蹟，有關碑文、族譜、傳說皆係僞造。羅炳綿在《天啓朝袁崇煥人際關係的變化》論文中，以袁崇煥的人際關係之獨見新視角，精闢地論述了其與東林黨人孫承宗的關係，初則水乳交融，後則漸生嫌隙——對蒙古策略、柳河之役意見不合，有文斷言袁對孫「不夠光明磊落」則實在是冤枉了袁崇煥，有文判斷《東林黨人榜中無姓名書此誌感》（註四）爲贋詩則筆者不以爲然；其與魏閹黨人的關係，始則而憎懨，中則虛與逶迤以便於抗金，結果還是同其對立；其與同僚的關係，善待下屬而能建立好的人際關係，個性是非分明而難以同王在晉等建立良好的人際關係。此外，第七節陳祖武《從袁崇煥到屈大均——明末清初的華南知識界》，也論及了袁崇煥。

八日下午，在香港尖沙咀太空館舉行總結會。許倬雲教授、袁雄崑會長致辭，閻崇年做《中國大陸及海外袁崇煥之研究》的演講，葉漢明博士代讀北京袁崇煥墓守護者——佘幼芝女士《關於袁崇煥祠墓的沿革與現狀》一文。另有四位學者發言，最後由吳倫霓霞教授致閉幕辭，晚間由香港袁汝南堂宗親總會在香港美食城招待與會學者盛宴，研討會至此圓滿結束。

研討會的論文結集——《明末清初華南地區歷史人物功業研討會論文集》，由羅炳綿、劉健明主編，於一九九三年三月在香港出版。

【附註】

註　一　筆者在美講學回國途中，於一九九〇年五月十五日至二十二日在香港駐留。

註　二　趙令揚教授任六日下午第二節討論會（中央與地方政治）主席。

註　三　羅炳綿：《以文會友．以友輔仁（從舉辦研討會到出版論文集）》，羅炳綿、劉健明主編《明末清初華南地區歷史人物功業研討會論文集》，香港中文大學歷史系，一九九三年三月。

註　四　《天啓朝袁崇煥人際關係的變化》註四載：《率性堂詩集》，《袁崇煥資料集錄》下冊，未選錄此詩。按：該集下冊第二四二頁載錄《東林黨人榜中無姓名，書此誌感》。

附錄三：

袁崇煥研究論著目錄（一九〇三至一九九三年）

明季第一重要人物袁崇煥傳　中國之新民　新民叢報一九〇三，二卷，四六——四八期合刊；一九〇四，三卷一——二期

明袁督師遺像　國粹學報一九一〇，六卷四期

太祖與崇煥　（日）泉廉治　滿蒙一九二三，四卷八期

記袁督師家系　章炳麟　國華月刊一九二四，一卷九期

前明督師袁崇煥里居考正　陳長　社會日報一九二五·九·一三

明薊遼督師袁崇煥傳（一——一二）　張伯楨　正風一九三五，一卷七——一八期

明薊遼督師袁崇煥遺聞錄（一）　羅桑彭錯　正風一九三五，一卷一二期

明薊遼督師袁崇煥遺聞錄（二——五）　羅桑彭錯　正風一九三六，二卷三、四、一〇、一一期

袁崇煥傳附錄　張伯楨　正風一九三五，一卷一九期

袁崇煥傳補遺　張伯楨　正風一九三六，一、二卷一期

明本兵梁廷棟請斬袁崇煥原疏（附跋）　孟森　史學集刊一九三六，一期
明末東北抗戰之熊廷弼與袁崇煥　陳同　教與學　一九三七，二卷一二期
看袁崇煥的文書（載《滿洲史研究的現狀》一文）　（日）稻葉岩吉　青丘學叢一九三七，第二七號
明督師袁崇煥答金國汗書——京城稻葉氏寶黃堂所藏影片　（日）青丘學叢一九三七，第二七號
《袁崇煥後裔考》序　心史　中央日報一九三七・六・二七
清人入關前求款之始末——兼論袁崇煥陳新甲之死　李光濤　歷史語言研究所集刊一九四七・九，九本
論毛文龍之死當厥辜　李光濤　學原　一九四八，二卷四期
袁崇煥平遼　不凡　東南日報一九四八・四・二七
論崇禎二年「己巳虜變」　李光濤　歷史語言研究所集刊一八卷，一九四八
袁崇煥與毛文龍　任鼐　中央日報一九四八・五・一七
袁崇煥與明社　李光濤　大陸雜誌（臺）一九五三，七卷一期
袁崇煥評傳　王恢　人生（港）一九五四，七卷四期
賴文光題袁崇煥藏硯是假的　于之夫　光明日報一九五六・三・一五
佘家館　張四都　北京日報一九五六・六・九

千古軍人之模範——袁崇煥　狷士　暢流（臺）一九五六，一四卷八期

袁崇煥的墓和祠堂　姜鈍夫　旅行家一九五八，二期

龍潭的袁督師廟　涵江　《北京街道的故事》一九五八，北京出版社

明季邊防與袁崇煥（上下）　李光濤　反攻（臺）一九五八，一九二、一九三期

論袁崇煥與東林黨的關係　劉伯涵　歷史研究一九五八，四期

袁崇煥死事經過　曾容　歷史教學問題一九五八，五期

明本兵梁廷棟請斬袁崇煥原疏附跋　孟森　《明清史論著集刊》一九五九，中華書局

論袁崇煥的愛國思想　羊弓　史學月刊一九六〇，五期

袁崇煥墓　江夏　藝林叢錄（港）一九六一，一編

袁崇煥書簡　（日）神田信夫　駿台史學一九六二，一二號

談明末袁崇煥堅守寧錦的敢戰敢勝精神　商鴻逵　史學月刊一九六四，一〇期

明季邊防與袁崇煥　李光濤　明清史論集（臺）一九七一

袁崇煥督遼餞別圖咏卷　汪宗衍　《廣東文物叢談》（港）一九七四，中華書局香港分局

關係明朝存亡的袁督師崇煥　李振英　廣西文獻（臺）一九七四，七期

東莞民族英雄袁崇煥與張家玉　王紹通　廣東文獻（臺）一九七六，六卷四期

袁崇煥評傳　袁飛翰　新萬象一九七六，四期

亂世忠臣的典範——談晚明袁崇煥　成湘玉　明道文藝（臺）一九七七，一五期
袁崇煥評傳　金庸《金庸作品集》四集一九七七，香港明河社
清太祖死於寧遠之戰之不確　孟森　中國歷史文獻叢刊一九八〇，一期
努爾哈赤之死　李鴻彬　社會科學戰線一九八〇，二期
袁祠　閻崇年　北京晚報一九八〇．八．九
橫戈原不爲封侯——紀念袁崇煥逝世三五〇週年　閻崇年　廣西日報一九八〇．九．一八
袁崇煥之死三百五十週年祭　杞愚　廣西日報一九八〇．九．二二
袁督師祠　閻崇年　北京人民廣播電臺一九八〇．一〇．五
論明代保衛北京的民族英雄袁崇煥　閻崇年　北京史論文集一九八〇，一輯
平南縣新發現袁崇煥家人墓　北京晚報一九八〇．一一．一一
東莞岳飛袁崇煥（一——三）　楊寶霖　莞草一九八〇，一〇——一二期
袁崇煥籍貫考辨　閻崇年　學術論壇一九八一，一期
抗清名將袁崇煥　張正明　學術論壇一九八一，一期
袁崇煥其人及其故里　黃漢超　紫藤一九八一，一期
冤同武穆愁天地——袁崇煥與崇禎　隋喜文　人物一九八一，一期
功蓋寰宇　浩氣長存——記明兵部尚書袁崇煥　大爲　藤州史話一九八一，一期

袁崇煥籍貫查證　盧圍　廣西歷史人物傳一九八一，一輯

袁崇煥與北京保衛戰　閻崇年　學習與研究一九八一，二期

《明史・袁崇煥傳》勘誤二則　顏燕　歷史研究一九八一，四期

明末抗清將領——袁崇煥　黃國強　中學歷史教學一九八一，五期

談袁崇煥的一首詩　楊寶霖　南風一九八一・五・一三

袁崇煥・崇禎・溫體仁　施敬銘　南風一九八一・八・一三

袁崇煥率兵保衛廣渠門　富錦　北京日報一九八二・一・三

袁崇煥籍貫考　閻崇年　歷史研究一九八二，一期

試評袁崇煥的功與過　孟昭信　歷史人物論集一九八二，吉林人民出版社

羅浮山外史（上中下）　吳有恆　羊城晚報一九八二・二・二一——二三

我對袁崇煥籍貫論爭的淺見——兼與盧圍、閻崇年先生商榷　蘇子明　鬱林師專學報一九八二，三期

袁崇煥之死與明末黨爭　李紹強　齊魯學刊一九八三，一期

關於毛文龍之死　陳生璽　社會科學輯刊一九八三，二期

論寧遠之戰　李鴻彬　北京大學學報一九八三，五期

袁崇煥紀念館興建　北京晚報一九八四・五・二五

袁崇煥「謀款」辨　閻崇年　光明日報一九八四・六・六
紀念袁崇煥誕辰四百週年學術討論會綜述　劉君達　廣西日報一九八四・七・一
紀念袁崇煥誕辰四百週年學術討論會綜述　史丁　光明日報一九八四・八・一
袁崇煥　張介文　鬱林師專學報一九八四，二期
袁崇煥學術討論會在廣西藤縣召開　閻崇年　清史研究通訊一九八四，三期
論民族英雄袁崇煥　黃國強　華南師範大學學報一九八四，四期
《袁崇煥籍貫考》辨　張壽祺　《袁崇煥》一九八四，東莞文化局編
明代傑出軍事家袁崇煥的戰功及其被害始末　張壽祺　《袁崇煥》一九八四，東莞文化局編
袁崇煥公英雄事蹟（香港）袁崇煥公四百週年誕辰紀念特刊一九八四
《袁崇煥研究論文集》序言　莫乃羣　《袁崇煥研究論文集》一九八四，廣西民族出版社
論袁崇煥與皇太極　王鍾翰　廣西日報一九八四・七・一二
論袁崇煥與皇太極　王鍾翰　《袁崇煥研究論文集》一九八四，廣西民族出版社
論袁崇煥與皇太極　王鍾翰　社會科學戰線一九八五，一期
袁崇煥死因試析　顏廣文　華南師範大學學報一九八四，四期
論袁崇煥死因　顏廣文　《袁崇煥研究論文集》一九八四，廣西民族出版社
論袁崇煥與己巳之役　孫小雲　安徽史學一九八四，六期

論袁崇煥與己巳之役　孫小雲　《袁崇煥研究論文集》一九八四，廣西民族出版社

試談袁崇煥的幾個問題　鄭克晟　《袁崇煥研究論文集》一九八四，廣西民族出版社

論袁崇煥　閻崇年　《袁崇煥研究論文集》一九八四，廣西民族出版社

論袁崇煥的主和與斬帥　林鐵鈞　郭成康　《袁崇煥研究論文集》一九八四，廣西民族出版社

袁崇煥誅毛文龍辨析　關文發　《袁崇煥研究論文集》一九八四，廣西民族出版社

論毛文龍據皮島　陳生璽　《袁崇煥研究論文集》一九八四，廣西民族出版社

袁崇煥誅毛文龍辨　鄧珂　《袁崇煥研究論文集》一九八四，廣西民族出版社

袁崇煥誅毛文龍辨析　陳涴　《袁崇煥研究論文集》一九八四，廣西民族出版社

論袁崇煥的軍事思想　孫文良　李治亭　《袁崇煥研究論文集》一九八四，廣西民族出版社

試論袁崇煥在遼東的軍事改革　馬社香　《袁崇煥研究論文集》一九八四，廣西民族出版社

試論袁崇煥的軍事思想與指揮才能　黃國強　譚紅兒　《袁崇煥研究論文集》一九八四，廣西民族出版社

民族英雄袁崇煥軍事思想芻議　張中政　《袁崇煥研究論文集》一九八四，廣西民族出版社

袁崇煥與孫承宗　劉伯涵　《袁崇煥研究論文集》一九八四，廣西民族出版社

也談袁崇煥與孫承宗　余三樂　《袁崇煥研究論文集》一九八四，廣西民族出版社

袁崇煥與祖大壽　張敏　《袁崇煥研究論文集》一九八四，廣西民族出版社

袁崇煥與岳飛　呂孟禧　《袁崇煥研究論文集》一九八四，廣西民族出版社
東林黨與袁崇煥　王天有　《袁崇煥研究論文集》一九八四，廣西民族出版社
「西學東漸」與袁崇煥　任道斌　《袁崇煥研究論文集》一九八四，廣西民族出版社
論東莞張氏之表彰袁督師　姜緯堂　《袁崇煥研究論文集》一九八四，廣西民族出版社
袁崇煥的悲劇　范沛濰　《袁崇煥研究論文集》一九八四，廣西民族出版社
論袁崇煥之死　王革生　《袁崇煥研究論文集》一九八四，廣西民族出版社
崇禎和袁崇煥的悲劇　王偉軒　《袁崇煥研究論文集》一九八四，廣西民族出版社
論明思宗朱由檢忌殺袁崇煥　盧圍　《袁崇煥研究論文集》一九八四，廣西民族出版社
論「五年復遼」的君臣協定　李寶臣　《袁崇煥研究論文集》一九八四，廣西民族出版社
試論愛國名將袁崇煥　石斌　《袁崇煥研究論文集》一九八四，廣西民族出版社
略論袁崇煥的詩　桂苑書林編委會　《袁崇煥研究論文集》一九八四，廣西民族出版社
談袁崇煥詩中的愛國思想　彭偉宗　《袁崇煥研究論文集》一九八四，廣西民族出版社
試論袁崇煥的詩　譚聲榮　《袁崇煥研究論文集》一九八四，廣西民族出版社
袁崇煥詩編年管見　劉映華　《袁崇煥研究論文集》一九八四，廣西民族出版社
袁崇煥的冤死與後金貴族的反間計　邢蒂蒂　《袁崇煥研究論文集》一九八四，廣西民族出版社
關於袁崇煥評價的幾個問題　覃延歡　《袁崇煥研究論文集》一九八四，廣西民族出版社

試論袁崇煥的抗清方略　羅庶長　《袁崇煥研究論文集》一九八四，廣西民族出版社
試論袁崇煥的愛國主義思想　陳家經　《袁崇煥研究論文集》一九八四，廣西民族出版社
略論袁崇煥遼東屯田　李銳文　《袁崇煥研究論文集》一九八四，廣西民族出版社
袁崇煥簡論　季士家　《袁崇煥研究論文集》一九八四，廣西民族出版社
試論袁崇煥「以遼人守遼土，以遼土養遼人」政策在明與後金戰爭中的作用　劉清揚　《袁崇煥研究論文集》一九八四，廣西民族出版社
論袁崇煥的民族思想　何溥瀅　謝肇華　《袁崇煥研究論文集》一九八四，廣西民族出版社
袁崇煥籍貫廣東東莞水南鄉考　譚世寶　廣州研究一九八四，六期
袁崇煥籍貫再考辨　譚世寶　學術論壇一九八五，六期
紀念袁崇煥誕辰四百週年　姚錦柏　東莞文藝一九八四，四期
東莞縣紀念袁崇煥誕辰四百週年活動側記　袁治平　東莞文藝　一九八四，四期
袁崇煥的妹夫　張鐵文　東莞文藝　一九八四，四期
袁崇煥事蹟簡介　東莞縣文化局　東莞文藝　一九八四，四期
《三國演義》與袁崇煥之死　彭妙艷　東莞文藝　一九八四，四期
袁崇煥墨蹟　林凡夫　東莞文藝　一九八四，四期
袁崇煥雜考　楊寶霖　明報月刊（港）一九八五，二〇卷一期

論袁崇煥的軍事思想　孫文良　李治亭　松遼學刊一九八五增刊
袁崇煥與孫承宗　劉伯涵　學術月刊一九八五，八期
論袁崇煥民族思想　何溥瀅　謝肇華　民族研究一九八五，三期
袁崇煥軍事思想簡論　石斌　錦州師範學院學報一九八五，四期
抗後金（清）名將袁崇煥　黃燕君　廣西日報一九八五·一·三
略論袁崇煥的愛國主義思想　陳家經　鬱林師專學報一九八五，一期
袁崇煥壬申手書條幅辨僞　譚世寶　廣州研究一九八五，二期
「橫戈原不爲封侯」——袁崇煥抵抗後金　范兆琪　中學歷史一九八五，三期
明代傑出的軍事家袁崇煥　戴元立　理論與實踐一九八五，九期
訪袁崇煥墓廟　沈信夫　文史資料三三輯一九八五
袁子鵬墓碑考　梁子楨　廣西地方志通訊一九八五，五期
袁崇煥死因再探　余三樂　鬱林師專學報一九八六，一期
名將籌邊繼祖風——從袁崇煥到壽山　薛銜天　黑河學報一九八六，二期
袁崇煥的《臨刑》詩　維元　北京日報一九八六·七·一九
袁崇煥籍貫考實　楊寶霖　香港中文大學中國文化研究所學報一七卷，一九八六
《袁督師後裔考》序　孟森　《明清史論著集刊續編》一九八六，中華書局

記袁督師廟　王竹樓　北方論叢一九八七，二期
熊廷弼和袁崇煥督遼用兵異同辨　馬舍鄉　武漢教育學院學報一九八七，三期
李濟深柳亞子與袁督師在京故蹟　燕佳　團結一九八八，三期
袁崇煥在京遺蹟　黃一心等　燕都一九八八，六期
杖策必因圖雪恥，橫戈原不為封侯——記明末愛國將領袁崇煥　陳祖武　《文史知識》一九八八，一期
松楸斷祀　毅魄長存——袁崇煥祠墓享廟掇拾　陳步崢　百科知識一九八八，一二期
袁崇煥戰略戰術思想研究　季士家《清史研究文集》一九八八，六輯
國際袁崇煥學術討論會在興城召開　宗山　光明日報一九八八．一一．二三
「國際袁崇煥學術討論會」在遼寧舉行　一丁　中國史研究動態一九八八，一一期
略論袁崇煥的軍事辯證法思想　何健林　廣西黨校學報一九八八，五期
論寧遠大戰之奇與袁崇煥制勝之妙　張樹雲　《中國軍事史論文集》　河南大學出版社一九八九
袁督師廟　閻崇年　《北京風物遊覽典故》一九八九，北京旅遊出版社
袁崇煥學術論文集．前言　閻崇年《袁崇煥學術論文集》一九八九，廣西人民出版社
袁崇煥與寧遠　李鴻彬　《袁崇煥學術論文集》一九八九，廣西人民出版社

袁崇煥指揮寧遠大捷的高超藝術　朱清澤　《袁崇煥學術論文集》一九八九，廣西人民出版社
西洋大炮和寧遠保衛戰　王兆春　《袁崇煥學術論文集》一九八九，廣西人民出版社
袁崇煥與寧遠大捷　李久林　安德才　《袁崇煥學術論文集》一九八九，廣西人民出版社
袁崇煥與興城　馮佐哲　《袁崇煥學術論文集》一九八九，廣西人民出版社
袁崇煥之死與明末黨爭　張德信　《袁崇煥學術論文集》一九八九，廣西人民出版社
論袁毛關係與啓禎決策集團　賈乃謙　《袁崇煥學術論文集》一九八九，廣西人民出版社
袁崇煥與遼東戰局　陳涴　《袁崇煥學術論文集》一九八九，廣西人民出版社
袁崇煥與皇太極的往來書信　（日）神田信夫　《袁崇煥學術論文集》一九八九，廣西人民出版社
袁崇煥與明金議和　林延清　《袁崇煥學術論文集》一九八九，廣西人民出版社
袁崇煥「斬帥」辨　閻崇年　《袁崇煥學術論文集》一九八九，廣西人民出版社
毛文龍與皮島　陳生璽　《袁崇煥學術論文集》一九八九，廣西人民出版社
袁崇煥與劉興祚　姜守鵬　《袁崇煥學術論文集》一九八九，廣西人民出版社
論袁崇煥的英雄主義精神　孫文良　《袁崇煥學術論文集》一九八九，廣西人民出版社
論袁崇煥的個性　李寶臣　《袁崇煥學術論文集》一九八九，廣西人民出版社
明末袁崇煥與朝鮮使節　（日）松浦章　《袁崇煥學術論文集》一九八九，廣西人民出版社

袁崇煥與蒙古　陳安麗　石斌　《袁崇煥學術論文集》一九八九，廣西人民出版社
袁崇煥遺詩稽實　姜緯堂　《袁崇煥學術論文集》一九八九，廣西人民出版社
後金皇太極反間計考實　于德金　于德源　《袁崇煥學術論文集》一九八九，廣西人民出版社
從袁崇煥到陳新甲　張玉興　《袁崇煥學術論文集》一九八九，廣西人民出版社
李濟深、柳亞子、蔡廷鍇與袁督師在京故蹟　常華　一九八九，廣西人民出版社
香港「袁汝南堂宗親總會」與袁崇煥　閻崇年　《袁崇煥學術論文集》一九八九，廣西人民出版社
袁崇煥研究論著目錄　宗山　《袁崇煥學術論文集》一九八九，廣西人民出版社
明薊遼督師袁崇煥事略　李建新　唐山師專唐山教育學院學報　一九九〇，三——四期
袁崇煥之死與明末黨爭　張德信　黑龍江教育學院學報一九九〇，四期
袁崇煥與寧遠　李鴻彬　史學月刊一九九〇，一期
袁崇煥誅毛文龍案考：兼論毛文龍　尹韵公　社會科學戰線一九九〇，一期
袁崇煥與蒙古　陳安麗　石斌　內蒙古大學學報一九九〇，二期
袁崇煥和他的悲劇　胡亞偉　龍天民　歷史教學一九九〇，九期
袁崇煥與海外華人　閻崇年　北京晚報一九九一·四·一八
袁崇煥策略思想探究　季士家　社會科學輯刊一九九一，一輯

保護文物，弘揚愛國精神——有關袁崇煥祠墓的兩組文獻 蔣建國 團結報一九九一·七·三〇
北京市府決撥款重修袁崇煥墓祠免被迫遷 明報（港）一九九一·一二·七
大陸社科院滿學研究所所長閻崇年在港表示——北京決撥款重修袁崇煥墓 世界日報（美）一九九一·一二·七
袁崇煥籍貫新探 黃素坤 學術論壇一九九二，三期
熊廷弼、孫承宗、袁崇煥經遼研究 姜守鵬 東北師範大學學報一九九二，四期
袁崇煥祠墓修復完畢 孟爲 北京日報一九九二·四·五
政協人士祭掃袁崇煥墓 劉輝 北京晚報一九九二·四·五
民族英雄袁崇煥墓修葺一新 夏桂廉 孫玲 光明日報一九九二·四·八
從袁崇煥的升遷看崇禎帝的用人路線 鄭雲波 牡丹江師範學院學報一九九二，三期
崇禎帝與袁崇煥之死 王昊 史學集刊一九九三，一期
袁崇煥固守寧遠之揚搉 閻崇年 《明末清初華南地區歷史人物功業研討會論文集》 香港中文大學歷史系一九九三
西洋大炮對明金形勢的改變 （港）馬楚堅 《明末清初華南地區歷史人物功業研討會論文集》 香港中文大學歷史系一九九三
袁崇煥京華故蹟考 解立紅 《明末清初華南地區歷史人物功業研討會論文集》 香港中文大

學歷史系一九九三

袁崇煥的籍貫補辨　（澳）譚世寶　《明末清初華南地區歷史人物功業研討會論文集》　香港中文大學歷史系一九九三

天啓朝袁崇煥人際關係的變化　（港）羅炳綿　《明末清初華南地區歷史人物功業研討會論文集》香港中文大學歷史系一九九三

從袁崇煥到屈大均——明末清初的華南知識界　陳祖武　《明末清初華南地區歷史人物功業研討會論文集》　香港中文大學歷史系一九九三

關於袁崇煥祠墓情況的介紹　佘幼芝　《明末清初華南地區歷史人物功業研討會論文集》　香港中文大學歷史系一九九三

後記

一九九四年六月六日，是袁崇煥誕生四百一十週年。謹獻此集，以資紀念。

文史哲出版社發行人彭正雄先生，熱心於學術著作的出版事業。彭先生於《袁崇煥研究論集》的編輯、出版、發行，付出辛勞，深致謝忱。

閻崇年　一九九四年四月二十四日